イノベーションのDNA［新版］

Harvard Business Review Press

THE INNOVATOR'S DNA

Updated, with a New Preface

MASTERING
THE FIVE SKILLS
OF DISRUPTIVE
INNOVATORS

破壊的
イノベータの
5つのスキル

クレイトン・クリステンセン
ジェフ・ダイアー
ハル・グレガーセン
櫻井祐子 訳

SE
SHOEISHA

The Innovator's DNA:
mastering the five skills of disruptive innovators

by Jeff Dyer, Hal Gregersen, and Clayton M. Christensen

Published by arrangement with Harvard Business Review Press
through Tuttle-Mori Agency, Inc., Tokyo

本書を推薦する言葉

『イノベーションのジレンマ』と『イノベーションへの解』は、
世界中の企業に指針と刺激を与えてきた。
本書『イノベーションのDNA』は、イノベーション力を身につけ、
世界を変えようとする人たちのバイブルになるだろう。

マーク・ベニオフ
（セールスフォース・ドットコム会長兼CEO）

『イノベーションのDNA』は、イノベーションと、
その「もと」になる斬新な発想の「ハウツー」本である。
本書のシンプルな秘訣を身につければ、
どんな人やチームも重要な問題を解決するために新しい発想を活かすことができる。
いますぐ買って読もう。
明日には新しい学びと発想、秘訣が得られるだろう。

スコット・D・クック
（インテュイット共同創業者、会長）

『イノベーションのDNA』は、常識に挑戦するような斬新なヒントによって
思考を広げ、イノベーションという、
競争と成長に欠かせない重要な目標への前進を助けてくれる。

A・G・ラフリー
（プロクター＆ギャンブル前会長兼CEO）

本書に登場する主なイノベータの例

ジェフ・ベゾス
（アマゾン創業者）

イーロン・マスク
（テスラ会長兼ＣＥＯ、
スペースＸ創業者、ＣＥＯ）

スティーブ・ジョブズ
（アップル創業者、長年のＣＥＯ）

インドラ・ヌーイ
（ペプシコ元ＣＥＯ）

マーク・ベニオフ
（セールスフォース・ドットコム創業者、会長兼ＣＥＯ）

デイビッド・ニールマン
（モリスエア、ジェットブルー、アズールブラジル航空創業者）

はじめに

8年間。それが、本書『イノベーションのDNA』の土台となった研究を行うのにかかった時間であり、また本書が刊行されてから経った歳月である。本書の初版が刊行されて以来、本当に多くの読者がその内容を好意的に受け止めてくれたことを、大変ありがたく思っている。創造性を高めたいか、斬新なアイデアをもっと生み出したいか、と訊かれれば、誰でもきっぱり「イエス」と答えるだろう。だが困ったことに、そんなことは不可能だと、ほとんどの人が思っている。その理由は、創造性が遺伝形質だと考えているからかもしれないし、どこから手をつけたらよいのかさっぱりわからないからかもしれない。本書を読めば、どこから始めればよいかがわかる。私たちがこの研究から得た主な発見は、創造性は単なる遺伝的な認知的能力ではない、ということだ。創造性を生み出す強力な土台は、私たちの行動、特に質問・観察・人脈づくり・実験にある。こうした行動を取ることによって、創造力を高めることができるのだ。

過去数年間で変わっていないことが1つあるとしたら、それはビジネス環境の不確実性と不安定さがますます勢いを増していることだろう。世界では毎年約5000万の新しい企業が立ち上げられている。つまり、かつてないほど多様な価値提案を提供する、新しい技術が次々と生まれている。1950年にフォーチュン500社に選ばれた企業は、50年以上にわたってランキングにとどまると期待できた。しかし今日のフォーチュン500社企業がランキングにとどまれるのは、約15年間でしかない。このことをよくかみしめてほしい。過去15年間に台頭した企業の顔ぶれを見ると、グーグルやフェイスブック、ツイッター、ウーバー、エアビーアンドビー、テスラ、アマゾンウェブサービス、アマゾンアレクサなど、業界をつくり変えた企業が多い。なぜこのことがあなたにとって重要なのか？　それは、イノベーションが企業や個人の成功にとってかつてないほど重要性を増しているからだ。そしてイノベーションは創造的なアイデアから始まる。

『イノベーションのDNA』の刊行以来、そのアイデアが人生やキャリアによい影響をおよぼしたと、多くの人が言ってくれている。たとえばエグゼクティブMBAコースのエリックという受講者は、私たちの「創造性とイノベーション」の授業の初日にこう言っていた。彼は製薬会社の社員で、自分のことを創造的だと思ったことはないが、創造性を高めるために何か実践できることを探して、授業を取ることにしたのだと。授業では『イノベーションのDNA』と、その土台となった長年にわたる研究を深く掘り下げた。ちなみにこの研究によって、本書はイギリスのマネジメント専門協会（CMI）の栄えある「2011年度最優秀イノベーション・経営書」に選ばれている。エリックが授業で学んだのは、企業のイノベータは積極的に現状に質問を投げかけ、新しい環境を観察し、新しいアイデアを求めて多様な背景を持つ人々との人脈をつくり、実験や試作品によって仮説の有効性を検証する、といった行動を通して、創造的なアイデアを得ているということだ。エリックはそれぞれの行動を頻繁に行うための演習を実践した。たとえば、毎朝仕事の前に「質問ストーミング」として、15から20の質問を書き出した。所属部署に関する具体的な疑問や、会社の製品や顧客、営業やマーケティングの手法、人事慣行、技術、競合企業、取引先企業、業界に関する質問など。エリックは毎朝仕事の前に律儀にこうした質問を書いていた。すると3カ月後に上司にこう言われたそうだ。「エリック、何かが変わったな。この数週間で君は戦略的になって、いつも優れた考えを出してくれる。何が変わったんだ？」。エリックは、自分の行動が変わったのは創造性とイノベーションの授業のおかげだと言っていた。「毎日ただ質問を書き出すだけで、部署や会社の重要な問題を考えるようになりました。そうして浮かんだ疑問を適切なタイミングで投げかけ、観察や人脈づくりを行う際に意識して答えを探すようになったんです。そうすることで重要な問題やアイデアをチームに提案できるようになり、そして上司がその変化に気づいてくれたわけです」。コースは終了し、もうエリックから連絡をもらうことはないだろうと思っていた。だが3カ月後、うれしい知らせがあった。エリックは本部の戦略計画部門に抜擢されたのだ。この昇進は『イノベーションのDNA』から学び、実践したことのおかげだと、エリックは言ってくれた。

　こうした話を聞くのはうれしいし、とても励みになる。だが私たちは、質問・観察・人脈づくり・実験の「発見行動」を実践すれば早く昇進できることを、幅広い企業関係者を対象に実証的に証明したかった。そこで、元の研究とは無関係な2人の研究者と組んで、数年がかりの調査を行った。セント・ルイスのワシントン大学で創造性を研究する気鋭の准教授マーカス・ベアと、スタンフォード大学で博士号を取得しパリのＨＥＣ経営大学院で研究員を務めるザック・ロジャースである。この調査の目的は、ある時点で質問・観察・人脈づくり・実験を頻繁に行っていた人が、その後の時点で早く昇進し、高い報酬を得ていたかどうかを調べることにあった。６００人の企業関係者を6年あまり調査した結果、これらの行動を頻繁に行う大企業の社員は、企業内で起業し、幹部職に早く昇進し、報酬が増える確率が実際に高いことが証明された。[※1] つまり、『イノベーションのＤＮＡ』の手法は新しいアイデアを生み出すことだけでなく、キャリアの成功にも役立つということだ。

新版はどこが違うのか？

新版『イノベーションのＤＮＡ』は、旧版を最先端で新鮮な内容に一新することをめざした。そのために以下を新しく加えた。

□新たな聞き取り調査から得たエピソードや発言を追加した。たとえばジェフ・ベゾス（アマゾン創業者CEO）やイーロン・マスク（テスラとスペースX創業者CEO）、インドラ・ヌーイ（ペプシコ元CEO）、マーク・パーカー（ナイキCEO）、アーン・ソレンソン（マリオットCEO）、レン・シュライファー（リジェネロン創業者CEO）、ジョージ・ヤンコプロス（リジェネロン創業者・CSO（最高科学責任者））、フレデリック・マゼラ（ブラブラカー創業者CEO）など。

□独創的なアイデアが生まれた経緯を追加した。ウーバー（ギャレット・キャンプとトラヴィス・カラニック）、ゼネラルエレクトリック（GE）のアドベンチャーシリーズＭＲＩスキャナ（ダグ・ディーツ）、ブラブラカー（フレデリック・マゼラ）、アウレット（カート・ワークマン）など。

□イノベータDNAの理論と枠組みを経験的に裏づける新しい研究（私たち自身の研究を含む）を参照した。

□第7章に2018年版「世界の最もイノベーティブな企業」上位20社のランキングを掲載した。旧版に掲載した「最もイノベーティブな企業」ランキングは反響を呼び、フォーブス誌に毎年ランキングを更新してほしいと依頼された。2011年以来、私たちはフォーブス誌の協力を得て、毎年恒例の「フォーブス誌が選ぶ最もイノベーティブな企業100社」ランキングを作成している。第7章から10章ではこのランキングの企業をイノベーションの模範として用いる。

これらの変更によって、新版『イノベーションのDNA』はさらに興味深く、説得力のある本になったと自負している。

最後に、本書が扱わない内容についても明らかにしておきたい。本書は新しいアイデアを（個人または企業のレベルで）生み出す方法を論じる本であって、斬新な事業のアイデアを試験、検証する方法に関する本ではない。私たちのところに新しい製品や事業の創造的なアイデアを持ってきて、追求しがいがあるだろうか（または上司に売り込む価値があるだろうか）と訊ねる人が多い。たとえば、エアビーアンドビーのような基盤をつくって、保管スペースが必要な人と余っている人を結びつけたらどうか、家主向けの不動産管理アプリをつくったらどうか、など。こうしたアイデアに投資したり商業化したりする前に試験し検証する方法を知りたい人は、ネイサン・ファーとジェフ・ダイアーの『成功するイノベーションは何が違うのか？』を読めば、顧客の問題とその解決策、それを市場化するためのビジネスモデルを考えるための4段階の手法がわかる。

また本書は斬新なアイデアを実行に移すための人的、経済的資源を得る方法を論じる本でもない。多くのイノベータがつらい失敗を通して、「創造性だけでは十分ではない」という教訓を学んでいる。斬新なアイデアを商業化するためには、必要な資源を獲得しなければならない。既存企業であれば上層部から、スタートアップであればベンチャーキャピタルやエンジェル投資家などから資源を得る必要がある。創造的な新しい計画に着手するための資源を獲得する能力を伸ばし、有能なイノベーションのリーダーになりたい人には、ジェフ・ダイアーとネイサン・ファー、カーティス・レフラントのInnovation Capital（『イノベーションキャピタル―世界で最もイノベーティブなリーダーのように競争し、勝つ方法』、未邦訳）を勧める。

だがイノベーションの出発点は、創造的なアイデアの試験と検証ではないし、創造的なアイデアに着手するための資源獲得でもない。アイデアを生み出すことが出発点だ。だからこそ本書『イノベーションのDNA』を、あなた自身のイノベーションの旅の第一歩としてほしいのだ。

イノベーションのＤＮＡ　新版　目次

凡例

- 旧版と新版の内容面における違いは、イノベータの調査対象や事例を全体にわたり追加・修正したことと、「世界で最もイノベーティブな企業ランキング」の更新および解説ですが、詳しくは「はじめに」をご参照ください。
- 新版の刊行にあたり、全面的に邦訳を改めました。
- 本書では、訳注を〔〕内に記載しました。［］は原書内に記載されている補足です。
- 参考文献の引用箇所は、新たに訳出しています。
- 索引は原書を参考にしながら、日本語版独自に作成しました。

イントロダクション

イノベーション――それは世界経済の血液であり、世界中のＣＥＯ（最高経営責任者）の戦略的な優先課題である。実際、ＩＢＭが１５００人の企業のＣＥＯを対象に行った調査で、未来の優れたリーダーに必要な資質の第１位に選ばれたのは、「創造性」だった。[※1] 歴史が示すように、革新的なアイデアには、業界に革命を起こし、富を生み出す力がある。アップルのiPodはソニーのウォークマンを駆逐した。スターバックスのコーヒー豆と独特の雰囲気は昔ながらの喫茶店を圧倒し、テスラの電気自動車はガソリン車を抜き去り、イーベイは新聞の3行広告を押しつぶし、サウスウエスト航空はアメリカン航空やデルタ航空の網をかいくぐっている。どの場合でも、革新的な起業家の創意あふれるアイデアが、新しい分野を切り開き、圧倒的な競争優位と莫大な富をもたらした。過去を振り返って誰もが知りたいのはもちろん、「どうやってこれを成し遂げたのか？」だ。だがそれよりもずっと価値のある、先を見据えた質問は、「どうすれば自分にもできるのか？」だろう。

本書『イノベーションのDNA』では、こういった素朴な疑問や、そのほか多くの疑問に答えよう。本書を書くことになったきっかけは、ジェフ・ダイアーとハル・グレガーセンが、「破壊的技術」の権威クレイトン・クリステンセンに何年も前に投げかけた、1つの質問だった。「破壊的なビジネスモデルはどこから生まれるのだろう?」。クリステンセンのベストセラー『イノベーションのジレンマ』と『イノベーションへの解』は、破壊的な技術やビジネスモデル、企業の特性を理解するための重要な手がかりを教えてくれた。これに対し本書『イノベーションのDNA』は、破壊的イノベータとその革新的な事業に焦点を当て、よりよく理解するための8年間の共同研究から生まれた。この研究でめざしたのは、革新的で破壊的な事業のアイデアがどうやって生まれるのかを明らかにすることだった。まず聞き取り調査を行い、革新的な製品やサービスを開発した人たちと、革新的なアイデアをもとに興され、市場をつくり替えた企業の創業者やCEO、計100人ほどから話を聞いた。たとえばアマゾンのジェフ・ベゾス、テスラのイーロン・マスク、レント・ザ・ランウェイのジェニファー・ハイマン、セールスフォースのマーク・ベニオフといった面々だ。本書で発言を引用した聞き取り調査対象者は付録Aに載せた。本書で紹介するイノベータの発言のほぼすべてが、聞き取り調査で得た肉声である。ただしスティーブ・ジョブズ(アップル)、リチャード・ブランソン(ヴァージン)、ハワード・シュルツ(スターバックス)については、彼らがしたためた自伝やイノベーションについて語った多くのインタビューから引用した。

そのほか、既存企業内でイノベーションを促したCEO、たとえばペプシコのインドラ・ヌーイやプロクター・アンド・ギャンブル(P&G)のA・G・ラフリー、マイクロソフトのサティア・ナデラ、インテュイットのスコット・クックとブラッド・スミス、ベイン・アンド・カンパニーのオリット・ガディッシュたちについても調べた。彼らが興した会社のなかには、成功して有名になったものもあれば、それほど有名でないものもある（たとえばブラブラカー、カウパイクロックス、テラ・ノーヴァ・バイオシステムズ、アウレットなど）。だがどの企業にも共通するのは、既存企業にはない、あっと言わせる独自の価値、たとえば新しい機能や他と違う機能、価格設定、利便性、カスタマイズ性などを提供している点だ。本書でめざしたのは、企業の戦略を調べることよりも、イノベータ自身の考え方を掘り下げることだった。イノベータの人となりや、彼らが新しい製品や事業につながる独創的なアイデアを思いついた瞬間（いつ、どうやって思いついたのか）をできるだけくわしく知ろうとした。そこでイノベータ自身に、キャリアのなかで生み出した最も価値ある斬新なアイデアやその起源について語ってもらった。彼らの物語は刺激的でひらめきに満ち、しかも驚くほど似通っていた。

聞き取り調査の結果を振り返るうちに、一貫した行動パターンが見えてきた。イノベーションを起こす起業家や経営幹部は、革新的なアイデアを発見するとき、同じような行動を取っていることがわかった。聞き取り調査から浮かび上がったのは、5つの主要な発見力である。これらをまとめて「イノベータDNA」と名づけた。イノベータは、アップルの有名なスローガンを借りれば、「発想を転換」していた（シンク・ディファレント）。一見無関係に思えるアイデアを結びつけ、独創的なアイデアを生み出すのに長けていた（本書ではこの認知的能力を「関連づけ思考」または「関連づけ」と呼ぶ）。だがイノベータが発想を変えるためには、「行動を変える」必要があった。どんなイノベータも質問の達人で、現状に風穴をあけるような質問を頻繁に投げかけていた。またこのうえなく熱心に世界を観察していた。多様性に富む人たちとの人脈を築いていた。実験を中心にしてイノベーション活動を行っていた。これらの質問・観察・人脈づくり・実験の４つの行動を継続的に行うと、関連づけ思考が促され、それが新しい事業や製品、サービス、プロセスにつながった。ふつう新しいアイデアを生み出す能力といえば、頭のなかだけで完結する、純粋に認知的な能力と考えられている。だが私たちがこの研究で発見したのは、「**革新的なアイデアを生み出す能力は知性だけでなく、行動によっても促される**」という重要な事実だった。これは朗報だ。なぜなら、行動さえ変えれば、創造力を高められるのだから。

　こうして著名な起業家や経営幹部の行動パターンを明らかにしたところで、次に調査の焦点を、知名度こそ劣るが能力では負けない世界中のイノベータに移した。イノベーティブなリーダーの関連づける力・観察力・人脈力・実験力の「発見力」を明らかにした聞き取り調査の結果をもとに、アンケートを作成し、実施した。今日までに75カ国以上の２５００人超のイノベータと１万５０００人超の企業幹部から、発見力の自己評価と３６０度評価（多面評価）のデータを収集している（個人や企業に関するくわしい調査結果は、本書の特設ウェブサイトhttp://www.InnovatorsDNA.comを見てほしい）。著名なリーダーにもそうでないリーダーにも、同じパターンが認められた。イノベータは標準的な経営幹部に比べて、質問・観察・人脈づくり・実験にずっと多くの時間を割いていたのだ。私たちはこの研究成果を、起業家研究専門誌の最高峰『ストラテジック・アントレプレナーシップ・ジャーナル』に発表した（研究の詳細は付録Ｂに収録した）。[※2]また研究成果をまとめた論文『イノベータのＤＮＡ』は、『ハーバード・ビジネス・レビュー』で２００９年度マッキンゼー賞の銀賞に選ばれた。

　続いて、イノベーティブな組織やチームのＤＮＡから何を学べるだろうと考えた。手始めとして、ビジネスウィーク誌の世界で最もイノベーティブな企業の年間ランキングを検証した。このランキングは企業幹部の投票をもとに、イノベーティブとの呼び声が高い企業を選ぶものだ。2005年から2010年までのランキングでは、1位をアップル、2位をグーグルが占めている。この当時のランキングとしては妥当なところだろう。だが企業幹部がイノベーティブだと考える企業に投票する、というビジネスウィークの手法は、過去の業績をもとにした人気投票のようなものに感じられた。過去はさておき、現在はどうなのか？　正直なところ、本書を執筆していた当時、ゼネラル・エレクトリック（GE）やソニー、トヨタ、BMWといった顔ぶれが2010年の最もイノベーティブな企業に載るのはふさわしくないように思われた。ただ過去に革新的だったというだけでランクインしているような気がした。

そこで私たちは、企業の現在のイノベーション能力（と将来のイノベーションへの期待）に基づく独自のイノベーティブな企業ランキングを作成することにした。どんな方法で？　私たちが考えたのは、投資家の「身銭を切った」行動を見れば、将来どの企業がイノベーション（新しい製品やサービス、市場）を生み出す可能性が最も高いと投資家が考えているかがわかるのではないかということだ。そこで『イノベーションへの解』で同様の分析を行った、クレディ・スイス・ボストンの一部門であるHOLTの協力を得て、企業の時価総額のうち、既存事業（製品、サービス、市場）によって説明できる割合を算出するための手法を開発した。もしも企業の時価総額が、既存事業から将来得られるであろうキャッシュフローの現在価値を上回っているならば、成長とイノベーションのプレミアム（略して「イノベーションプレミアム」と呼ぶ）が株価に上乗せされていると考えられる。イノベーションプレミアムとは、企業の時価総額のうち、既存の製品・事業が既存市場で生み出すキャッシュフローでは説明できない割合である。つまり、市場が企業に与えるプレミアムといえる。企業が新しい製品や市場を生み出し、かつそこから大きな利益を得ることを期待して、投資家が与えるプレミアムである（くわしい計算方法は第7章で説明する）。イノベーションプレミアムはあらゆる経営幹部、あらゆる企業が渇望するプレミアムといえる。

■「イノベータ」に分類されるのはどんな人？

過去30年間の起業家研究の最も驚くべき発見の1つは、「起業家は（性格特性においても心理測定評価においても）一般的な企業幹部とそう変わらない」[注a]というものだろう。人はこうした結果をたいてい疑ってかかる。というのも、起業家はふつうの企業幹部とどこかが違うと、ほとんどの人が直感的に信じ込んでいるからだ。私たちの研究で対象としたのは、イノベータと、（ただの起業家ではなく）過去にイノベーションを起こした実績をもつイノベーティブな起業家だけである。その理由を説明しよう。「イノベーティブな起業家」とは、市場に独自の価値をもたらす企業を起こした人だ。だが従来の研究では、クリーニング業や住宅ローン事業、それにフォルクスワーゲンの販売代理店やマクドナルドのフランチャイズ店などを開いた人までもを、イーベイ（ピエール・オミダイア）やアマゾン（ジェフ・ベゾス）の創業者と同じ種類の起業家に分類している。そのため、イノベーティブな起業家と一般的な企業幹部の違いを調べようとすると、分類上の問題が生じる。なぜならほとんどの起業家は、独創的でもなく、もちろん破壊的でもない戦略をもとに新規事業を興しているからだ。起業家全体のなかで、私たちのいう「イノベーティブな起業家」に該当する人の割合は、10%から15%にすぎない。

私たちの研究では、イノベータを4つのタイプに分類した。（1）スタートアップ起業家（いま説明した通り）、（2）企業内起業家（企業内で革新的な事業を立ち上げる人たち）、（3）製品イノベータ（新製品を開発する人たち）、（4）プロセスイノベータ（革新的なプロセスを導入する人たち）である。プロセスイノベータの好例が、A・G・ラフリーだ。ラフリーはP&Gに革新的なプロセスを立て続けに導入することによって、数々の製品イノベーションが生まれるきっかけをつくった。（1）～（4）のいずれの分類でも、新しい事業や製品、プロセスの源となったアイデアは、イノベータ自身の発案でなくてはならないとした。それぞれの分類のイノベータには多くの共通点があるが、相違点もある。それについてはこれからの章で説明する。

注a　このことは、多くの起業家研究の結論に示されている。いくつか例を挙げよう。
「数多くの研究を踏まえて、最近では起業家と大企業の幹部の心理的な違いのほとんどが小さいか、存在しないと結論づけられることが多い」（Lowell W. Busenitz and Jay B. Barney, "Differences Between Entrepreneurs and Managers in Large Organizations," *Journal of Business Venturing* 12, no. 1 [1997]: 9.
「成功した起業家と非起業家を区別するような人格特性のパターンはないようだ」（W. Guth, "Director's Corner: Research in Entrepreneurship," *The Entrepreneurship Forum*, winter 1991）
「起業家と、中小企業の所有者や経営者を区別しようとする試みのほとんどで、両者を区別するような特性は見つかっていない」（Robert H. Brockhaus and Pamela S. Horwitz, "The Psychology of the Entrepreneur," in *The Art and Science of Entrepreneurship*, ed. Raymond W. Smilor [Cambridge, MA: Ballinger, 1986], 25).

私たちの作成した最もイノベーティブな企業ランキング――イノベーションプレミアムによるランキング――は、第7章で紹介する。当然だが2011年版の初代ランキング上位25社には、ビジネスウィーク誌ランキングの常連のアップルやグーグル、アマゾン、P&Gなどが含まれていた。これらの企業は過去5年間に平均35%を超えるイノベーションプレミアムを記録していた。またセールスフォース（ソフトウェア）やインテュイティブ・サージカル（医療機器）、ヒンドゥスタン・ユニリーバ（家庭用品）、アルストム（電気機器）、モンサント（バイオ化学）などの企業にも、同様のプレミアムがあることがわかった。これらの企業をくわしく調べてみると、やはり非常にイノベーティブだった。私たちのランキングとビジネスウィーク誌のランキングを並べて検証したことで、いくつかのパターンが明らかになった。

まず最初に気がついたこととして、イノベーティブな企業は一般的な企業に比べて、創業者やリーダーが、イノベータDNAを構成する5つの発見力を測るテストで超高得点を記録する傾向がはるかに高かった（イノベーティブな企業の創業者やリーダーの「発見力指数」の平均は88パーセンタイルだった、つまり発見力テストを受けた人全体の88%より高い点数を記録した）。イノベーティブな企業はまず例外なくイノベーティブなリーダーによって率いられている。大事なことなのでくり返そう。**イノベーティブな企業はほとんどの場合、イノベーティブなリーダーによって率いられている。**要するに、イノベーションを起こすためには、経営層に高い創造力がなくてはならないということだ。イノベーティブな創業者は、自らの行動方式を組織に刻み込んでいた。たとえば個人として実験力に優れるジェフ・ベゾスは、社員を実験に促すためのプロセスをアマゾンに導入していた。同様に、観察力に秀でたスコット・クックは、インテュイットで社員に観察を行うようハッパをかけている。おそらく当然のことだが、イノベーティブな組織のDNAは、イノベーティブなリーダーのDNAにそっくりだった。言い換えれば、イノベーティブな人が新しいアイデアを生み出すために質問・観察・人脈づくり・実験の行動を体系的に行うのと同様に、イノベーティブな組織も、社員の質問・観察・人脈づくり・実験を促すためのプロセスを体系的に開発しているということだ。あとの方の章で、イノベータＤＮＡをあなたの組織やチームに組み込む方法を説明する。あなたも周りの人たちのイノベーション活動を積極的に励まし、支えることができるのだ。

本書のアイデアがあなたに必要なわけ

ここ20年の間にイノベーションに関する多くの本が刊行された。クレイトン・クリステンセンの『イノベーションのジレンマ』や『イノベーションへの解』のように、破壊的イノベーションに焦点を当てた本もあれば、『ストラテジック・イノベーション―戦略的イノベーターに捧げる10の提言』（ビジャイ・ゴビンダラジャン、クリス・トリンブル）や『ゲームの変革者―イノベーションで収益を伸ばす』（A・G・ラフリー、ラム・チャラン）、『アントレプレナーの戦略思考技術―不確実性をビジネスチャンスに変える』（リタ・マグレイス、イアン・マクミラン）のように、組織とリーダーがイノベーションを促し、支える方法を論じた本もある。またHow Breakthroughs Happen（『ブレークスルーはどのようにして起こるか』、未邦訳、アンドリュー・ハーガドン）や『イノベーションの源泉』（エリック・フォン・ヒッペル）のように、企業内や企業間の製品開発とイノベーションの過程に注目した本もある。『イノベーションの達人！―発想する会社を作る』や、『発想する会社！―世界最高のデザイン会社ＩＤＥＯに学ぶイノベーションの技法』（ともにＩＤＥＯのトム・ケリー）、『ハイ・コンセプト―「新しいこと」を考え出す人の時代』（ダニエル・ピンク）などは、企業がイノベーションを生み出す過程で個人が果たす役割に注目した本である。Creativity in Context（『状況に応じた創造性』、未邦訳、テレサ・アマビール）や『クリエイティヴィティ―フロー体験と創造性の心理学』（ミハイ・チクセントミハイ）

は、個人の創造性、特に創造性に関する理論や研究を検証している。本書がこれらの本と一線を画しているのは、ビジネス環境での個人の創造性に焦点を当て、企業のイノベータの大規模サンプルを対象とする調査をもとにしている点だ。私たちのサンプルには著名イノベータのジェフ・ベゾス（アマゾン・ドットコム）や、ピエール・オミダイア（イーベイ）、マイケル・ラザリディス（リサーチ・イン・モーション／ブラックベリー）、イーロン・マスク（テスラ）、インドラ・ヌーイ（ペプシコ）、マイケル・デル（デル）、マーク・ベニオフ（セールスフォース）、ニクラス・ゼンストローム（スカイプ）、スコット・クック（インテュイット）、ピーター・ティール（ペイパル）、デイビッド・ニールマン（ジェットブルー航空、アズール航空）などが含まれる。本書では、こうした大物イノベータがどうやって「すごいアイデア」を思いついたかを解き明かし、読者にも模倣できるプロセスを説明しよう。これから紹介する5つの能力を習得すれば、誰でも斬新な発想をする能力を伸ばすことができる。5つの能力のうちの1つめ、質問力を特に高めたい人には、ハル・グレガーセンの『問いこそが答えだ！―正しく問う力が仕事と人生の視界を開く』を薦める。また、すでに思いついたアイデアを試験し、検証する手法を知りたい人には、ネイサン・ファーとジェフ・ダイアーの『成功するイノベーションは何が違うのか？』と、クレイトン・クリステンセンとマイケル・レイナーの『イノベーションへの解』を薦める。社内で、または起業家としてアイデアを立ち上げるために注目と資源を集める方法を知りたい人は、ジェフ・ダイアーとネイサン・ファー、カーティス・レフラントのInnovation Capital（『イノベーションキャピタル―世界で最もイノベーティブなリーダーのように競争し、勝つ方法』、未邦訳）を読むといい。そして5つの力を使って世界最大の問題の1つ、貧困に取り組もうという人は、クレイトン・クリステンセンとエフォサ・オジョモ、カレン・ディロンの『繁栄のパラドクス―絶望を希望に変えるイノベーションの経済学』を読んでほしい。

胸に手を当てて考えてみよう。自分は斬新な事業のアイデアを思いつくのが得意なのか？　組織のためにイノベーティブな人材を探す方法を心得ているのか？　社員の創造性とイノベーション能力を高める方法を知っているのか？　ちなみに、社員のイノベーション能力を伸ばす方法を問われて、ただ「枠にとらわれない考え方をしろ」と口で言うだけの企業幹部もいる。だがどうやって枠にとらわれない考え方をするかこそ、社員が（企業幹部自身も）知りたいことなのだ。また、「どうやって枠にとらわれない考え方をするか？」という問いに、同じように漠然とした（かつ何の役にも立たない）、「創造的になれ」という答えを返す企業幹部もいる。

この3つの質問に役に立つ答えを返せない人は、このまま読み進めよう。5つの能力をしっかり習得すれば、次にイノベーションの難題にぶつかったとき、今までとはまったく違う方法で対処できるようになる。どんなリーダーも、どう対処すればいいかわからない問題や機会に必ず遭遇する。それは新しいプロセスかもしれないし、新しい製品やサービス、または既存事業の新しいビジネスモデルかもしれない。だがどんな場合でも、「イノベータDNA」を実践して身につける能力は、あなた自身を失業から守り、組織や地域社会を救ってくれるだろう。実際、部長や社長、CEOなど、組織のトップに上り詰めたいのなら、優れた発見力が必要だということが研究からわかった。また真にイノベーティブな組織を指揮したい人も、こうした能力に長けていなくてはならない。

本書を読んで、若々しい好奇心を取り戻してほしい。好奇心を絶やさない人は、何事にも積極的に取り組み、組織の活力を保つことができる。※3　あなたの会社に、既存のプロセスや製品、サービスをよくするための新しい方法を見つける人が誰もいなければ、10年も経てばイノベータはいなくなり、競争力は失われる。そんな会社が生き残れるはずもない。イノベータは、あらゆる企業や国家の競争力の中心にあるのだから。

■免責条項……のようなもの

本書を読むとき、忘れないでほしい3つの大切なことがある。第1に、発見力を駆使したからといって、経済的に成功できる保証はないということ。本書で伝えるのは、主にイノベーションを明らかに成功させた人たちの物語だ。なぜ成功物語ばかりに目を向けるかといえば、失敗より成功の方が、自然と頭に入ってきやすいからだ。だが調査した500人のイノベータのうち、私たちが設定した成功基準を満たすような新規事業や製品を立ち上げた人は、3人に2人でしかなかった。多くのイノベータが成功しなかった。つまり、質問力・観察力・人脈力・実験力の適切な能力を身につけ、それを駆使して革新的な新規事業や製品を生み出した人は、必ずしも経済的に成功しなかったということだ。要するに、本書で説明する発見力は、革新的な事業のアイデアを生み出すために必要で不可欠だが、成功を保証するものではない。

第2に、(経済的な意味での) 失敗は、すべての発見力を満遍なく活用するのを怠ったせいで起こることが多い。調査対象者のうち、経済的に成功した人ほど発見力指数が高かった (発見力で高い得点を挙げた)。つまりイノベーションに失敗した人は、適切な質問をしなかったか、必要な観察をすべて行わなかったか、十分多くの多様な人たちと話さなかったか、適切な実験を行わなかったのかもしれない。もちろん、こうしたことをすべて行ったのに、さらに斬新な技術が出てきたり、別の有能なイノベータがさらに優れたアイデアをもって現れたという場合もあるだろう。またアイデアの実行をしくじったり、発明を模倣する既存企業に対抗するだけの資金がなかったという場合もあるだろう。新しい製品や事業が、市場で勢いを得られない理由はたくさんある。それでも、適切な質問を投げかけ、適切な観察を行い、適切な人脈からアイデアや意見を得、実験を行う能力が高ければ高いほど、失敗する可能性は低くなる。

第3に、本書では主要なアイデアや原則を説明するために、さまざまなイノベータやイノベーティブな企業にスポットライトを当てるが、だからといって、そうした人や企業をイノベーションの模範例に仕立て上げるつもりはない。調査対象のイノベータのなかには、長期にわたって多くのイノベーションを生み出し、今後もそうし続けるであろう、「連続イノベータ」がいた。そうかと思えば、たまたま適時適所に居合わせたおかげで、カギとなる観察を行ったり、特に有用な知識をもつ重要人物と話したり、実験から思いがけなく学ぶことができた人たちもいた。そういう人たちは、一度は重要な発見をしたが、(もしかしたら経済的に成功したがゆえに)革新的なアイデアを生み出し続ける能力や意欲を失ってしまうかもしれない。同様に、イノベーティブな企業がイノベーション能力をあっけなく失ったり、すばやく高めたりする場合があることがわかった。第8章で説明するように、アップルの(イノベーションプレミアムで見た)イノベーション能力は、ジョブズが去った1985年に急激に低下したが、数年後に彼が復帰して会社を再び指揮し始めると劇的に上昇した。そしてジョブズが病気になり亡くなると、再び低下した。P&Gは、ラフリーが舵を取る以前からイノベーションを着実に導入していたが、彼が指揮するようになるとイノベーションプレミアムを30%も高めた。要は、人や企業は変わることがあり、いつまでも高い期待に応え続けるとは限らないということだ。

本書の構成

本書は異国でひもとくポケット地図のように、イノベーションという旅のガイドブックとして役立ててほしい。第1部（第1章から第6章）では、イノベータDNAがなぜ重要なのかを説明し、それぞれの要素を組み合わせてあなたなりのやり方でイノベーションに取り組む方法を紹介しよう。イノベータがどんな習慣や方法によって違う発想をしているかをくわしく解説し、「シンク・ディファレント」の行動指針に肉づけを与える。斬新なアイデアを生み出すための重要な具体的な能力である、関連づける力・質問力・観察力・人脈力・実験力に1章ずつを割り当て、それぞれを身につける方法を、多くの例を交えながらくわしく説明する。

第2部（第7章から第10章）では、イノベーションを構成する要素について解説し、第1部で説明したイノベータの発見力を、組織やチームで活かす方法を紹介しよう。第7章では企業のイノベーションプレミアム、つまり将来のイノベーションに対する投資家の期待に基づく市場価値のプレミアムで見た、世界で最もイノベーティブな企業ランキングを発表する。またイノベータDNAが、世界の最もイノベーティブなチームや組織のなかでどのように活用されているかを理解するための枠組みを紹介する。この枠組みは、きわめてイノベーティブな組織やチームをつくる発見指向の3本柱である、人材（People）・

プロセス（Process）・理念（Philosophy）からなるため、「3Pの枠組み」と名づけた。第8章は、そのなかの最も重要な柱である人材に焦点を当て、イノベーティブな組織が発見力に優れた人材を積極的に採用、奨励、評価し、イノベータと実行力に優れた人材とを効果的に取り混ぜることによって、最大限の成果を上げていることを説明する。第9章では、イノベーティブなチームや企業が、破壊的イノベータの5つの発見力に似たプロセスを用いていることを示そう。言い換えれば、イノベーティブな企業は社員に質問・観察・人脈づくり・実験・関連づけを促すようなプロセスを活用しているということだ。第10章は、イノベーティブなチームや組織内の行動の手引きとなる基本理念に注目する。こうした理念は、破壊的イノベータの指針となるだけでなく、組織に刻み込まれ、イノベーションを起こすよう社員を奮い立たせる。そして最後に、自分やチーム、そして次世代の人たち（若い知り合い）の発見力を高めたい人のために、イノベータDNAを次のレベルに引き上げるためのプロセスを付録Cで紹介する。

読者のみなさんがイノベーションの旅を始めよう、続けようとしているのをうれしく思う。これまでも多くの人が、本書のアイデアを心がけ、イノベーションの能力を大幅に高めている。またイノベーションの旅に出かけてよかったと思っている。あなたも本書を読み終え、破壊的イノベータの能力を身につけたとき、きっとそう思ってくれることだろう。

第1部

破壊的イノベーションはあなたから始まる

第1章

破壊的イノベーターのDNA

「宇宙に一撃を与えたい」

——

スティーブ・ジョブズ

アップルの創業者、長年のCEO

革新的な、または破壊的な事業のアイデアを生み出すにはどうしたらいいのだろう？　創造性あふれる人材を探すには、また枠にとらわれずに考える方法を社員に教えるには、いったいどうしたらいいのだろう？　事業で成功するための秘訣がイノベーションを起こす能力だと知っている経営幹部は、そう考えて途方に暮れる。残念ながら、創造的な人を創造的たらしめている理由を、ほとんどの人はわかっていない。アップルで長年CEOを務めたスティーブ・ジョブズや、アマゾンのジェフ・ベゾス、テスラのイーロン・マスクのような先見の明ある起業家が畏敬の念を集めるのは、そのためだろう。彼らはいったいどうやって画期的なアイデアを思いつくのだろう？　イノベーションの達人たちの思考法を解明できれば、イノベーションが実際にどうやって起こるのかを学べないだろうか？

イノベーションのアイデア

ハーバード・ビジネス・レビュー誌で発表されたある研究で、世界で最も有能なCEOの第1位に選ばれた伝説の人、スティーブ・ジョブズについて考えてみよう。[※1]アップルの有名な「シンク・ディファレント」の広告を覚えているだろうか。あのスローガンはジョブズそのものだった。広告にはアルベルト・アインシュタインやパブロ・ピカソ、リチャード・ブランソン、ジョン・レノンなど、さまざまな分野のイノベータが登場したが、ジョブズ自身の顔が出てきてもおかしくなかった。ジョブズが独創的な人物で、「発想の転換《シンク・ディファレント》」をした人だということは、誰でも知っているのだから。だが私たちが知りたいのは、ジョブズがどうやって発想を転換していたのかだ。実際の話、イノベータは**どうやって**人と違う発想をするのだろう？

創造的な思考は生まれつきだとよくいわれる。ジョブズのような人は創造の遺伝子をもって生まれたが、ふつうの人はそうではないと。またイノベータは右脳型で、創造力が遺伝的に備わっているが、ふつうの人は左脳型で、ものごとを論理的、直線的にとらえ、創造的に考える力がほとんどないともいわれる。

そう信じている人のために、これがほぼ間違いだということを示そう。少なくともビジネスのイノベーションに関していえば、創造力やイノベーション思考の能力は誰でももっている。あなたもだ。そこでジョブズを例にとって、発想を転換する能力について掘り下げよう。ジョブズがこれまでどうやって革新的なアイデアを思いついたのかを考えてみよう。

革新的なアイデア その１――静かで小さいパソコン

アップルの名を一躍世に知らしめたコンピュータ、アップルⅡの重要なイノベーションは、パソコンは静かでなくてはいけないという、ジョブズの判断から生まれた。彼がこのこだわりをもつようになったのは、禅と瞑想を学んだことがきっかけだった。※2 ジョブズはコンピュータのファンの音が精神集中の邪魔になると感じ、アップルⅡには冷却ファンをつけないと決めた。当時としてはかなり過激な考えだった。それまでファンが必要ないなどと考える人はいなかった。**どんな**コンピュータにも、過熱を防ぐためのファンが必要だと考えられていた。発熱量の少ない新種の電力供給方法を開発しない限り、ファンをなくすことはできなかった。

そこでジョブズは新しい電力供給方式を設計できる人を探し回った。人脈を通じて、アタリに勤めていた40代の左がかったチェーンスモーカー、ロッド・ホルトを探しあてた。[※3] ホルトはジョブズに促されて、50年前から使われていたリニア電源方式に代わる、スイッチング電源を開発した。この技術が電子機器の電力供給方式に革命をもたらした。静けさにこだわったジョブズと、ファン不要の革新的な電源を開発したホルトのおかげで、最も静音性に優れた最小のパソコン、アップルⅡが誕生したのだ（ファンを内蔵しないために小型化が実現した）。

もしもジョブズが「なぜコンピュータにファンがいるんだ？」、「ファンなしでコンピュータの発熱を抑える方法は？」と問いかけなかったら、アップルⅡは今私たちが知るような形では存在しなかった。

革新的なアイデア その2――マッキントッシュのユーザーインターフェースとオペレーティングシステム、マウス

マッキントッシュとその革命的なオペレーティングシステム（OS）の種がまかれたのは1979年、ジョブズがゼロックスのパロアルト研究所（PARC）を訪れたときのことだ。PARCはコピー機会社のゼロックスが、未来のオフィスを創造すると銘打って設立した研究所である。ジョブズはゼロックスからの出資を受け入れる条件として、PARCを見学させてもらった。ゼロックスはPARCで生まれつつあった刺激的な技術を活用する方法を知らなかったが、ジョブズにはわかっていた。

ジョブズはPARCのコンピュータの画面に並ぶアイコンやプルダウンメニュー、重なり合うウィンドウをじっくり観察した。これらはすべて、マウスをクリックするだけで操作できた。「あそこで見た

ものは、未完成で、おかしなものさえあった」とジョブズは語った。「だがそこにはアイデアの原石が確かにあった……そして10分もしないうちに、いつかすべてのコンピュータがこんなふうに動くようになるとはっきりわかった」。[※4] ジョブズは次の5年間をかけてアップルの設計チームとともに、グラフィカル・ユーザーインターフェース（GUI）を搭載した世界初のパソコン、マッキントッシュ（マック）とマウスを開発した。そうそう、ジョブズはPARC見学でほかのものも見ていた。このとき初めて知ったオブジェクト指向プログラミングをもとに、アップルを去った後に立ち上げた会社、ネクストでOSを開発した。ネクストはのちにアップルに買収され、このOSをベースにマックOSXが開発されたのである。もしもジョブズがゼロックスPARCを訪問せず、そこで起こっていたことを観察しなかったら、どうなっていただろう？

革新的なアイデア その3――マックのデスクトップパブリッシング（DTP）

マッキントッシュと高品質プリンタのレーザーライターによって、初めてデスクトップパブリッシング（DTP）が一般ユーザーにも身近なものとなった。ジョブズはのちに行ったスピーチで、もしもオレゴン州のリード大学でカリグラフィーの授業に顔を出さなかったなら、マッキントッシュの「美しい書体」が世に出ることはなかっただろうと言っている。

リード大学はカリグラフィーにかけては、おそらく国内最高の指導を行っていました。キャンパスのあちこちのポスターから、引き出しに貼られたラベルの1枚1枚に至るまでのすべてが、美しい手書きのカリグラフィーで書かれていました。私はもう中退していて通常の授業に出る必要がなかったので、カリグラフィーの書き方を習うために授業を取ることにしました。セリフとサンセリフの書体について学び、文字の組み合わせに応じて字間を調整する方法や、美しい字体は何が美しいのかを学びました。美しくて歴史があり、科学ではとらえようがない微妙な芸術性に富んでいるところに心を奪われたのです。こういったことが生きていくうえで実際に役立つとは思ってもいませんでした。でもその10年後、最初のマッキントッシュコンピュータを設計していたとき、突然あのときのことがよみがえってきたのです。私たちはそのすべてをマックの設計に組み込みました。マックは美しいフォントを備えた世界初のコンピュータになりました。もしも大学であの授業に顔を出さなかったなら、マックにはたくさんの書体も、字間が調整されたフォントも入ることはなかったでしょう。そしてウィンドウズはマックの模倣にすぎないから、そんな機能を備えたパソコンは生まれなかったことになります。※5

もしもジョブズが大学を中退したとき、カリグラフィーの授業をのぞこうと思わなかったなら、どうなっていただろう?

では、ジョブズの発想を転換する能力から、何を学べるだろう? まずわかるのは、ジョブズの革新的なアイデアが、まるでアイデアの妖精からの贈り物のように、完全にできあがったかたちで頭から出てきたのではないということだ。革新的なアイデアの源泉を調べてみると、次のようなきっかけがあることが多い。(1)現状に挑戦する質問、(2)技術や会社、顧客などの観察、(3)新しい何かを試す体験や実験、(4)重要な知識や機会に気づかせる会話。実際、ジョブズの**行動**をじっくり調べ、特にその行動が具体的にどうやって新しく幅広い知識をもたらし、どうやって斬新なアイデアにつながったのかを注意深く検討すれば、彼のアイデアの源泉を突き止めることができる。

この話の教訓は何だろう？　創造性はたんなる遺伝的素質でも、認知的能力でもないということだ。むしろ創造的なアイデアが行動的能力から生まれることが、このエピソードからわかる。こうした能力を習得すれば、あなた自身やほかの人から革新的なアイデアを引き出すことができるのだ。

イノベータはどこが特別なのか？

ではイノベータはふつうの人とどこが違うのだろう？　答えはわかりきっていると、ほとんどの人が思っている。生まれもったものが違うというのだ。一部の人はもともと右脳型で、直観的で発散的な思考に優れている。そういう素質をもっているかいないかの違いだというのだ。だがこのことは研究によって確かめられているのだろうか？　私たちの研究は、創造的能力がただの生まれもった遺伝的素質というだけでなく、実際に伸ばすこともできることを裏づけている。実際、このことを証明した最も包括的な研究は、マービン・レズニコフとジョージ・ドミノ、キャロリン・ブリッジズ、マートン・ハニモンの研究グループが行った、117組の一卵性および二卵性双生児の創造的能力を調べる研究である。15歳から22歳までの一卵性・二卵性双生児を対象に10種類の創造性テストを行ったところ、一卵性双生児の成績のうちで、遺伝によって説明できる割合はわずか30％だった。[※6]　これに対し、双生児の一般知能

（IQ）検査の成績の80％から85％が遺伝によって説明できることが、より最近の研究で明らかになっている。[※7] つまり（少なくとも科学者が測定する）一般知能が主に遺伝的な資質なのに対し、創造性はそうではないことがわかる。こと創造性に関する限り、育ちは生まれに勝るのだ。一卵性双生児の創造性を調べたほかの6つの研究もレズニコフらの研究結果を裏づけ、創造性の約25％から40％が遺伝的なものであることを示している。[※8] 言い換えれば、イノベーションに必要な能力のほぼ3分の2は、学習を通じて習得できるということだ。この能力を理解し練習を積めば、やがて自分の創造力に自信をもてるようになる。

そう考えると、日本や中国、韓国、多くのアラブ諸国などの、個人よりも社会を、実力よりも年功を重視する国で育った人が、柔軟な発想で現状に挑戦しイノベーションを生み出す（あるいはノーベル賞を受賞する）ことが少ないのもうなずける。私たちが調べたイノベータの多くは、たしかに遺伝的才能にも恵まれているように見えた。だがそれより重要なことに、彼らはお手本となる人が「安心して」楽しみながら新しい方法を発見できる環境を整えてくれたおかげで、イノベーションの能力を身につけることができたと、口を揃えて言っていたのだ。

もしもイノベータが生まれつきというだけでなく、訓練によってもつくられるのだとすれば、彼らはどうやって優れた新しいアイデアを思いつくのだろう？　私たちが約500人のイノベータと約5000人の経営幹部を対象に行った比較研究から、イノベータをふつうの企業幹部から区別する5つの能力が明らかになった（研究手法の詳細は付録Bを参照）。まず第1に、イノベータは「関連づけ思考」、つまり「関連づけ」と私たちが名づけた認知的能力を活用する。関連づけは、脳が新しい情報を組み合わせて、理解しようとするときに起こる。イノベータはこの能力を使って、一見無関係な疑問や問題、アイデアを結びつけ、新しい方向性を見出している。画期的な進歩は多様な領域や分野の交差点で起こることが多い。作家のフランス・ヨハンソンは、この現象を称して「メディチ効果」と言った。メディチ家が彫刻家や科学者、詩人、哲学者、画家、建築家などの幅広い分野の人材をフィレンツェに呼び集めたときに生じた、創造性の爆発になぞらえた呼び名だ。※9 多彩な人たちがお互いに結びつき、それぞれの専門分野の交差点で新しいアイデアを生み出したおかげで、世界史でも指折りの革新的な時代のルネサンスが開花したのだ。簡単にいえば、斬新な考え方をする人は、ふつうの人の目には無関係に映る分野や問題、アイデアを結びつけているということだ。

残る4つの発見力は、斬新なアイデアのもとを蓄えるのに役立ち、関連づけの思考を促す。イノベータは、次の行動的能力を頻繁に活用する。

質問：イノベータは質問の達人で、疑問を投げかけることに情熱を燃やしている。ジョブズが「なぜコンピュータにファンが必要なのか？」と考えたように、現状に挑戦するような問いかけをすることが多い。彼らは、こうしたらどうなるだろう？　と考えることを好む。ジョブズのように、現状はどうなっているのか、なぜそうなっているのか、どうしたらそれを変え、打開できるかを理解するために質問をする。そうした質問が全体として新しい気づきや結びつき、可能性、方向性につながる。私たちが調査したイノベータは、「QA比率」が一貫して高かった。つまり、ふつうの会話でする質問（Q）の数が答え（A）の数を上回っていたうえ、質問を優れた答えと同じかそれ以上に重要とみなしていた。

観察：イノベータは熱心な観察者でもある。身の回りの顧客や製品、サービス、技術、企業などに注意深く目を光らせ、観察を通して新しいやり方のもとになる気づきやアイデアを得ている。ジョブズはゼロックスPARCを視察して、マッキントッシュの革新的なOSとマウス、ひいてはアップルの現在のオペレーティングシステムであるマックOSXを生み出すひらめきを得た。

人脈づくり：イノベータは多様な背景や視点をもつ人たちとの幅広い人脈を通じて、アイデアを見つけたり試したりすることにかなりの時間を費やす。たとえばジョブズはアップルの特別研究員アラン・ケイと話したとき、「カリフォルニアのサン・ラファエルにいる、イカレた連中に会ったらどうだ」と勧められた。このイカレた連中こそ、インダストリアル・ライト&マジック（ＩＬ&Ｍ、ジョージ・ルーカスの映画の特殊効果を手がけていた集団）という小さなコンピュータグラフィックス部門を率いていた、エド・キャットムルとアルヴィ・レイ・スミスだった。ジョブズは彼らがやっていたことに興味をもち、ＩＬ&Ｍを１０００万ドルで買収してピクサーと改名し、のちに株式を公開して10億ドルを手にした。もしもあのときケイと世間話をしなかったなら、ジョブズはピクサーを買収することもなく、世界は『トイ・ストーリー』や『カールじいさんの空飛ぶ家』、『Ｍr．インクレディブル』などのすばらしいアニメーション映画に心躍らせることもなかったかもしれない。

実験：最後に、イノベータはいつも新しい経験に挑み、新しいアイデアを試している。実験家は頭のなかで、また経験を通して、世界を絶えず探求し、いったん判断を保留して仮説を検証する。新しい場所を訪れ、新しいことを試し、新しい情報を求め、新しいことを学ぶための実験をする。たとえばジョブズは瞑想にふけり、インドの僧院に暮らし、リード大学でカリグラフィーの授業に潜り込むなど、生涯を通じて新しいことを試し続けた。こうした多様な経験が、のちにアップルでイノベーションのアイデアを促したのだ。

これらの発見力――認知的能力の関連づける力と、行動的能力の質問力・観察力・人脈力・実験力――を合わせて、革新的なビジネスアイデアを生み出すカギ、すなわち「イノベータＤＮＡ」と名づけた。

イノベーションを起こす勇気

なぜイノベータは一般的な企業幹部よりも質問・観察・人脈づくり・実験をすることが多いのか？その行動の動機を分析するうちに、イノベータに共通する2つの姿勢が浮かび上がった。第1に、彼らは現状を変えたいと強く願っている。第2に、つねに「賢く」リスクを取って、変化を起こそうとしている。イノベータは自分の動機を説明する際、同じような表現を使う。ジェフ・ベゾスは「楽しみたい」「歴史をつくりたい」と言った。グーグル共同創業者のラリー・ペイジは、「世界を変える」つもりだと言った。イーロン・マスクはこう語った。「朝起きて生きていたいと思うためには、何か理由が必要だ。何にやりがいを感じるのか？未来の何に惹かれるのか？」[※10]。イノベータは大きな視野で考え、「現状維持バイアス」と呼ばれる、変化よりも現状を好む認知の罠とは無縁だ。たいていの人は何も考えずに現状を受け入れる。単調な生活を好み、波風を立てたがらない人もいる。俗に「壊れていないなら直すな」と言うように、「それ」が壊れているのかどうかを問いかけることさえしない。これに対し、イノベータは多くのものを「壊れている」とみなし、直したいと考えるのだ。

イノベータはどうやって現状を打破するのか？　1つの方法は、人の予定に振り回されないことだ。イノベーティブな企業幹部の予定表は、ひと目見ただけで、創意に乏しい企業幹部の予定表とまったく違うことがわかる。私たちの調査では、イノベーティブな起業家CEOは、イノベーションの実績のないCEOに比べて、発見に関わる行動（質問・観察・人脈づくり・実験）に費やす時間が50％も多かった。1週間に引き直すと、発見行動に費やす時間が1日多い計算になる。ジェフ・ベゾスに、アマゾンが世界を変えるためのイノベーションを起こす方法を考える「前向き思考」にどれくらいの時間を費やしているかとたずねたところ、「ほとんどの時間」という答えが返ってきた。とても信じられず、本当ですかとたたみかけると、ベゾスは少し考え込んで「そうですね。うーん……いや本当です」と答えた（前向き思考を行う方法についてはジェフ・ダイアー、ネイサン・ファー、カーティス・レフラント著、Innovation Capital（『イノベーションキャピタル―世界で最もイノベーティブなリーダーのように競争し、勝つ方法』、未邦訳）の第2章を参照）。イノベーティブなリーダーは、世界を変えるという夢を叶えるためには、**どうやって**世界を変えるかを考えるのにかなりの時間を費やす必要があることを知っている。また彼らはイノベーションを起こす勇気をもち、世界を変える機会を積極的に探し求める。

世界を変えるという使命をもてば、賢くリスクを取り、失敗を犯し、そこからすばやく学習することがずっと簡単にできるようになる。私たちが調査したイノベーティブな起業家のほとんどが、失敗を恥ずかしいことだとはみじんも思っていなかった。むしろ失敗はビジネスをやっていくためのコストだと考えていた。「アマゾンの経営陣が大失敗をしでかさないなら、ホームランを狙ってバットを振っていないわけだから、株主のためにしっかり仕事をしていないことになります」とジェフ・ベゾスは語ってくれた。簡単に言えば、イノベータは「イノベーションを起こす勇気」、つまり現状を積極的に疑い、賢くリスクを取ろうというゆるぎない意欲を武器に、アイデアで強力なインパクトを与えようとしているのだ。

まとめとして、革新的なアイデアを生み出すためのカギ、「イノベータＤＮＡ」の仕組みを図１－１に示した。革新的なアイデアを生み出す柱となる能力は、認知的能力の「関連づけ思考」だ。関連性をつくり出すのが得意な人には、脳の配線がもともとそうなっている人もいる。だがより重要なことに、質問・観察・人脈づくり・実験の行動的能力を頻繁に実践している人もいる。これら４つの能力が、関連づけ思考

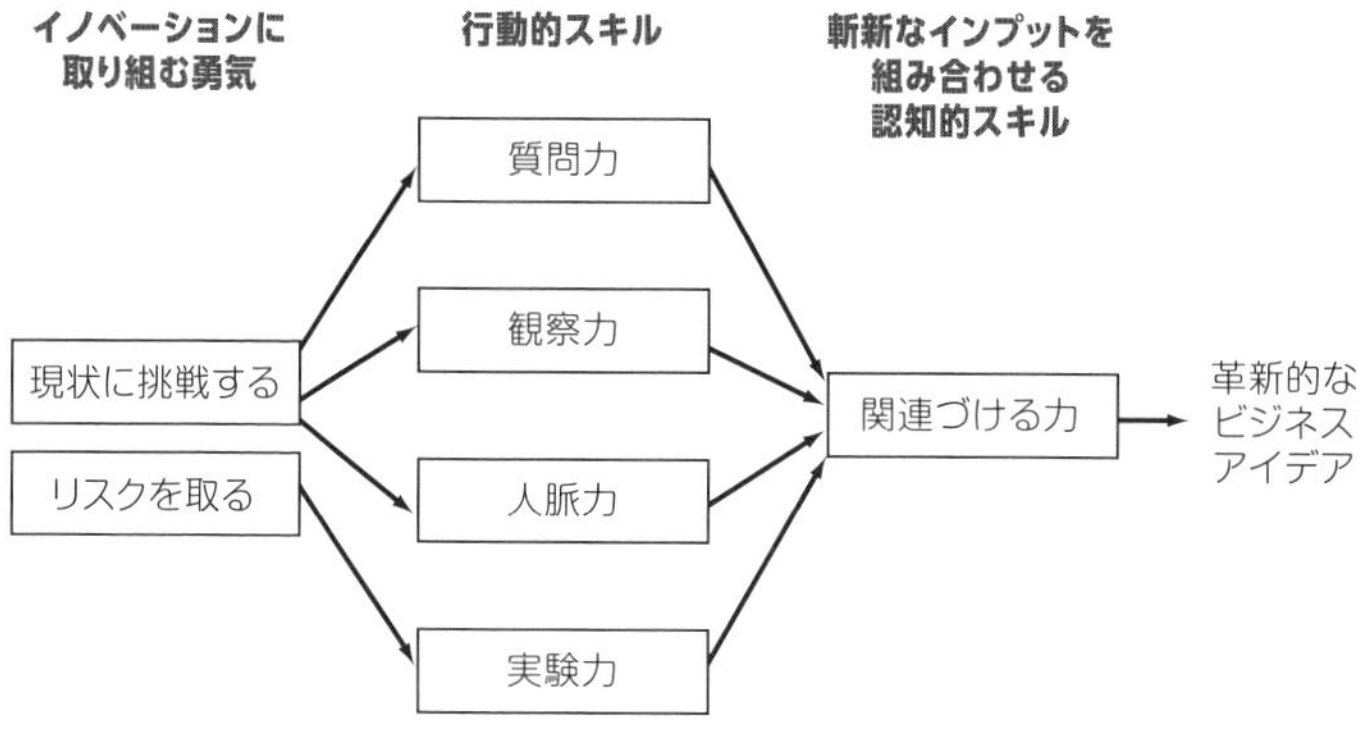

図1-1　イノベーティブなアイデアを生み出すための「イノベータDNA」モデル

の呼び水になる。そうくれば当然の疑問が浮かんでくる。なぜ４つの能力を頻繁に活用するのだろう？　答えは、イノベーションを起こす勇気をもっているからだ。彼らは世界を変えるという使命をもち、それを実現するために果敢にリスクを取る。要は、革新的なアイデアを生み出す能力を高めるには、関連づけ思考を実践し、かつ質問・観察・人脈づくり・実験を頻繁に行う必要があるということだ。そしてそのためには、イノベーションを起こす勇気を育まなくてはならない。

イノベータは生涯を通して発見力を積極的に活用するうちに、発見の習慣が身につき、それが自分の個性になる。「次に来るもの」を発見する能力に自信を深め、独創的なひらめきを得ることは自分の仕事だと固く信じるようになる。それは人任せにできるようなことではなくなる。P&GのCEOを２度務めたA・G・ラフリーも述べている。「事業部門の部長であれ、職務の課長であれ、CEOであれ、イノベーションはあらゆるリーダーの最も重要な仕事である」※11

イノベータDNA

イノベーションの能力は、主に遺伝で決まるものではないと言った。それなのに、イノベータの思考法をDNAになぞらえるのは、それが遺伝だとほのめかすようなものだと思われるかもしれない。ちょっと我慢して読み進めてほしい（そしてイノベーションの世界へようこそ。一見矛盾する２つの考えを折り合わせる能力こそ、新しい気づきを得るための関連づける力なのだ）。最近の遺伝子治療の研究によれば、たとえば病気を予防する目的で身体のDNAを改変したり強化したりすることが可能だという。※12　これと同じで、イノベータDNAを強化することもできるのだ。例を挙げて説明しよう。

たとえばあなたと同じ知性と才能をもって生まれた、一卵性双生児のきょうだいがいたとしよう。あなたときょうだいは、独創的な新規事業のアイデアを考えるよう、1週間を与えられた。その1週間の間、あなたは部屋にこもって1人きりでアイデアを絞り出そうとする。一方きょうだいは、（1）技術者や音楽家、専業主夫、デザイナーなどの10人と新規事業の話をし、（2）革新的なスタートアップを3社訪問して仕事を観察し、（3）「まったく新しい」5種類の製品を調べて分解し、（4）自分のつくった試作品を5人に見せ、（5）これらの人脈づくり・観察・実験を行いながら、「これを試したらどうなるだろう？」「これが成功しないのはどういうときだろう？」と毎日10回以上自問する。さて、あなたときょうだいのどちらの方が、より革新的で実用的なアイデアを思いつくだろうか？　きっとあなたはきょうだいの方に賭けるだろう。もちろん、きょうだいに天性の（遺伝的な）創造力があるからではない。遺伝が重要なことは間違いないが、それは決め手にはならない。きょうだいのような行動を取れば、独創的な答えを思いつく能力を高めることができるのだ。

図1－2が示すように、イノベーティブな起業家が観察力・実験力・人脈力のすべてに秀でていることはめったにないし、実際その必要もない。私たちの調査した著名な起業家は全員、関連づける力と質問力が70パーセンタイル（上位30％）以内だった。イノベータは一般にこの2つの発見力が優れていることが多いようだ。だがそれ以外の行動では、世界トップクラスの能力は必要なかった。5つの力のどれか1つに突出して優れ、もう2つに優れていることはたしかに助けになる。だからイノベーション能力を高めたい人は、5つのうちのどれが自然に感じられるか、いうなれば自分のＤＮＡに刻み込まれてい

るかを考え、その能力を高めることをめざそう。それがあなたの特徴的な能力となって、斬新なアイデアを生み出すのを助けてくれるだろう。

■破壊的イノベータの発見力は1人ひとり違う

イノベーティブな起業家が1人ひとり違う能力を開発し、活用していることを示したのが、図1-2だ。このグラフは、イノベーティブな起業家として知られるピエール・オミダイア（イーベイ）とマイケル・デル（デル）、スコット・クック（インテュイット）の3人を対象に、5つの発見力の相対的な位置をパーセンタイル*で表したものだ。「非イノベータ」のパーセンタイルは、私たちが調査した5000人超の経営幹部の平均値である。それぞれの能力は、その能力に関わる行動を行う頻度と強度（熱心さ）で測定した。

*パーセンタイル：回答者の得点が全体の中で下から何パーセントの位置にあるかを表す指標。

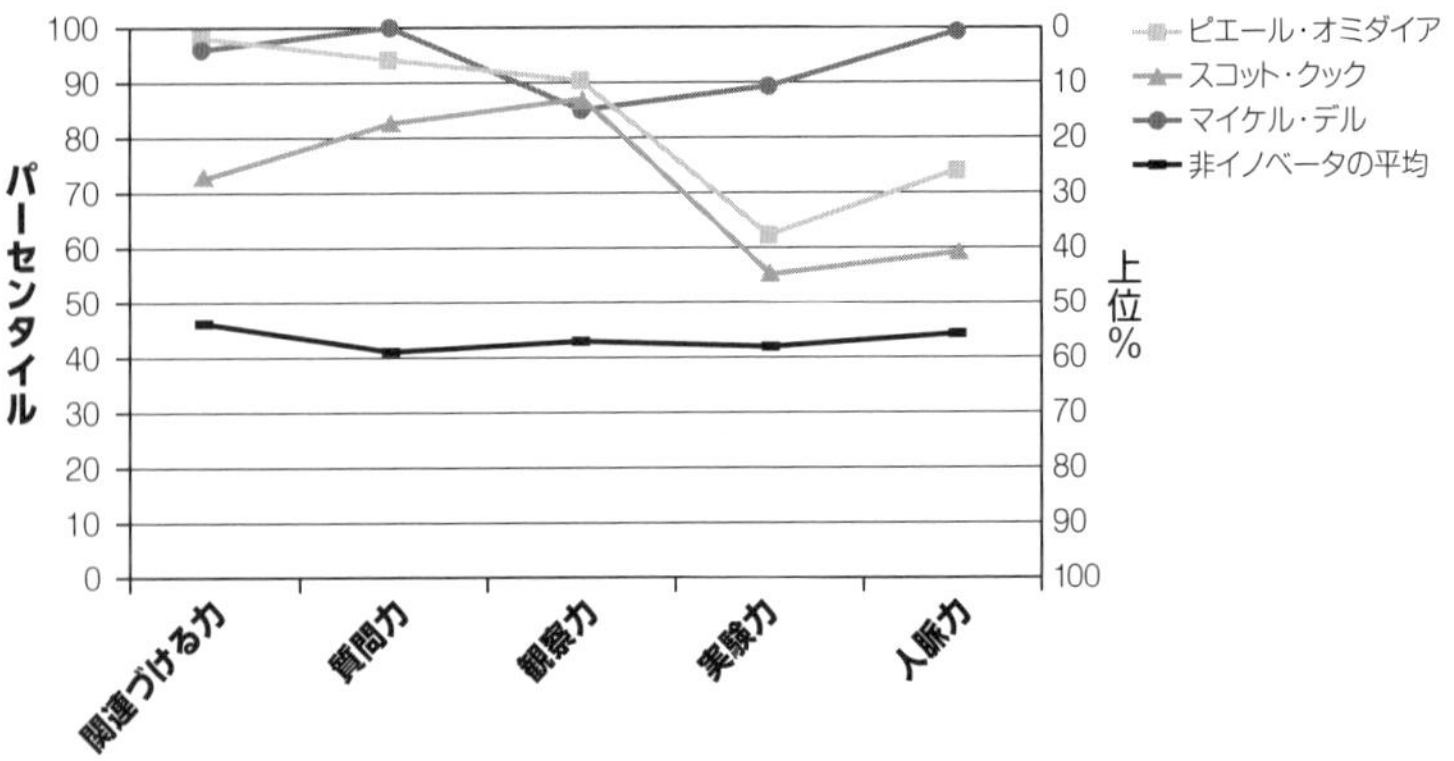

図1-2　著名イノベータのDNA

この図からわかるように、イノベーティブな起業家のパターンは1人ひとり違っている。たとえばオミダイアは質問力（95パーセンタイル、つまり上位5％）と観察力（87パーセンタイル、上位13％）、デルは実験力（90パーセンタイル、上位10％）と人脈力（98パーセンタイル、上位同2％以内）、クックは観察力（88パーセンタイル、上位同12％）と質問力（83パーセンタイル、上位同17％）をそれぞれ活用してアイデアを得ることが非常に多い。つまり、3人のイノベーティブな起業家のなかで、5つの発見力すべてで高い得点を記録した人は1人もいなかった。それぞれが新しい気づきを得るために**独自の方法**で発見力を組み合わせていた。身体のDNAが1人ひとり違うように、イノベータDNAも能力と行動のユニークな多様な組み合わせでできている。

実行力——大半の経営幹部が発想の転換をしないわけ

私たちは8年がかりで多くの経営幹部（大半が大企業に所属する）を対象に聞き取り調査を行い、彼らがキャリアの間に生み出した最も斬新で重要なアイデアを説明してもらった。やや意外なことに、彼らは自分で考案した斬新な事業のアイデアを語ることはほとんどなかった。すばらしく知的で才能豊かで、結果を出す能力に優れていたが、革新的な事業のアイデアを直接的、個人的に生み出した経験はほとんどなかったのだ。

ほとんどの経営幹部は、既存のビジネスモデルや製品、プロセスを根本から変えようとするイノベータとは違って、既存のビジネスモデルが**変わらないという前提で**、やるべきことを効率的に実行しようと奮闘する。つまり、既存の枠組みのなかで仕事をしているのだ。構想や方針を、定められた目標を実現するための具体的な作業に落とし込むことに長けている。仕事を仕切り、論理的で詳細なデータに基づいた計画を誠実に実行する。ひと言でいえば、ほとんどの経営幹部は実行を得意とし、**分析・立案・緻密な導入・規律ある実行**の４つの「実行力」に秀でている（これらの実行力については本章の後半と第８章でくわしく説明するが、ここではさしあたり、実行力とは結果を出し、斬新なアイデアを現実に落とし込むのに不可欠な能力と考えてほしい）。

多くのイノベータが、こうした重要な実行力が不足していることを痛感して、必要な能力をもつ人材とチームを組んでいる。たとえばイーベイの創業者ピエール・オミダイアは実行力の必要性をいち早く認識して、スタンフォード大学でＭＢＡを取得したジェフ・スコールとハーバード大学でＭＢＡを取得したメグ・ホイットマンに、一緒にやらないかと声をかけた。「ジェフ・スコールと僕は、お互いをうまい具合に補い合う能力をもっていたんです」とオミダイアは話してくれた。「僕はどちらかといえば製品開発や製品周りの問題を解決する創造的な仕事を引き受け、ジェフはより分析的で実用的な側面に関わってくれました。ジェフは僕のアイデアに耳を傾け、『わかった、それを実行する方法を考えてみよう』と言ってくれる存在でした」。スコールとホイットマンはイーベイのウェブサイトに磨きをかけ、固定価格のオークションを導入し、海外進出を促し、自動車などの新しいカテゴリーに拡大し、ペイパルなどの重要な機能を組み込んだ。

■私はジェフ・ベゾスじゃない……自分と関係あるの？

わかった、たしかにあなたはジェフ・ベゾスじゃない。イーロン・マスクでもないし、ほかの著名イノベータでもない。それでもイノベータから学べることはあるはずだ。たとえあなたが手がけているのが主に小さな改善を積み重ねるタイプのイノベーションだとしても、そうしたイノベーションの能力を高めることはできる。私たちは現にそうした能力を伸ばす人たちを見てきたし、私たちの手法に効果があることも目の当たりにしてきた。ある製薬会社のエリート社員が、自分の所属部門の重要な戦略課題を洗い出すために、毎日質問の手法（第3章で説明する）を実践していた。3カ月後に上司に呼ばれ、君はチームのなかで一番戦略思考がうまいとほめられた。6カ月後に経営企画の仕事に抜擢された。「ただ質問力を伸ばしただけなんです」と彼は言っていた。私たちの教えるMBAコースの学生たちも、観察・人脈づくり・実験の行動を通じて起業のアイデアを生み出している。近所のバーベキューで知り会った人を通じて、汚染物質を食べるバクテリアを利用して起業するというアイデアを思いついた人もいた。また、アメリカの映画やテレビをよく見るブラジル人は英語がうまいことに気づき、映画で英語を学ぶソフトウェアを販売する会社をつくった人もいた。革新的なアイデアの多くは、たとえば採用応募者を選別するための新しいプロセスや、固定客を獲得するための方法のように、小さく思えるかもしれないが、貴重な新しいアイデアであることに変わりはない。それに、小さなアイデアでもたくさん思いつけば、キャリアアップに役立つこと間違いなしだ。要は、仕事のための革新的なアイデアを生み出すのに、ジェフ・ベゾスである必要はないということだ。

なぜほとんどの経営幹部は、実行力は優れているのに、発見力は人並みでしかないのだろう？　ここで理解しておきたいのは、組織の成功に欠かせない能力が、事業のライフサイクルとともに変化することだ（図1-3）。革新的な新規事業の立ち上げ期には、当然ながら発見志向で起業家精神あふれる創業者が組織を指揮する。事業ライフサイクルの初期になぜ発見力が重要かといえば、この時期の会社の主な仕事は、追求する価値のある新規事業のアイデアを生み出すことだからだ。したがって、この段階では発見力（探求力）が特に重視されるのに対し、実行力（導入力）は二の次になる。だがイノベーティブな起業家がいったん有望な新

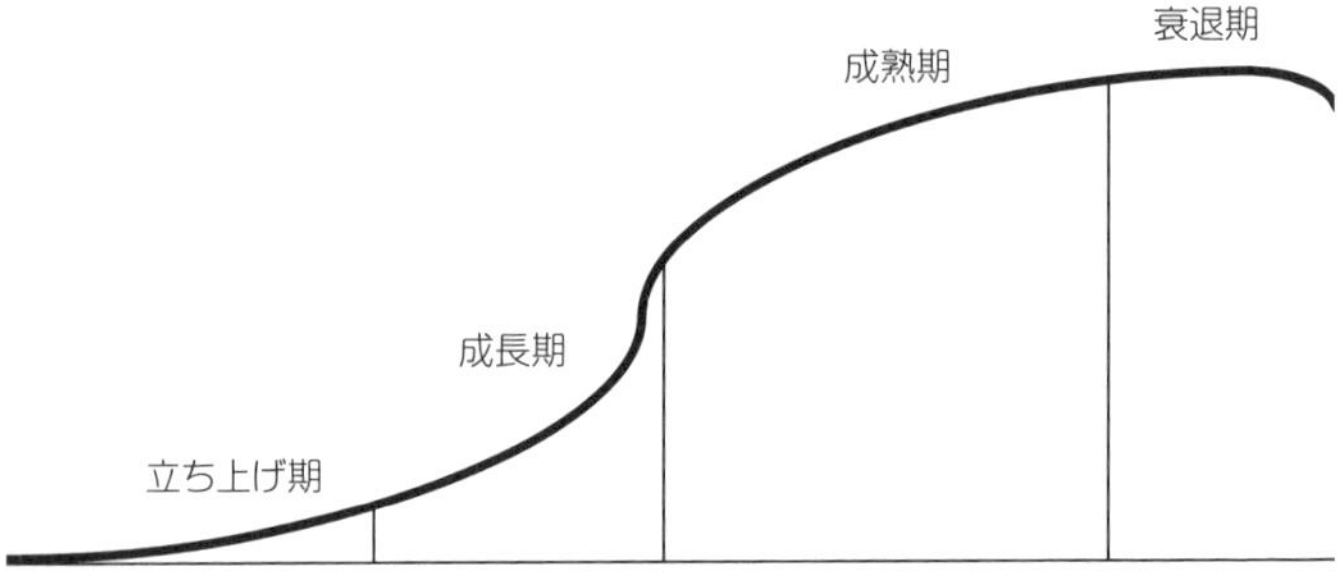

組織の課題	● 新規事業のアイデアの開発と導入	● 新規事業のアイデアの拡張 ● 一貫した系統的な実行のためのプロセス構築	● 成長期に生み出された資源と能力の活用	● 新規事業のアイデアの獲得、探索、開発
組織で主に奨励されるスキル	発見力	実行力	実行力	まだ実行力が主だが発見力の重要度が増す
組織で2次的に奨励されるスキル	実行力	発見力	発見力	

図1-3　事業と経営者の能力のライフサイクル

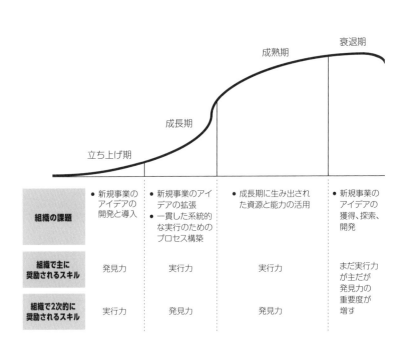

しい事業のアイデアを思いつき、それを本物の事業機会に結びつければ、会社は成長し始める。すると、アイデアを拡大するために必要なプロセスを構築することに気を配らなくてはならない。

成長期には、イノベーティブな起業家が会社を去ることがある。その理由は、アイデアの拡大に興味がないか（少なくとも起業家にとっては退屈で決まりきった仕事が必要になるため）、大規模な組織を効果的に運営する能力がないかのどちらかだ。イノベーティブな起業家は、経営者としては二流と評されることも多い。新規事業のアイデアを実現する能力に乏しく、自分のアイデアを不合理なまでに過信しがちな人がいる。またデータをもとに分析するよりも、直感や独断をもとに決定を下す人もいる。[※13] こうした問題を解決するために、起業家を追放して、結果を出した実績のあるプロ経営者をトップに据える企業が多いのも不思議ではない。事業サイクルのこの段階では、事業拡大に適したプロ経営者が、起業家創業者に取って代わることが多い。だがこのような交代が起こると、重要な発見力が経営陣から失われてしまう。

■発見力と実行力の兼ね合い――イノベータの能力特性

イノベーティブな企業幹部と一般的な企業幹部とでは、能力の構成が異なるという仮説を検証するために、私たちはイノベーティブな著名起業家（ビジネスウィークが選ぶ、世界で最もイノベーティブな100社の創業者CEO）を対象に調査を行った。「イノベータDNAテスト」を使って、5つの発見力（関連づける力・質問力・観察力・人脈力・実験力）と4つの実行力（分析力・立案力・緻密な導入力・規律ある実行力）の相対的な位置づけ（パーセンタイル）を調べた。5つの発見力のパーセンタイルを平均して総合的なパーセンタイルを出し、4つの実行力についても同じことを行った。5つの発見力の総合的なパーセンタイルを「発見力指数」（DQ）と名づけた。IQテストが一般的な知能指数を、EQテストがこころの知能指数（自分と他人の感情を理解、評価、抑制する能力）を測るのに対し、DQテストは新しい事業や製品、プロセスのアイデアを発見する能力を測る。

図1－4を見ると、イノベーティブな著名起業家が発見力で88パーセンタイル（上位12％）の得点を挙げながら、実行力では56パーセンタイル（上位44％）にすぎなかった、つまり実行力に関していえば並みだったことがわかる。次に非創業者CEO（新規事業を立ち上げた経験のない企業幹部）のサンプルを対象に同じ分析を行ったところ、大企業の経営幹部のほとんどが、イノベーティブな起業家の正反対だということがわかった。実行力が80パーセンタイル（上位20％）程度だったの

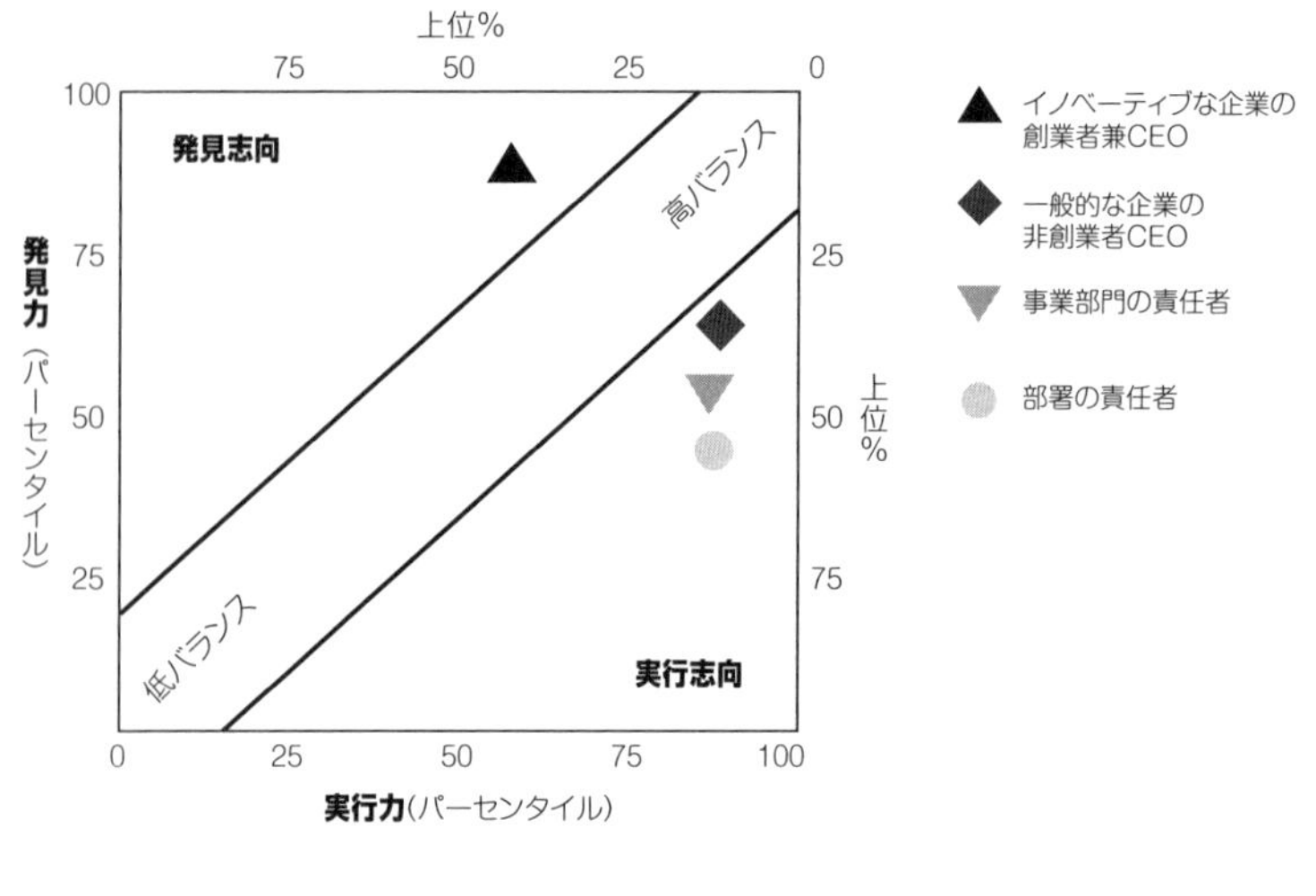

図1-4　発見力と実行力の兼ね合い

に対し、発見力は平均をやや上回る程度（上位38％）だった。早い話が、彼らは主に実行力を買われて選ばれたのだ。このような実行志向は、事業部門や部署の責任者ではさらに顕著で、発見力は一般的なCEOよりさらに劣っていた。そのほかにデータからわかったこととして、イノベーティブな組織はDQの非常に高い人によって率いられていた。また平均的な組織にも、発見力を武器にトップにまで上り詰める人がいた。つまり、昇進したい人はイノベーションの方法を習得した方がいい、ということだ。

起業家創業者が退場すると、事業ライフサイクルの成長期と成熟期が始まる。一般にこれらの段階では、実行力の実績がある管理職が経営トップに上り詰める。こうした実績には既存顧客向けの漸進的（持続的）イノベーションも含まれるが、彼らが重視するのは新規事業を生み出すことよりは、それを実現することである。この段階で発見力に強い人材を組織的に登用したり昇進させたりする企業は、驚くほど少ない。そのため上層部の発見力の弱さがさらに顕著になるが、まだはっきりとは露呈しない場合もある（アマゾンの創業者ジェフ・ベゾスの人材登用の方法は、これとは対照的だ。ベゾスは上級役員などの採用面接で、「あなたが発明したものについて話してください」と必ずたずねる。そうやって発明好きな人材、言い換えれば自分に似た人を採用しようとしている）。

最終的にほとんどの組織で、事業を生み出したそもそものイノベーションのライフサイクルが終了する。事業がおなじみのS字カーブに見られる下向きの変曲点に達すると、成長は足踏み状態になる。成熟し、衰えゆく組織のトップを占めるのは、一般に実行力の高い幹部だ。その間も投資家は新しい成長事業を要求するが、実行力に偏った経営陣は、新しい機会を発見できない。発見力に乏しいために、新たな成長を加速する事業機会をなかなか見つけられない。こうして再び発見力が必要になる。

これとは対照的に、起業家創業者が成長期を通じてとどまる企業は、同業他社を大きく上回る成長と収益性を実現する。※14 起業家創業者は発見力が高いか、少なくとも発見力の大切さがわかっている幹部を周りに置くことが多い。もしもジョブズが復帰しなかったら、アップルははたして既存のコンピュータ事業に加えて、音楽（iTunesとiPod）やスマートフォン（iPhone）の分野で新規事業を立ち上げることができただろうか？　そうは思えない。

つまり、大企業が破壊的イノベーションに失敗しがちなのは、発見力ではなく実行力で選ばれた人が経営陣を占めるからなのだ。そのため大組織の幹部のほとんどは、「発想の転換」をする方法がわからない。それは社内でも学べないし、ましてやビジネススクールで教わることでもない。ビジネススクールは、発見ではなく実行を教える場所だ。

ちょっと時間を取って、あなたの会社が発見力を評価し、奨励しているかどうかを考えてみよう。あなたの会社は発見力に優れた人材を積極的に採用しているだろうか？　毎年の人事考課で、定期的に発見力を適正に評価しているのか？　もしどちらの答えもノーなら、あなたの会社の経営陣にはおそらく発見力がひどく不足しているはずだ。

発想を転換する方法は習得できる

本章では、創造性は遺伝で決まるだけでなく、積極的な努力を通して習得できると力説した。アップルのスローガン「シンク・ディファレント」は、心を揺さぶるが、それだけでは十分でない。イノベータは「発想の転換」をするためには、つねに「行動の転換」をしなくてはならない。もちろんイノベータにも遺伝の力は働いているし、生まれつき関連づけ思考に優れた人もいるだろう。だが遺伝的な創造力が同じ2人でも、ここで説明した発見力を頻繁に活用する人の方が、より創造的な方法で問題を解決できる。5つの発見力を理解し活用すれば、自分だけでなく周りの人からも創造のひらめきをうまく引き出せるようになる。このあと、もっと斬新な考え方ができるようにするために、5つの発見力を習得する方法を説明するので、このまま読み進めてほしい。

■発見力と実行力チェック――あなたの能力特性は？

あなたの発見力と実行力のバランスを大まかにつかむために、次の自己評価テストをやってみよう（1＝まったく思わない　2＝あまり思わない　3＝どちらでもない　4＝ややそう思う　5＝強くそう思う　で答える）。こうなりたいという願望ではなく、あなたの実際の行動に照らして答えてほしい。

1 私のアイデアや視点はほかの人とまったく違うことが多い
2 仕事でミスをしないようにとても気をつけている
3 現状に挑戦するような質問をしょっちゅう投げかけている
4 仕事の手際が非常によい
5 製品やサービスが実際に利用される様子を直接観察しているときに新しいアイデアが浮かぶことが多い
6 課題を遂行するときはすべてをちょうどいい具合にやり遂げないと気がすまない
7 ほかの産業、分野、領域で開発された解決策やアイデアを参考にして問題の解決法を見つけることが多い
8 すべての問題を考え抜いてからでなくては、新しいプロジェクトや事業に飛びついたりすばやく行動を起こしたりしない
9 新しいやり方を考案するためにしょっちゅう実験をしている
10 どんな障害があっても、仕事は最後まで必ずやり抜く
11 新しいアイデアを見つけ磨きをかけるために、つねにいろいろな（部門や組織、産業、地域の）人と話をしている
12 目標や計画を達成するために細かい課題に分割するのが得意だ
13 いろいろな会議に（専門分野だけでなくまったく関係のない分野の会議にも）進んで参加し、新しい人たちと出会い、どんなことを問題にしているかを知ろうとする

14　見落としがないよう仕事の細部にまで細心の注意を払っている
15　最新のトレンドをいち早く知るために、本や論文、雑誌、ブログなどに目を通している
16　結果をきっちり出すために自他を厳しく律している
17　新しい可能性や分野を切り拓くきっかけを求めて、「もし～だったら」の仮定の質問をしょっちゅうしている
18　やりかけた仕事はどんなものでも必ず最後までやり通す
19　新しいアイデアを得るために、いつも顧客や取引先、その他の組織の行動を観察している
20　仕事をやり遂げるためにつねに詳細な計画を立てている

採点方法

奇数番号の解答の点数を合計する。合計得点が45点以上ならあなたの発見力は非常に高い、40～44点なら高い、35～39点ならやや高い、30～34点ならやや低い、29点以下なら低い。

偶数番号の解答の点数を合計する。合計得点が45点以上ならあなたの実行力は非常に高い、40～44点なら高い、35～39点ならやや高い、30～34点ならやや低い、29点以下なら低い。

この簡易版テストは、個人の発見力と実行力を評価するために私たちが開発した、70項目のより体系的な評価（自己評価および360度評価）から抜粋したものだ。完全版のテストは、本書の特設ウェブサイト http://www.InnovatorsDNA.com で受けることができる。テストを完了すると、開発の手引きが送られてくるので、それを見てあなたの評価を理解し、あなた自身の能力開発計画を

設計してほしい。能力評価には発見力・実行力のそれぞれにつき発見力指数（DQ）とパーセンタイルが載っているので、それを見ればデータセットの5000人超の企業幹部とイノベータのなかで、自分がどのあたりに位置するかを確認できる。

第2章

発見力その1

関連づける力

「創造性とはただものごとを
結びつけることにすぎない」

――

スティーブ・ジョブズ
アップルの創業者、長年のCEO

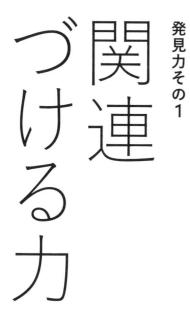

イノベータは発想の転換《シンク・ディファレント》（文法的にはシンク・ディファレントではなくシンク・ディファレントリーが正しい）をするが、スティーブ・ジョブズが言うように、実はつながっていないものをつなげることによって、発想を転換しているにすぎない。アインシュタインはかつて創造的思考を「組み合わせ遊び」と呼び、「生産的思考の本質的特徴」だとみなした。[※1] 関連づける力、つまりさまざまな知識分野や産業、地域のものごとを意外な方法で結びつける力は、私たちが調査したイノベータの間ではあたりまえの能力と考えられていた。イノベータは質問・観察・人脈づくり・実験を通してさまざまな新しい情報やアイデアを積極的に求めている。そしてそれこそが、創造的な関連づけの重要な呼び水となるのだ。

関連づけが具体的にどうやって革新的な事業のアイデアにつながるかを示すために、マーク・ベニオフが、今では年間売上高１０００億ドル規模にまで成長したソフトウェア会社セールスフォースのアイデアを思いついたときのことを考えてみよう。ベニオフがテクノロジーとソフトウェアに関わり始めたのは、15歳の頃だ。この頃愛機の「コモドール64」を使ってコンピュータゲーム（「ハウ・ツー・ジャグル」など）をつくり、リバティ・ソフトウェアという小さなソフトウェア会社を設立した。大学でコンピュータ科学と起業学を学びながら、夏になると初代マッキントッシュの開発・発売段階にあったアップルでインターンとして働き、「シンク・ディファレント」の世界で働くということの意味を身をもって学んだ。

卒業後、ベニオフは当時まだ小さなスタートアップだったオラクルに入社し、25歳でオラクルの直販部門全体を統括するようになった。この頃ベニオフは、インターネット上に芽生えつつあるいくつかの機会に気づき始めた。「ソフトウェアで成功するということの本質は、つねに次に来るものを探すということなんです。だからそういう考え方をするように意識をもっていくことが肝心です」とベニオフは語った。「過去25年間でいろいろな技術革新を見てきたので、90年代末にオラクルで働きながらアマゾンやイーベイが現れるのを目の当たりにしたとき……何かすごいものが地平線上に現れつつあると感じました」

ベニオフは変わりゆく技術環境と自身のキャリアについて真剣に考えるべき時がきたと思った。そこで長期休暇を取ってまずインドに行き、いろいろな人たちと出会った。聖者で人道活動家のマーター・アムリターナンダマイーも、その１人だ（この出会いによって、事業で成功しながら社会に貢献しようという決意を新たにした）。世界旅行で次に立ち寄ったハワイでは、起業家や友人たちとさまざまな新規事業のアイデアについて語り合った。セールスフォースの基本的な構想がひらめいたのは、太平洋でイルカと戯れていたときだった。「僕は自分の胸に聞いてみました。『なぜ企業向けのソフトウェアアプリケーションは、アマゾンやイーベイのようにつくられていないんだろう？　今はインターネットがあるのに、なぜ昔ながらの方法で、いまだにソフトウェアのインストールや更新をしているんだろう』と。この質問を投げかけたことが、大きな突破口になりました。これがセールスフォースの始まりだったんです。要するに、アマゾンの企業向けソフトウェア版ですね」

ベニオフの「アマゾンの企業向けソフトウェア版」という斬新な取り合わせ、すなわち関連づけは、ソフトウェア業界の伝統に疑問を投げかけた。それまでソフトウェアはＣＤ－ＲＯＭ形式で販売されていたため、インストール作業は時間がかかり、顧客ごとに異なっていた（費用も高くついた）。これに対しベニオフは、インターネットを経由してソフトウェアをサービスとして提供すればいいと考えた。こうすれば、企業はソフトウェアを24時間年中無休でいつでも入手して、ＩＴシステムの長時間の大規模なインストールや更新の費用と作業停止を回避することができる。オラクルで営業とマーケティングの経験を積んだベニオフは、特注の企業向けソフトウェアを購入する余裕のない中小企業に、営業支援と顧客管理の機能をもつソフトウェアサービスを提供することに莫大な可能性を見て取った。セールスフォースはこうして誕生した。

ベニオフの構想は、ソフトウェア業界での豊富な経験と、無数の質問や観察、探求、会話を組み合わせることで生まれた。これらの行動を通して、それまで結びつけたことがなかったものごとを組み合わせ、アマゾンのビジネスモデルの要素を借用して新しいモデルをつくった。ほとんどのソフトウェア会社の方式のように、顧客がパッケージソフトを利用する**前に**料金を支払う代わりに、利用に**応じて**料金を支払う方式だ。「クラウドコンピューティング」時代の幕を切って落とす、真に革命的なビジネスモデルだった。今となってみればあたりまえに思えるが、当時は画期的だった。

新しい関連づけをあれこれ考える「組み合わせ遊び」が大好きなベニオフは、セールスフォースのチームとともにイノベーションの旅を続けてきた。ベニオフがセールスフォースを立ち上げる前にもっていた大きな疑問は、「なぜ企業向けソフトウェアはアマゾンのようにつくられていないのか?」だった。だがセールスフォースをつくってからは、この疑問は「なぜ企業向けソフトウェア（セールスフォース自身のサービスを含む）はフェイスブックのようにつくられていないのか?」に徐々に変わっていったという。ベニオフとチームはひたむきに答えを追求し、「チャター」を開発した。これはフェイスブックとツイッターのいいとこ取りをした、社内の共同作業を支援するSNSツールで、「企業向けフェイスブック」とも呼ばれる（セールスフォースのもとになった「アマゾンの企業向けソフトウェア版」と同様、「フェイスブックやツイッターの企業向けソフトウェア版」と考えるとわかりやすい)。

チャターにはフィードやグループ機能などの新しい情報共有機能があり、社内の個人やチームが今何に取り組んでいるのか、計画の進捗はどうなのか、どんな取引がまとまりかけているかをたやすく知ることができる。お互いのやっていることを簡単に見られるから、製品開発や顧客獲得、コンテンツ作成などでの共同作業のやり方が変わる。チャターを利用すると社内のやり取りが、主にチャターの近況更新とフィードを通じて行われるようになるので、メールの受信件数が激減する（セールスフォースでは43％減少した）。「社員がアカウントをフォローすると、チャターを通じて更新情報がリアルタイムで自動配信されるんです」とベニオフは言う。「会社の発展に貢献している重要な人やアイデアをあぶり出す——これがチャターの真の力です。僕はこれを社会的知性と呼んでいます。チャターを使えば、新しい価値を生み出すために必要な人や知識、情報を、誰でも利用できるんです」

関連づけとは何か

偉大なイノベータのウォルト・ディズニーは、ディズニーでの自分の役割を称して、創造の呼び水と言っていた。つまり、みずからすばらしいアニメーション映画の絵を描いたり、ディズニーランドのマッターホルンの巨大模型をつくったりはしないが、アイデアを結びつけて、社内のあちこちで創造のひらめきを刺激する役割だ。あるときディズニーは、どんな仕事をしているのと男の子に聞かれた。のちにディズニーはそのときの会話をありありと語っている。「ある日小さな男の子に『おじさんはミッキーマウスを描いてるの?』と聞かれて困ってしまった。もう描いていないよと告白したんだ。『ならジョークやアイデアを考えるの?』と言うから、『いいや、それもやっていない』と答えた。とうとう男の子は私を見上げてこう聞いたんだ。『じゃあディズニーおじさんはいったい何をしているの?』とね。『そうさな』と私は答えた。『私は小さなミツバチのようなものでね、スタジオのあちこちを飛び回りながら花粉を集め、みんなに刺激を与えているのだよ』と。それが私の仕事なんだろうな」[※2]。ディズニーは社員にひらめきを与えるだけでなく、社員のさまざまな経験が出会う交差点に身を置き、自身もひらめきを得ていた。ディズニーが関連づけから得たひらめき、たとえばアニメーションと長編映画を結びつけたり、遊園地とテーマを結びつけるといった数々の業界初の試みは、やがて娯楽のあり方を一変させた。

アップルやアマゾン、テスラといった著名企業のイノベーティブなリーダーも、まったく同じことをやっている。自分と他人の頭のなかのアイデアを結びつけたり、まったく異質なアイデアやモノ、サービス、技術、学問分野などを結びつけたりして、新しい型破りなイノベーションに仕立て上げている。イーロン・マスクは「いろんな業界のアイデアを掛け合わせることがとても役に立つ」と語ってくれた。「ある業界の解決策が、別の業界に使えることがある。それがすごく役に立つことがあるんです」。マスクは例を挙げてくれた。「テスラはスペースＸのアイデアをたくさん使っていますよ。たとえばモデルＳの車体と車台にはアルミニウムをふんだんに使っているし、スペースＸのファルコンロケットのアルミボディをつくるための延伸や鋳造の技術など……これらが車をできるだけ軽量に保つのに役立っています」。イノベータはこうやって発想の転換、すなわちＤＮＡの核となる認知的能力である「関連づけ」

を行っているのだ。[※3] 本章では関連づけ思考の仕組みをくわしく掘り下げ、この認知的能力を伸ばすための手法を紹介しよう。

関連づけ――どこで起こるか

革新的なアイデアは、自分や他人のさまざまな経験が出会う場所で花開く。歴史を見ても、偉大なアイデアは文化や経験の交差点で生まれている。ちょうどパリの凱旋門を中心とする12本の放射道路の交通が、その周りの環状道路で合流するように、経験の交わりが多様であればあるほど、思いがけない交わりが起こりやすくなる。ひと言でいうと、イノベータは多様な経験が開花して新しい気づきを促す交差点に努めて身を置くようにしているのだ。第1章でも紹介したように、作家のフランス・ヨハンソンは、地理的空間や市場空間で斬新なアイデアが合体して、実に驚くべきものを生み出すときに起こるひらめきを指して、「メディチ効果」と呼んだ。[※4] メディチ効果は古今を問わず、歴史を通じて起こっている。

たとえばイスラム世界の8世紀から13世紀にかけての時代を、歴史家はイスラムの「ルネサンス」や「黄金期」と呼ぶ。イタリアのルネサンスに先立つこと数世紀、バグダッドにはイスラム世界最高峰の学者たちが引き寄せられるように集まった。カイロやダマスカス、チュニス、コルドバも重要な知の中心地だった。イスラムの探検家は、当時知られていた世界の果てやその先まで旅した。メッカは宗教の中心地というだけでなく、主要な商業地でもあり、地中海の西端からインドの東端までのあらゆる地域の商人が訪れた。イスラムのルネサンスは、現在も使われている重要な数多くの発明を生み出した。たとえば口紅や日焼け止めローション、温度計、エタノール、制汗剤、歯の漂白剤、魚雷、防火服、慈善信託のすべてがこの時代に生まれた。[※5]

メディチ効果はイスラムとイタリアのルネサンスだけのものでなく、現代や世界各地でも起こっている。1960年代のシリコンバレーは、シリコンとは縁もゆかりもない土地だった。だが1970年代になるとすべてが様変わりし、1970年代、80年代、90年代のルネサンス期に技術革新が開花した。そのほかにも、異分野の専門知識をもつ人たちの交差点を意図的につくって、新しいアイデアの創出を促している国や地域がある。たとえば中国が未来のイノベーションに莫大な投資を行っていることを考えれば、この国が2020年までにアメリカのイノベーション大国の座をゆるがす存在になることは間違いないだろう。私たちは中国のクリエイティブ産業や社会問題解決部門（やその他多くの部門）との研究で、芸術や社会貢献のイノベーションを支援する施設が国中に点在し、そこでアイデアが生まれ、実際に活用されていることを明らかにした。

メディチ効果は近年流行りの「アイデア会議」でも起こっている。スイスのダボスで開催される世界経済フォーラムの年次総会や、アスペン・アイデアフェスティバル、TED（テクノロジー・エンターテインメント・アンド・デザイン）会議などでは、多様な人たちがアイデアや視点を意識的に結びつけようとして集まる。TEDの力を考えてみよう。人々がこの会議に参加するのは、有名、無名の非凡な人たちと交流し、アイデアを交換するためだ。TEDにまだ行ったことがない人は、TEDのウェブサイトをのぞけば、（TED×テルアビブからTED×ラマラ、TED×あなたの街までの）さまざまな地域でメディチ効果が生じている様子を垣間見ることができる。私たちのTEDのお薦めは、教育制度のあり方に異議を唱えたサー・ケン・ロビンソンや、ギターの限界に挑戦したカーキ・キング、深海の驚異（イカの意外な才能など）を語ったデイビッド・ガロなどの動画だ。TEDのすばらしさは、意識的に多様な参加者と発表内容を集めている点にある。この多様性こそが、イノベータがつながりのないものをつなげるための土台なのだ。

私たちが調査したイノベータは、TEDのような場を頻繁に訪れるだけでなく、幅広く多様な人生経験を努めて積むことによって、いわば脳内にTEDの仕組みをつくり、**独自の**メディチ効果を生み出していた。彼らにとってTEDのような会議は、生涯を通して積極的に質問・観察・人脈づくり・実験を行って焼き上げた「ケーキ」にかける、砂糖衣のようなものだ。幅広く多様な経験というすばらしい土台が、非イノベータには真似できない関連づけ思考を促すのだ。ペプシコ元会長兼CEOインドラ・ヌーイの人生をたどって、彼女の脳内TEDの起源を考えてみよう。

ヌーイはインドのマドラス（現チェンナイ）の中流家庭に生まれ、母や妹といつも「大きなことを考え」ながら幼少期を過ごしたという。女子クリケットにのめり込み、女子のロックバンドでリードギターを弾いた（ペプシコのイベントでも舞台に立っていた）。化学、物理、数学の学際的学位を得てから、カルカッタ（現コルカタ）でMBAを取得した。繊維業界（トゥータル）と消費財業界（ジョンソン&ジョンソン）で働き、イエール大学で経営管理学修士号を取得した。その後コンサルティング業界（ボストン・コンサルティング・グループ）に転じ、電力業界（ABB）の戦略部門を経て、とうとうペプシコ始まって以来の女性CEOに就任した。

ヌーイは多様な職業経験や人生経験を通して、どんな人も、特にCEOは「破壊的な発想をする」べきだと考えるようになった。2010年のスーパーボウルで、まさにこれを実践した。2000万ドルを使って60秒間のテレビCM枠を2つ購入する代わりに、まったく違う手法をとって「ペプシ・リフレッシュ」と銘打つキャンペーンを行ったのだ。このもとになったのが、ヌーイの頭につねにあった、「事業で成功しながら社会に貢献するにはどうしたらいいだろう?」という問いだ。ペプシ・リフレッシュとは、地域社会を「リフレッシュ」して住みやすい場所に変えるためのアイデアを募集する試みである。芸術と文化、健康、教育などに関するアイデアが、毎月約1000件も特設ウェブサイトに寄せられた。オンライン投票で選ばれた優れたアイデアに、5000ドルから2万5000ドルの賞金を与えた。2010年だけで、4500万通から選んだリフレッシュ・プロジェクトに、毎月130万ドルを投資した。ペプシ・リフレッシュのフェイスブックのフォロワー数も、2010年末に100万人を超えた。このキャンペーンはヌーイがペプシコで始めた「パフォーマンス・ウィズ・パーパス（目的意識のある利益推進）」という、より大きな計画の一環として行われた。

関連づけ——どのように起こるか

関連づけがどのように起こるのか、またなぜひと一倍関連づけが得意な人がいるのかを理解するには、脳の仕組みを知っておいた方がいい。脳は辞書のようにアルファベット順に、たとえば「劇場（Theater）」ならTの項に情報を保存しているわけではない。シアターはTという文字だけでなく、脳内に蓄えられたさまざまな情報と関連づけられる。関連づけのなかには論理的に思えるもの、たとえば**ブロードウェイ**、**開演時間**、**幕間**といったものもあれば、それほどつながりがはっきりしないもの、たとえば**キス**、**俳優のキャリア**、**不安**（高校時代に芝居でとちったせいかもしれない）もあるだろう。脳内に保存された知識が多様であればあるほど、新しい情報が入力されたときにますます多くのつながりが生まれる。そうした新しい情報が関連づけを促し、斬新なアイデアを生み出すのだ。インテュイットの創業者CEOスコット・クックは、こうした思いがけない関連づけが、問題をじっくり考える際に「データを補う強力かつ重要な役割を果たす」という。このような類推や関連づけは、戦略的なアイデアを生み出すのに欠かせない、重要な創造のツールである。

　たとえば、あなたがウーバーとエアビーアンドビーのビジネスモデルに精通したとしよう。これらは十分に活用されていない資産（車や家）をもつ人たちと、その資産を使いたい人たちをつなぐ基盤を生み出す企業だ。あなたは、ほかの業界の環境を踏まえて、「どうしたらX業界のウーバーになれるだろう?」と考える。P2P《ピアツーピア》（仲介者を介さずに個人が直接つながる仕組み）のビジネスモデルをほかの環境（たとえばRV車や、オフィス空間、ボート、花、カクテルドレスなど）に当てはめれば、興味をそそる新しいアイデアが浮かぶかもしれない。実際、私たちの元教え子のプレストン・オルダーとジョゼフ・ウッドベリーは、まさにこれを行って、「エアビーアンドビーの倉庫版」である「ネイバー」のアイデアを思いついた。ネイバーは保管スペースを必要とする人と、余分のスペースをもつ人をつなぐサービスだ。空き部屋やガレージの余分なスペースがある人は、それを貸してお金にすることができる。脳は新しい知識を活発に吸収しているとき、アイデアとアイデアの結びつきを促して（神経回路の網を広げて）、新しい知識を組み合わせることが多い。したがって関連づけの「筋肉」も、質問・観察・人脈づくり・実験を積極的に実践することによって鍛えることができる。

私たちが調査した著名イノベータは全員、関連づける力が高かった（イノベータDNA評価で70パーセンタイル（上位30%）以内）。ただし革新的なプロセスを導入する「プロセスイノベータ」はその他のイノベータに比べて、関連づける力がやや劣っていた（ただし非イノベータに比べればはるかに優れていた。図2-1）。

なぜすべてのイノベータは非イノベータよりも関連づけがずっと得意なのだろう？　私たちの分析の結果、関連づける力の高さを予測するのに最も役立つ指標は、イノベータDNAを構成する残りの4つの能力（質問力・観察力・人脈力・実験力）を活用する頻度だとわかった。たとえばベニオフがチャターの構想を最初に思いついたのは、「なぜ企業向けのソフトウエアアプリケーションは、アマゾンやイーベイのようにつくられていないんだろう？」と自問したときだった。ブラブラカーの創業者フレデリック・マゼラが自動車の相乗り事業を思いついたのは、運転者だけを乗せて座席が余っている車が長距離を走行しているのを観察したときだった。ウーバーの共同創業者ギャレット・キャンプが高級車の配車サービスを思いついたのは、サンフランシスコのタクシー事情の悪さを

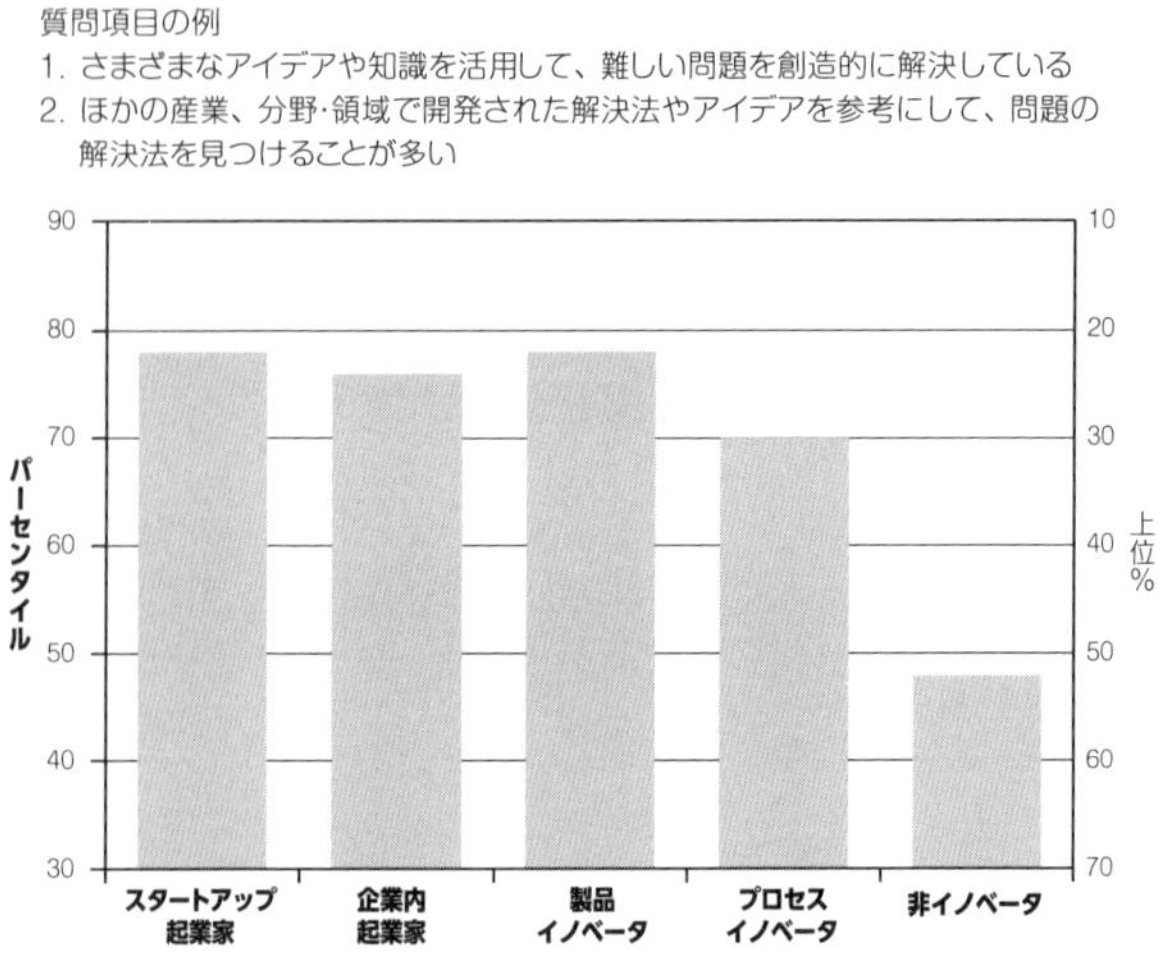

質問項目の例
1. さまざまなアイデアや知識を活用して、難しい問題を創造的に解決している
2. ほかの産業、分野・領域で開発された解決法やアイデアを参考にして、問題の解決法を見つけることが多い

図2-1　イノベータと非イノベータのタイプ別関連づける力の比較

目の当たりにしたときだったが、P2Pの交通サービスというアイデアに集中し始めたのは、フランスのルウェブ会議に出席する間、トラヴィス・カラニックと毎日会話をしたときだった。破壊的イノベータが関連づけで本領を発揮するのは、地理や産業、企業、職業、学問分野などのあらゆる境界を積極的に越えて、イノベータDNAの残りの4つの能力を活用するときなのだ。

適切な質問を見つけ、しっかり観察を行い、多様な人たちと話し、世界を対象に実験をすれば、たいていは関連づけによって生産的で有意義なひらめきが得られる。逆に、残りの4つの能力をないがしろにすれば、新しい関連づけやひらめきは、行き当たりばったりな（また往々にして役に立たない）ものになりがちで、市場に十分な影響をおよぼすことはできない。たとえば第1章の一卵性双生児に似た例として、有益な新しい関連づけを生み出そうとする2人のイノベータがいたとしよう。1人は折あるごとにすべての発見力を満遍なく積極的に活用しているが、2人めはそれを怠っている。さてどちらの方が有益で影響力の大きいアイデアを生み出す可能性が高いだろう？　もちろん1人めだ。なぜなら、現実の問題に取り組む現実の人たちの暮らす世界に深く入り込んで、よりよい解決策を探そうとしているからだ。1人めが見つける「なるほどそうか！」の関連づけが、2人めが現実世界から離れた安楽なオフィスの椅子で見つける「行き当たりばったり」の関連性に比べて、ずっと生産的なのはいうまでもない。

新しい関連性を求めて

私たちの調査により、破壊的イノベータが新しい関連づけを探す方法の特徴が明らかになった。破壊的イノベータは、「ちぐはぐな組み合わせ」、「ズームインとズームアウト」、「レゴ思考」によって、多様な経験の点と点をつなぎ、最終的に破壊的な新しい事業のアイデアを産み落としているのだ。

ちぐはぐな組み合わせ

ニール・サイモン原作の往年のブロードウェイのヒット作品で、のちにTVシリーズにもなった『おかしな二人』を知っているだろうか？　几帳面な報道記者とずぼらなスポーツ記者という正反対の性格の2人がくり広げる同居生活を描いた作品だ。まったく違う生活を送る2人がぶつかり合うことで、まったくの予想外の創造的な結果が生まれることが多かった。これと同じで、イノベータは一見ちぐはぐなアイデアを組み合わせて、驚くほどの成功を収めることが多い。「**これ**と**あれ**を組み合わせたらどうだろう？」「これとこれとこれを**あれ**と組み合わせたら？」とつねに問いかけることで、おかしな2人や3人、4人を生み出している。ふつうでないアイデアを大胆に結びつけることによって、発想を転換しているのだ。

リサーチ・イン・モーション（携帯電話に革命を起こしたブラックベリーのメーカー）の創業者マイケル・ラザリディスは、学問の分野を越えてアイデアを結びつける方法を、人生の早い時期に学んだという。

僕の高校では、上級数学のコースと商業コースがあったんです。僕は両方取っていました。2つのコースはまったく内容が違っていたから、僕はひょんなことから2つのコースの橋渡し役を務めることになりました。職業コースで教わる数学は、分野によっては上級数学より進んでいました。三角法や虚数、代数、微積分を、とても実際的で具体的な方法で使っていました。そこで僕は、電子工学で数学が使われる方法と、数学で電子工学が使われる方法を説明して、2つのコースの**隔たりを埋める**という役目を任されました。

またラザリディスは、あるとき教師に言われた、「コンピュータ技術だけにとらわれすぎてはいけないよ。本当に特別な何かを生み出す人は、無線技術とコンピュータを結びつける人だ」という言葉をきっかけに、コンピュータと無線技術のつながりに注目するようになった。ブラックベリーはこうして生まれた。

同様に、グーグルの共同創業者ラリー・ペイジは、学術論文の引用数とウェブ検索という、一見無関係な2つのアイデアを結びつけてちぐはぐな組み合わせをつくり、グーグルを立ち上げた。スタンフォード大学の博士課程で学んでいたペイジは、学術雑誌や出版社が、学術論文が1年間に引用される回数によって研究者をランクづけしていることを知っていた。ペイジは研究者を被引用数でランクづけできるのと同様に、ウェブサイトも被引用数でランクづけできると考えた。ヒット数が最も多い（つまり最も頻繁に選ばれる）ウェブサイトは、引用される回数も多い。ペイジと共同創業者のセルゲイ・ブリンはこの関連づけのおかげで、より優れた検索結果を返す検索エンジンをつくることができた。

世界有数のイノベータは、まったく異質な概念をとっかえひっかえするうちに、アイデアや知識を結ぶ、一見かすかなつながりをとらえる。これが、革新的な事業のアイデアの呼び水となる、型破りな組み合わせをつくることがある。イーベイの創業者ピエール・オミダイアは、大胆なアイデアを思いついたときのことを話してくれた。ハワイの農家から野菜や果物を腐らないうちに消費者に届ける方法を考えていたコンサルタントと話し合っていたときのことだ（コンサルタントによると、農産物の約3分の1は腐ってしまうという）。オミダイアが最初に投げかけた質問はこうだった。「郵便局を使ったらどうかな？　郵便配達は週に6日、すべての家を回っているだろう？　レタスだって郵便で送れるんじゃないか？」彼はこう打ち明けてくれた。「あれはまったくバカげたアイデアで、うまくいかない理由なんていくつでもありましたよ。たんにそれまでにない方法でものごとを結びつけた一例を挙げただけです。イーベイのビジネスモデルは運送に頼っているから、僕は郵便の仕組みにくわしいんです。郵便局は週に6日、家を1軒1軒回っているんですよ！　そんな組織がほかにありますか？　こういう資産を新しい方法で活用するのもおもしろいかもしれない」

「農産物」と「郵便局」を結びつけるなんて、ふつうの人は思いつかないが、こうした思考法が、画期的な新規事業のアイデアを見つける確率を高めるのだ。

ズームインとズームアウト

イノベーティブな起業家は、次の2つのことを同時に行う能力をもっていることが多い。特定の顧客経験の詳細を理解するために、細部を深く隅々にわたって調べる（ズームイン）と同時に、高みから俯瞰して細部が全体にどのように組み込まれているかを調べる（ズームアウト）。この2つの視点の統合が、思いがけない関連づけにつながる場合が多い。ニクラス・ゼンストローム（スカイプ共同創業者）は自分の経験を例に引いて、ズームインとズームアウトについて説明してくれた。「多角的に考える必要があるんです。つまり、同時に起こっているものごとを組み合わせて、一見無関係なものごとにつながりがあることを読み取るんです。同時に起こっているものごとを理解して、1つに結びつける能力が必要ですね。たとえば僕はものごとの全体像をつかむのが得意で、細部をとらえるのも結構うまいんです。だから全体像と、とても細かい細部とを行き来できる。この動きが、新しい関連性を生み出すことが多いんです」

スティーブ・ジョブズは、ズームインとズームアウトによって、優れた製品、多くの場合業界を変えてしまうような製品を生み出す達人だった。あるとき初代マックの設計を手がける開発チームが、筐体《きょうたい》のプラスチックの仕上げがうまくいかずに苦労していた。ジョブズは行き詰まりを打開するために、デパートに出かけてプラスチック製のさまざまな電化製品にズームインした。そうして初代マックのすばらしい筐体にぴったりのプラスチックケースの特質をすべて備えた、クイジナート製のフードプロセッサーを見つけたのだ。また別のとき、製品デザインの現在と未来の課題について新しいひらめきを得ようと、会社の駐車場に駐めてあるいろいろな車を見て回った。あるときの駐車場見学で、メルセデス・ベンツの内張りを見て、金属製筐体のデザインの難題を解決した。

ジョブズはズームアウトによって異なる業界との意外な接点を見抜くことにも同じくらい長けていた。たとえばピクサーを買収し、10年以上経営した経験を通じて、コンピュータ業界で得ていたものとはまったく違う視点を手に入れた。このおかげで、アップル復帰後にアイデアを独自の方法で組み合わせ、大きな効果を上げることができた。たとえばピクサー映画の配給権や興行収入をめぐって、ディズニー上層部と長年渡り合った経験を踏まえて、音楽のネット配信に関して、ほかのコンピュータやMP3プレーヤーのメーカーが思いもつかないアイデアを得た。ピクサーでの経験によって、業界を超えた幅広い視野を手に入れ、それをもとにiTunesやiPod、iPad、iPhoneなど、業界をつくり替えるような発明を生み出していったのだ。

レゴ思考

イノベータに共通点があるとすれば、それは子どもがレゴを集めるのを好むように、アイデアをたくさん集めるのが大好きなことだろう。ノーベル賞を2度受賞したライナス・ポーリングは、「よいアイデアを得るには、多くのアイデアを得るのが一番だ」と言った。[※6] トーマス・エジソンは一生の間に3500冊以上のノートにアイデアを記し、アイデアが途切れることがないように、つねに「アイデアのノルマ」を自分に課していた。億万長者のリチャード・ブランソンも同じくらい熱心にアイデアを記録し、どこへ行くときも誰と話すときも必ずメモを取っている。とはいえ、アイデアの絶対量を増やしたからといって、破壊的なアイデアが生まれるとは限らない。なぜだろう？　それは『水平思考の世界』の著者エドワード・デボノが言うように、「同じ方向にいくら目をこらしても新しい方向は見えてこない」からだ。言い換えれば、いろいろなところから多くのアイデアを得ることでこそ、いいとこ取りのイノベーションを生み出すことができる。質問・観察・人脈づくり・実験を頻繁に行うイノベータが関連づけにひと一倍長けているのは、多くの新しい知識を理解し、蓄え、分類し直す経験を積んでいるからである。なぜこれが重要かといえば、私たちが調査したイノベータは、まったく新しいものをゼロからつくり出すことはまれだったからだ。それよりも収集したアイデアを新しい方法で組み合わせることによって、新しいものを市場に送り出すことが多かった。質問・観察・人脈づくり・実験を通して、頭のなかにたくさんの幅広い「アイデアのブロック」をゆっくりと積み上げていった。ブロックがたくさんあればあるほど、新しく得た知識と組み合わせて斬新なアイデアを生み出すことができた。

たとえば、子どもがレゴブロックで遊んでいるとしよう。このとき、使うブロックの種類が多いほど、創意工夫を働かせやすい。だが最も斬新な構造は、多様な種類の既存のレゴを新しい方法で組み合わせることによって生まれる。つまり子どもは違う種類のレゴセット（たとえば『スポンジ・ボブ』と『スター・ウォーズ』のセット）を組み合わせれば、新しい構造のためにさらによいアイデアを得ることができる。これと同じで、幅広い分野の知識や経験、アイデアの蓄えを増やせば増やすほど、それらを独自の方法で組み合わせ、ますます多様なアイデアを生み出すことができる（図2－2）。

たとえば、何かの専門分野に深く精通している人は、その知識をなじみのない新しい概念やアイデアと組み合わせることができるので、創造性が高い傾向にある。イノベーティブなデザイン企業ＩＤＥＯが、多くの分野の幅広い知識と、1つ以上の専門分野の深い知識を併せもつ人材を集めようとするのは、このためだ。ＩＤＥＯはこうした人材が1つの知識分野（Ｔのタテ棒）に深く精通していながら、さまざまな分野の幅広い知識（Ｔのヨコ棒）を積極的に得ようとする様子をＴの文字になぞらえて、「Ｔ型」人材と呼ぶ。この特徴の知識をもつ人材は、一般に次の2つの方法で斬新な関連づけを生み出している。

（1）精通する分野に、別の分野のアイデアを応用する、（2）精通する分野のアイデアを、浅く知っている別の分野に応用する。

　たとえばあるとき、ベイン・アンド・カンパニーの製造技術に精通したコンサルタントが、病院の経営者を訪ねた。折しもアメリカ政府が医療費削減策として定額支払方式を導入したために、それまで実費に10％の利益を上乗せした金額を政府から支払われていた病院は、新しいコスト削減法を考えなくてはならなくなった。製造部門に精通するこのコンサルタントは、病院との話し合いのなかで、病院がどうやって「製品」（患者）への「接触」を減らして「工場」（病院）の処理能力を高めているのかとたずねた。製造業から得たこのアイデアは、質の高い医療（と高い経費と利益）を確保するために、患者をできるだけ長い時間引き留めようと

理論的には、イノベータの「アイデアのブロック」が増えるにつれて、アイデアを組み合わせる方法が飛躍的に増え、驚くほど新しいものを生み出すことができる。アイデアのブロックを創造的な方法で組み合わせる（一見ちぐはぐな組み合わせをつくる）ことができるかどうかは、長年のうちに独創的なアイデアのブロックをどれだけ蓄積しているかによって決まる※。

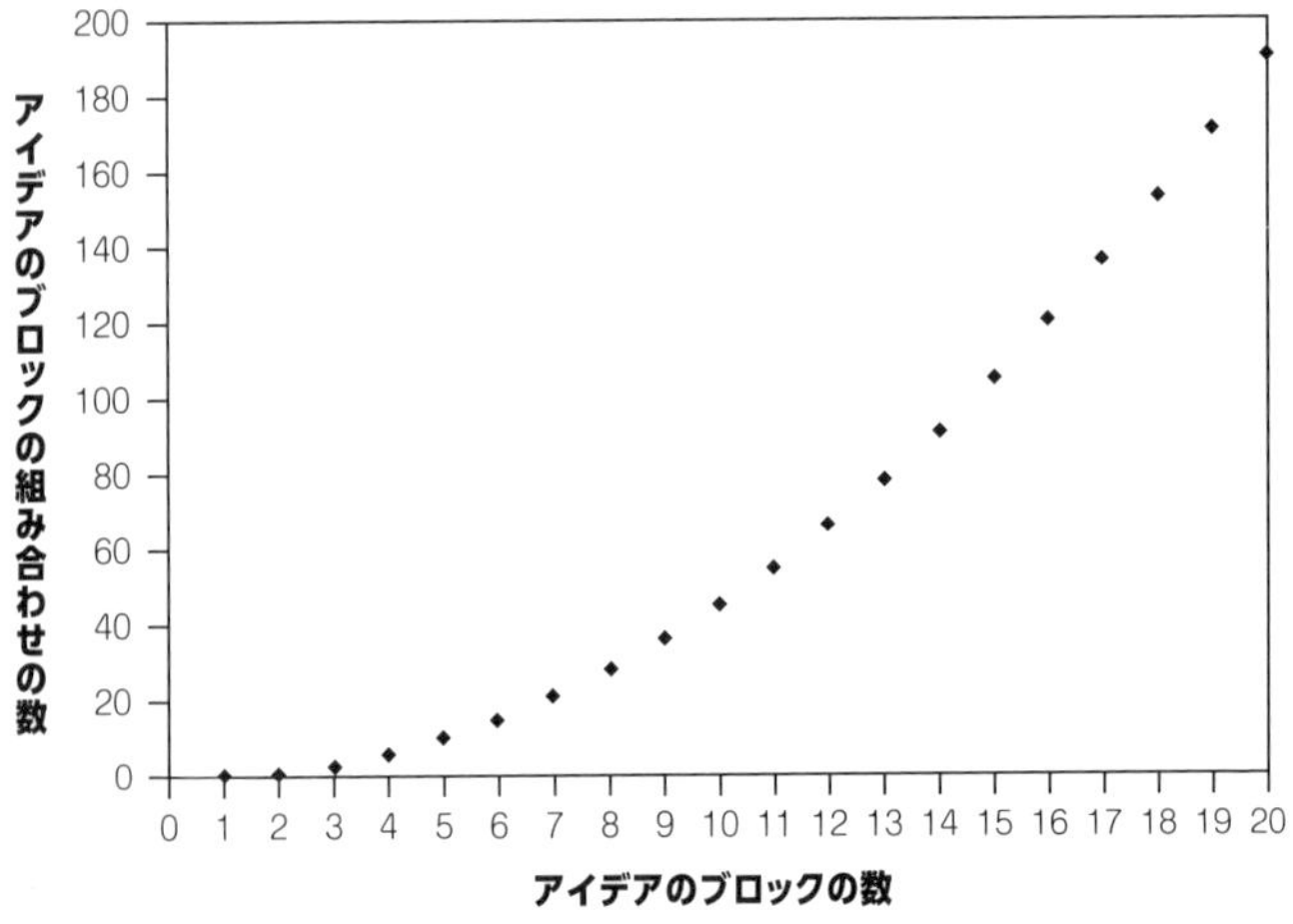

※数学的にいうと、頭のなかのアイデアのブロックの数（N）が比例的に増加するにつれて、ブロックの潜在的な組み合わせの数（N(N−1)／2）はさらに急速に、幾何級数的に増加する。

図2-2　なぜ多様なアイデアを蓄積するとイノベーションが促されるのか

していた病院にとって、まったくなじみのない発想だった。このように、まったく異なる業界の新しいアイデアを得たおかげで、患者を（工場のように）できるだけ早く処理するために、病院の作業工程をまったく違う方法で設計し直すことができた。その後の5年間で、ベインは50以上の病院と協力して、このコスト削減法を導入した。

新しい考えを安心して生み出せる場

イノベータは積極的な質問・観察・人脈づくり・実験によって、長年のうちにアイデアをたくさん蓄積して、驚くような関連づけを行うことが多い。ときには質問・観察・人脈づくり・実験を行っている最中に、関連づけやアイデアがひらめくこともある（第3章から第6章で説明する）。だがやはりよくあるのが、無心でリラックスした状態で、ことさら問題を解決しようとしていないときに（研究者の言う、「意識を散漫にした」状態のときに）、新しいアイデアがひらめくことだ。言い換えれば、会議などで一心不乱に集中して具体的な問題への解決策を考えているようなときは、こういうひらめきはめったに起こらない。ヴイエムウェアの共同創業者ダイアン・グリーンは、リラックスして新しいアイデアを考えるのにうってつけの場が、「シャワー」だという。私たちが聞き取り調査をしたデイビッド・ニールマン（ジェットブルー航空とアズール航空の創業者）やジェフ・ジョーンズ（キャンパス・パイプラインとN×ライトの創業者）などの多くのイノベータも、お気に入りの場にシャワーを挙げていた。またそのほか新しいアイデアを得る瞬間として、散歩や運転、休暇、真夜中（ペプシコCEOヌーイなど）を挙げるイノベータも多かった。ベニオフがセールスフォースの重要なひらめきを得たのは、「イルカと泳いでいたとき」だった。ダイアン・グリーンはシャワー以外にも、1人で船を漕いでいるとき（子どもの頃からよくやっている）にもすばらしい関連づけを思いついたことがあるそうだ。グリーンはこう要約する。「アイデアを煮詰める場があれば、創造性は高まります。時間軸を長くとって幅広い視点で考えることでアイデアは生まれるんです」。要は、問題にがむしゃらに取り組んでいるときは何も浮かばなくても、無心でリラックスした状態に身を置くと独創的なアイデアが浮かぶことがあるのだ。※7 何をやっても解決策が思い浮かばないときは、寝てしまおう。ハーバード大学の研究チームは、トンネルのなかにいるように視野が狭くなる「トンネル視」の特効薬が、睡眠だということを明らかにした。だから考えが行き詰まったら、ちょっと睡眠を取って、アイデアがにじみ出てくるのを待とう。睡眠を取ると、つながっていないものごとをつなげ、よい新しいアイデアを得られる確率が平均で33％も高まる。※8

最高のイノベータは、安心して新しいアイデアを生み出せる場所や時間をたいてい知っている。あなたはどうだろう？ 気持ちを切り替えたりくつろいだりできる場所や時間を探そう。最高のアイデアを早朝に思いつくという人もいれば、深夜がいい人もいる。どんなやり方であれ、ただ瞑想して考えるだけの時間をつくろう。

破壊的イノベータは、残りの4つの発見力（質問力・観察力・人脈力・実験力）**を活用するとき、意識してさまざまな技術や部署、地域、社会、学術分野などの境界を越えようとする。** 彼らに倣って、多様なアイデアや経験のにぎやかな交差点に身を置けば、自然に刺激的な関連づけが起こるだろう。スティーブ・ジョブズが言ったように、「創造性とはただものごとを結びつけることにすぎない」のだ。ジョブズは続けてこう語った。「創造的な人は、どうやって創造したのかと聞かれると、ちょっとうしろめたい気持ちになる。ただ何かに気づいただけなんだ……それまでの経験を結びつけて新しいものを合成しただけだ」[※9]。４つの発見力をくり返し活用するうちに、思いがけない関連づけが促される。オフィスの外であれ会議室であれ、安心して考えられる場があれば、すばらしい関連づけが起こりやすくなる。やがて仕事やそれ以外で創造的な解決策を生み出す能力が高まるだろう。

関連づける力を伸ばすためのヒント

発想を転換して、さまざまなアイデアの意外なつながりをより合わせる能力を高めるには、次の短期と長期の演習をお勧めする。[※10] あまり時間がかからないものがほとんどだが、継続的に行うと新しいアイデアを生み出す力が高まる。これらの演習を行うと、経営レベルの戦略的問題から現場レベルの製造上の課題までのあらゆる問題を創造的に解決する力が高まることが、私たちの研究からわかっている。

ヒントその1――むりやり関連づける

イノベータはふつう組み合わせないものごとを組み合わせる、「強制連想法」を用いることがある。たとえば電子レンジと食洗機の機能を強制的に組み合わせるなど。すると水をまったく使わずに食器を洗浄殺菌する、新しい加熱技術を使った食洗機、といった革新的な製品のアイデアが浮かぶかもしれない。実際に、エッジスターは卓上型の食洗機を開発し、キッチンエイドはシンク据え置き型の食洗機をつくった。どちらも電子レンジ大で、使用水量が少なく、一般の食洗機よりずっと洗浄が早い。強制連想を行うには、まずあなたや会社が抱えている問題や課題を考えよう。それから次の演習を行って、ふつうならしないような関連づけをやってみよう。

適当な製品カタログを手に取って、27ページを開こう。最初に目に入った製品は、あなたが考えている問題とどんな関係があるだろう？　その製品が顧客の問題を解決する方法を、あなたの問題と関連づけられないだろうか？　たとえば適当に開いたページで目に入った製品が「iPad」で、あなたの問題が「ハーブティーの売上を伸ばすこと」だったとしよう。iPadを眺めているうちに、思いがけない組み合わせが浮かぶかもしれない。たとえば潜在顧客の興味を引くような（または既存顧客をリピーターにするような）新しいiPadアプリをつくるなど。

またはウィキペディアのトップページの選り抜き記事を適当に選び、そのページに飛んでみよう。たとえば、適当にクリックしたのが「ブーメラン」の記事で、あなたの会社の問題が、「消費者ウケがいい製品パッケージにする」だったとしよう。ブーメランのアイデアとのぶつかり合いによって、「顧客が返却可能なパッケージ」や、「製品使用後に自動返却されるパッケージ」などのアイデアが浮かぶかもしれない。

このように強制連想の演習として、関連のないものごとやアイデアを適当に選び、それがあなたの問題とどんな関係があるか、時間を取ってじっくり考えよう。要は、ランダムに選んだものごとを、あなたの抱える問題と関連づけるということだ。頭を絞って自由な（こじつけでもいい）関連性をたくさん見つけるのだ（思い出してほしい、関連づけが多いほど優れたアイデアにつながる）。その際、表2-1を使うとひらめきを整理しやすい。

ヒントその2――別の会社になりすます

広告代理店ＴＢＷＡのやり方を真似してみよう。ＴＢＷＡでは新しいアイデアを得るために、「破壊デー」[※11]という催しを行っている。まず重要な戦略上の問題や課題を選んだら、アップルやヴァージンなどの最もイノベーティブな企業の帽子やシャツなどのグッズが詰まった大きな箱を運んでくる。社員はグッズを身につけ、その企業の社員になったふりをして、自社の問題をまったく違う視点から考えるのだ。

別の方法として、（自社と関係のある業界、ない業界の両方から）企業を適当に選んで（またはフォーチュン500社やインク100社のランキングから適当に選んでもいい）、情報カード1枚につき1社ずつ書いていく。できあがったカードの束を使って、あなたの会社と別の会社のランダムな組み合わせをつくる。それからチー

いま抱えている問題	無関係な項目やアイデア	考えられる関連性

表2-1　強制連想

ムで斬新な発想を出し合い、２つの会社が提携や合併をしたらどんな新しい価値を生み出せるかを考えてみよう。２つの会社の強みを組み合わせると、驚くほど斬新な製品やサービス、プロセスのアイデアが生まれることがある。

ヒントその３――比喩やたとえを使う

　あなたの会社の製品やサービスを、比喩やたとえで表す演習をやってみよう（ありきたりな発想は避けて）。そうした比喩は、ものごとを違う視点から見るきっかけになるかもしれない。たとえば、テレビの視聴が雑誌の購読のようだったらどうなるだろう？（こうしてテレビ番組の自動録画サービス「ティーボ」は、テレビの視聴を一変させた。好きなときに視聴を開始、停止したり、ＣＭを飛ばすこともできるようになった）。またあなたの会社の製品やサービスに、たとえばアマゾンAlexaやＶＲヘッドセットといった最新の製品を組み込んだらどうなるだろう？　どういう機能やメリットが得られるだろう？（表２-２）

　別の演習として、あなたがよく知っている状況を別の状況に当てはめてみよう。たとえばウーバーやエアビーアンドビ

製品のリスト（「もし〜だったら」のたとえ）	考えられる新しい機能／メリット

表2-2　たとえを考える

ーのビジネスモデルは、役に立つ遊休資産（自動車や家など）をもつ人と、それらの資産を利用したサービス（タクシーや宿など）の利用者とをつなぐ方式だ。こうしたP2Pのビジネスモデルを、ほかの状況にも利用できないだろうか？「何々版ウーバー」の例を考えられるだろうか？　この類推が生み出した企業には、RVシェア（RV車の所有者と利用者をつなぐ）や、ネイバー（保管スペースの所有者と利用者をつなぐ）、グリーンパル（芝刈り機と芝の所有者をつなぐ）、ブルームザット（生花と花がほしい人をつなぐ）などがある。

ヒントその4――ガラクタ箱をつくろう

変わったものやおもしろいもの（スリンキー［階段を下りるバネのおもちゃ］や模型飛行機、ロボットなど）を集めて、ガラクタ箱やガラクタ袋に入れておこう（16世紀と17世紀の人が、世界中のおもしろいものを集めた「驚異の部屋」をつくっていたように）。そして問題や機会が起こったときに、そこから変わったものをランダムに取り出そう。度胸のある人は、それを職場の棚に飾ってもいい。また旅に出たら（家にいるときも）、地元の古道具屋や蚤の市に行って、古い問題に新しい角度から切り込むきっかけになるような不思議なお宝（クウェートのラクダの鈴や、オーストラリアの民族楽器ディジュリドゥなど）を手に取ってみよう。

興味深いことに世界的なイノベーションデザイン会社IDEOでは、正社員が勤務時間を使って「ガラクタ箱」に入れる新しいものを探している。ガラクタ箱のなかには、ハイテク製品から気の利いたおもちゃまでの数百の品が入っている。IDEOのデザイナーは新しいアイデアを生み出すためのブレインストーミングで、この箱を活用する。風変わりな珍しい品々は、新しい関連づけを促すことが多い。バカげていると思うかもしれないが、一見バカげているものは、マンネリ化した思考パターンから私たちを文字通り引きずり出し、ランダムな連想を促すのだ。

ヒントその5 —— スキャンパー!

「SCAMPER」とは、アレックス・オズボーンとボブ・エバリーが、ひらめきを生み出す7つの手法を頭字語にまとめたものだ。代用(Substitute)、結合(Combine)、応用(Adapt)、拡大・縮小・変更(Magnify, Minimize, Modify)、転用(Put to other uses)、除去(Eliminate)、逆転・並べ替え(Reverse, Rearrange)である。これらの手法の一部か全部を利用して、あなたが取り組んでいる問題や機会を考え直してみよう。特に製品やサービス、プロセスを再設計するのに役に立つ方法だ。(SCAMPERの手法をくわしく知りたい人には、マイケル・マハルコの『アイデア・バイブル』をお薦めする。)(表2-3)

スキャンパーの課題	「新しいタイプの腕時計を発明せよ」
代用	スチールの代わりに天然木や岩を使う
結合	アラームが鳴ったら、簡単にすぐ薬を飲めるよう薬を入れるスペースをつくる
応用	道に迷ったときに腕時計を反射鏡にして合図する
拡大・縮小・変更	文字盤を大きくして、カップホルダーとして使う
転用	腕時計を芸術作品と考える
除去	中の機械を取り外して日時計にする
逆転・並べ替え	針を反時計回りに回す 文字盤が内側に来るようにし、時計の裏面のデザインやファッションに凝る

表2-3 スキャンパーの手法

第3章

発見力その2

質問力

「疑う余地のないことを疑え」

ラタン・タタ

タタグループ会長

「何かご質問は？」――ほとんどの人は、この言葉を何百回、何千回と聞いたことがあるだろう。プレゼンテーションや会議の終わりに質問を求められると、たいていもじもじしてやり過ごすのは、何でも聞いてくださいという、手放しの歓迎ではないように思えるからだ。だが本当に聞きたいことがあるとき、たとえばものごとがなぜそうなっているのか、どう変えられるかを聞きたいときでさえ、質問しないことがある。そういうときは質問すべきだ。もしもその部屋に破壊的イノベータが集まっていたなら、示唆に富む質問が飛び交ったことだろう。なぜだろう？　それは、質問をするのがイノベータのやり方だからだ。質問は、それ以外の発見行動である観察・人脈づくり・実験の創造性を促す呼び水だ。イノベータは「今どうなのか」（現状）と「これからどうなるのか」（可能性）を理解するために、多くの質問をする。無難な質問は無視し、とんでもない質問で現状に挑戦し、ときには激しく執拗な質問で権力者を脅かすこともある。

たとえば好奇心と創意にあふれていることで有名な、ベイン・アンド・カンパニー会長のオリット・ガディッシュを例にとってみよう。少女時代をイスラエルで過ごした彼女は、多くのことに興味をもち、「いつも山ほどの質問をしていた」という。授業中に機会があれば必ず質問をしなさいという、両親の教えも守った。いつも質問をしていたから、中学の卒業アルバムには2年生のときの担任がこう書いてくれた。「オリット、これからも2つの質問をしなさい。3つめ、4つめもね。けっして好奇心を失わないように」。ガディッシュはこれを読んで、「質問こそが正しい方法」だということに初めて気がついた。ベインに勤めるようになってからも、質問を通じてクライアントとともにひらめきを得ていた。「クライアントに多くの質問をぶつけることが、優れた解決策を生み出すカギ」だと知っていたからだ。

大学院を出てコンサルティングを始めた1980年代初め、コストダウンで競争力を維持しようとする製鉄会社の手伝いをした。初めてこの会社の工場を訪問したとき、60歳を過ぎた会社のCEOに、鉄鋼業界では女性は「縁起が悪い」と嫌がられたという。ガディッシュは少しもひるまず、なぜ今のようなやり方をしているのかを知るために質問を浴びせた。当時鉄をつくる方法は2通りあった。溶鋼を鋳型に流し込み、自然に冷やして固めた鋼鉄を再び加熱して成型する標準的な製法と、溶鋼を鋳型に注ぎ続けて強制冷却しながら連続的に素材を引き出し、それを切断して一度に平板をつくる、当時最新技術だった連続鋳造法という方法だ。

ガディッシュは連続鋳造法を調べてコストダウンの可能性を感じ、自分の目で確かめるために日本を訪れた。そしてこの新しい製法がクライアントに大きな価値をもたらすと確信して帰路に就いた。しかし製鉄会社の経営幹部と営業担当者は猛反対した。この会社では顧客のために350種類もの製品をつくっていて、鉄にさまざまな成分を添加する必要があるので、これほど多くの製品を連続鋳造するのは不可能だというのだ。「クライアントは頑固で、変更は無理だと完全に思い込んでいました」とガディッシュは語る。

ここでガディッシュの質問力が、クライアントの問題に切り込むのに役立った。彼女は製鉄会社の顧客を直接訪問して質問をぶつけた。「本当に350種類もの製品が必要ですか?」、「なぜ必要なんでしょう?」。最初顧客は「とにかく必要なんだ」と反射的に答えるだけだった。だがガディッシュが質問をたたみかけ、問題を洗い出すうちに、意外な事実が判明した。顧客は連続鋳造のコスト面での利点をよく理解していなかった。連続鋳造では、鋳造工程でほかの（より安価な）成分を添加できることを知らなかったのだ。ガディッシュはクライアントとその顧客の協力を得て、350種類の製品の1つひとつについて、「この製品は何のためにあるんですか？」、「この製品の存在意義は何ですか？」と問いかけ、それぞれの製品をなぜ製造する必要があるのかをしっかり理解した。

それぞれの製品の存在理由についての単純な質問をして豊富な情報を得たおかげで、焦点を「今どうなのか」から「これからどうするか」へと移すことができた。たとえば「既存の製品ラインを90％削減したらどうなりますか？」、「製品ラインを大幅に削減して、連続鋳造を導入したらどうでしょう？」、「鋳造工程で添加する低コストの成分を最大限に増やすにはどうしたらいいでしょう？」などの根本的な質問を投げかけることで、破壊的イノベーションの領域に踏み込んでいった。やがて製鉄会社の幹部は、製品の数を350から30に減らすことが可能であるばかりか、残った製品のコスト競争力が高まるため、収益性が大幅に高まることを理解した。クライアントはこのようにして、主要顧客のニーズをほぼ満たしながら、新しい連続鋳造の工程でアルミニウムなどを原料に添加することによって、コストを削減することができた。クライアント（当時売上高10億ドル超の企業）は新しい生産設備を導入して、国内の競合企業をすばやく引き離すことに成功したのである。

ガディッシュの新しいひらめきの土台にあるのは、主に質問を通してものごとの本質に切り込み、それから挑発的な質問をたたみかけて可能性を追求する能力である。心の奥底で、彼女はこう信じている。「生涯を通じて、特に難しい質問を投げかけ続けてきました。それが私の個性と経営スタイルの核をなしています」。その一例として、彼女が最近国家元首や企業のCEOが集まる会議に出席したとき、なぜ自分以外の人が、重要な政策課題についてもっと根本的な質問をしないのか、不思議で仕方なかったという。あるCEOが、ガディッシュにこっそり打ち明けた。「あなたがいると、質問をしなくていいから助かる。あなたは絶対に質問してくれるとわかっているから」。彼女は奥深く植えつけられた質問本能を頼りに、2000年頃からベイン・アンド・カンパニーを順調に運営している。ガディッシュの担当していた大手製鉄会社が、「小さな光が私たちを導いてくれる」という言葉が刻まれた安全帽をくれたのも不思議ではない。この言葉は、「光」を意味する彼女の名前オリットだけでなく、会社の事業をつくり替えた光輝く質問にもちなんでいるのだ。

「質問する」とはどういうことか？

質問は独創的なひらめきを生み出すことがある。アインシュタインははるか昔からこのことを知っていて、「正しい質問さえあれば……正しい質問さえあれば」とくり返していた。彼が最終的にたどり着いた結論は、「答えを出すことよりも問題を定式化することの方が得てして重要だ」、そして問題を解決するために新しい質問を提起するには「創造的な想像力が必要」ということだった。[※1] ピーター・ドラッカーも著書『現代の経営』のなかで、挑発的な質問の力についてこう書いている。「最も重要かつ困難なことは、正しい答えを見つけることではなく、正しい質問を見つけることだ。間違った質問に正しい答えを見つけることほど無駄な、あるいは危険なことはない」[※2]。ミハイ・チクセントミハイが最近行ったノーベル賞受賞者に関する研究も、2人の確信を裏づけている。ノーベル賞受賞者は、いったん問題を適切な質問によってとらえ直すと、突破口を開く能力が飛躍的に高まるというのだ。[※3] 私たちの研究でも、破壊的イノベータは仕事を成し遂げるために、適切な質問を組み立てていることがわかった（破壊的イノベータが、触媒となるような質問や革新的な質問を探す方法をくわしく知りたい人は、ハル・グレガーセンの『問いこそが答えだ！──正しく問う力が仕事と人生の視界を開く』を読んでほしい）。

イノベータにとって質問をすることは、流行りの頭の体操などではなく、生き方そのものなのだ。イノベータは非イノベータより多くの質問をするだけでなく、より挑発的な質問をしていた（「現状に挑戦するような質問をつねに投げかけている」などの問いに「強くそう思う」と答えたイノベータは、「そう思う」と答えたイノベータに比べ、2倍の数の新規事業を生み出していた）。私たちの調査したさまざまな種類のイノベータのうち、成果を出すために質問を活用することが最も多かったのが製品イノベータで、次いでスタートアップ起業家、企業内起業家、最後がプロセスイノベータの順だった（図3-1）。

たとえばA・G・ラフリーは数多くの質問をすることによって、P&Gで突破口を開いていた。ラフリーはこんな質問

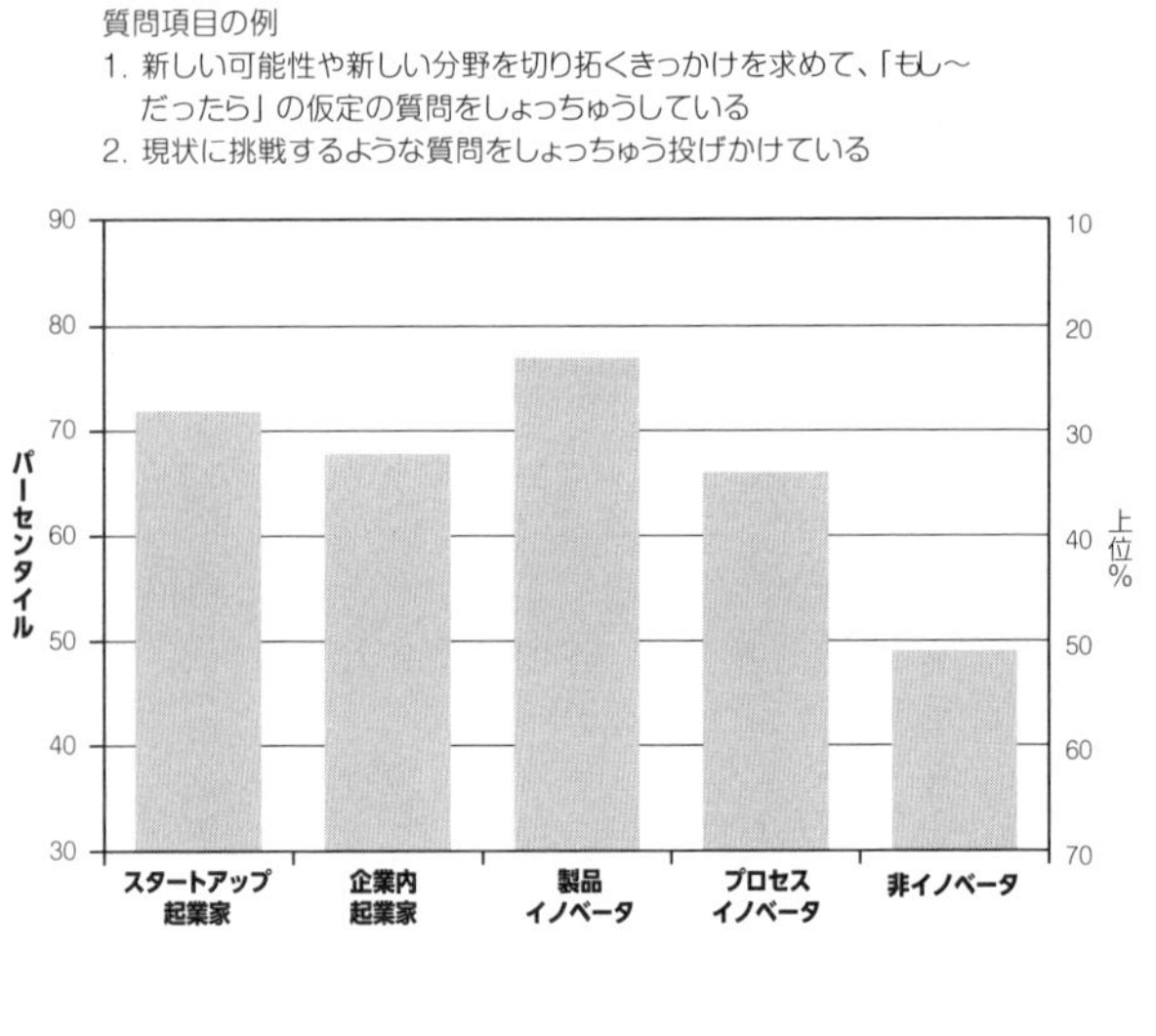

質問項目の例
1. 新しい可能性や新しい分野を切り拓くきっかけを求めて、「もし〜だったら」の仮定の質問をしょっちゅうしている
2. 現状に挑戦するような質問をしょっちゅう投げかけている

図3-1 イノベータと非イノベータのタイプ別質問力の比較

で、会話や会議を始めることが多かった。「対象とする消費者はどういう人たちか？　彼らは何を求めているのか？　彼らについてどんなことを知っているか？　彼らは製品を使うことでどんな価値を求めているのか？　彼らは今何が足りないと思っているのか？」。また特定の製品分類を問題にする場合は、こんな質問をした。「私たちはさまざまなタイプの消費者について、人口学的特性ではなく、心理的特性をどれだけよく理解しているだろう？　彼らの満たされていない最大の欲求は何だろう？　今一番不満を感じているのはどんなことだろう？」

ラフリーはこうして現状を深く理解すると、次に違う方向に目を向け、顧客本位のイノベーションに必要な「もし～だったら」という強力な仮定の質問に切り替えた。たとえば誰かと科学や技術、製品に必要なものについて話し合うときは、こんな質問をした。「世界にはほかに使えるものはないのか？必要なものはほかにどこで入手できるだろう？　決められた期限内に決められたコストで必要なものを手に入れるには、社内のどの部署や、社外の誰に聞けばいいのか？」。そしてラフリーは何よりも、意外な質問をつねに投げかけていた。たとえば「床やトイレの掃除をラクにするにはどうすればよいか？」とたずねる代わりに、「どうすれば消費者に土曜の朝を取り戻してあげられるだろう？」と問いかけた。この質問は、消費者が家庭での「用事」（第4章で説明する）を片づけるのに「雇いたい」と思うような新しい製品やサービスを開発するうえで、多くのヒントを掘り起こすのに役立つことを、ラフリーは知っていた。だから彼は毎週こう自問しているのだ。「月曜の朝になったら、何に好奇心をもとうか？」[※4]

破壊的な質問をするには？

イノベータはつねに常識を疑う。ザンゴ（革新的な健康栄養食品会社、2017年にジージャ・インターナショナルに買収された）の創業者アーロン・ギャリティは、簡単にこう説明する。「僕はいつも革命的な思考をもって質問を投げかけています」。イノベータの挑発的な質問は、さまざまな境界や前提、国境を押し広げ、問題をしらみつぶしに洗い出す。私たちは破壊的イノベータとの聞き取り調査で、彼らが頻繁に質問をしていること、またその質問にはパターンがあることを明らかにした。彼らはまず**現状を知る**ために海に深く潜るような質問から始め、次に**可能性を探る**ために空に急上昇するような質問をした。現状に着目するときは、一流のジャーナリストや捜査官がやるように、「誰が」、「何を」、「いつ」、「どこで」、「どのように」の質問をたたみかけて表層を掘り下げ、詩人のT・S・エリオットが言ったように「初めてその場所を本当に知ろうとする」。そのほか、「なぜこうなった」の質問を連発することで、ものごとが今のような状態になった理由を知ろうとする。こうした質問は全体として、世界を物理的、知的、感情的に理解するのに役立ち、次の調査方針を決めるたたき台になる。イノベータは世界を破壊するために、直感に反する意外な解決策を明らかにするような、「なぜなのか」、「なぜ違うのか」、「もし〜だったなら」の質問をして、現状に風穴を開ける。イノベータの質問は、説明的なものであれ、破壊的なものであれ、見たこともないものを明らかにするために、日々の行動の表層を掘り下げるのに役立つのだ。

世界を読み解く

イノベータは世界を未知のものとして扱い、ただ漫然とすごすことはめったになく、自分の頭のなかにある世界（製品であれ、サービス、プロセス、地域、ビジネスモデルであれ）の地図は正確だろうかと、つねに疑問を投げかけている。最高のイノベータは、脳内地図に対する信頼と懐疑の間を心地よく揺れ動きながら、自分の世界観が現実世界そのものではないことをけっして忘れない。彼らは本能的に、まず多種多様な質問を通して現状を深く理解し、それから熱心に可能性を追求する。

方法その1――「今どうなのか」の質問をする

破壊的イノベータは「今どうなのか」の質問を駆使して、意外な細部を掘り起こす。たとえばピエール・オミダイアはイーベイを起業する前、ソフトウェア設計者として、ユーザーインターフェースに焦点を当て、ソフトウェアを使いやすくすることに取り組んだ。この経験が、「今どうなのか」の質問力を磨くのに役立ったという（彼が初めて立ち上げたスタートアップは、コンピュータを身近にするためのペン型コンピュータを開発した）。オミダイアは白紙から考える手法をとり、いつも人々（取引先や顧客、仕入れ先など）を観察して、「本当はここで何をしようとしているんだろう？」と考える。それから思いつく限り「誰が」、「何を」、「いつ」、「どこで」、「どのように」の質問をして、表層を掘り下げるのだ。

同様に、製品発明家で、カナダのアンジオテック・ファーマシューティカルズの創業者CEOウィリアム・ハンター博士も、ふつうの医薬品をふつうではない方法で使うことに興味をもった。最終的に、瘢痕《はんこん》組織（ケロイド状の傷）の形成を抑制する薬剤をコーティングした、初の外科用ステントを開発した（コーティングされていないステントは、瘢痕組織のせいで手術の失敗率が20％にも上る）。従来のステントメーカーが考えていた、「よりよいステントをつくるにはどうしたらいいか？」の質問の代わりに、「体はステントにどう反応するのか？　ステントはなぜ失敗するのか？」という、もっと建設的な質問をしたおかげで、ステントをコーティングするというひらめきを得たのだ。この疑問を徹底的に追求し、２０００年代初頭に大ヒット製品を生み出した。

イノベータは「今どうなのか」をひたむきに追求しながら、「今この場所で何が起こっているか」に答えを出すためにじっくり考え、他人の経験に対する理解と共感を得る。ＩＤＥＯなどの成功しているデザイン企業は、世界を物理的、知的、感情的に理解するための多様な質問を投げかけて、ユーザーが製品やサービスを実際にどのように使うかをくわしく、多面的に理解しようとしている。インテュイットのスコット・クックも、「本当の問題は何だろう？」、「この人は何を叶えようとしているのか？」、「何が一番重要なのか？」、そして最終的に「何が一番の弱点なのか？」という根本的な質問を投げかけ、同じことを行っている。クックのようなイノベータは、こうした質問が現状を明らかにし、人々が現状をどう感じているかを理解するのに役立つことを知っている。こうした他者の立場に立った理解があるからこそ、「なぜこうなった」や「もし～だったなら」のよりよい質問ができるようになる。

方法その2――「なぜこうなった？」の質問をする

ものごとの現状を理解するために、次のステップとして因果関係を明らかにする質問をして、なぜものごとが今のような状態なのかを把握する。たとえばビッグ・アイデア・グループ（ＢＩＧ）の創業者Ｃ

EOのマイク・コリンズの例を紹介しよう。BIGは発明家の人脈を利用して新商品のアイデアを発掘し、発売する会社だ。コリンズは、ある発明家が自分の置かれた状況をよりよく理解することによって、本当の「片づけたい用事《ジョブ》」（第4章で説明する）を探しあてたときのことを教えてくれた。その発明家は、15分間でできるカードゲームをBIGで開発、販売してほしいと、コリンズたちに売り込んできた。コリンズは発明家のプレゼンテーションを聞いて、ゲームをそのままの形で販売しても、家族向けゲームという競争の激しい市場の牙城を崩すことはできないと感じた。だが発明家を追い返す代わりに、「何がきっかけでこのゲームを開発したんですか？」とたずねた。発明家は知らず知らずのうちに「誰が」、「何を」、「いつ」、「どこで」、「どのように」の質問に沿って即答した。自分は3人の子持ちだが（誰が？）、仕事で帰りが遅く（いつ？）家で（どこで？）過ごす時間が限られている。夜に子どもたちと楽しいひとときを過ごしたい（何を？）が、モノポリーやリスクなどのボードゲームをやるほどの時間はない。だから、1日の終わりに、「子どもたちとふれあう」という用事を片づけてくれる、15分間のゲームをつくりたいのだと。

　コリンズの最初の「なぜこうなった？」の質問をきっかけに、無意識のうちに「誰が」、「何を」、「いつ」、「どこで」、「どのように」の質問に答えが出され、その結果生まれた「12分間ゲーム」シリーズは、大手スーパーチェーンのターゲットが販売するヒット商品になった。このシリーズは、多くの家族が抱えていた、忙しい1日や大変な1週間の終わりの用事を片づけた。そしてコリンズがこの用事に気づいたのは、質問を投げかけることによって単純だが重要なひらめきを得て、発明家の置かれた状況をよりよく理解することができたからだった。

世界を「破壊」する

イノベータは「今どうなのか」を十分理解できるほど世界を読み解いたら、次は破壊力を秘めた新しい解決策を探し始める。ここで、現状を探る質問から、「なぜなのか」、「なぜ違うのか」といった、世界を「破壊」する質問に切り替える。

方法その3――「なぜなのか?」「なぜ違うのか?」の質問をする

イノベータは重要なひらめきを得るために、「なぜなのか」、「なぜ違うのか」と粘り強く問いかける。キャンパス・パイプライン（大学が提供する情報やサービスを安全に利用できるウェブサイトを運営する会社）とNxライト（簡単で安全な文書の交換を可能にして企業間の複雑なやり取りを簡素化するITツールを提供する会社）の創業者ジェフ・ジョーンズは、このことをよく理解している。「『なぜなのか』の質問を別の角度から投げかけて、それでも満足する答えが得られないとき、もう1、2度別の方法で、もう少し踏み込んだ質問をしてみるんです」。まさにこれが、破壊的イノベータが新規事業のアイデアを探すためにやっていることなのだ。

■バカだと思われてもかまわないか?

ではなぜあなたは質問をためらうのだろう? 質問を阻む最大の壁は、(1)バカだと思われたくない、と(2)協調性のない人や嫌な人だと思われたくない、の2つだ。1つめの問題は、小学生の頃に始まる。友だちや先生にバカだと思われるより、黙っている方がずっといい。だから破壊的な質問をしなくなる。残念ながらほとんどの人は、大人までこのパターンが続く。「質問をしない人が多いのは、バカだと思われたくないからでしょう」と、あるイノベータが言った。「だからみんな、万事心得ているとばかりにじっと黙っているんです。そういう状況を何度も見ていますよ。王様は裸じゃないかと問いかける人になりたくないから、みんなと調子を合わせるんです」

2つめの壁は、協調性がないとか、失礼だとか思われたらどうしようという不安だ。イーベイ創業者のピエール・オミダイアは、誰かのアイデアや視点に疑問を投げかけると、無礼だと思われることがあると認めた。この壁はどうしたら乗り越えられるだろう？ あるイノベータがアドバイスをくれた。「僕は質問をする前に、『これからものごとの現状についてバカげた質問をする役回りを演じます』と言って前振りをします」。こうすれば、安心して初歩的な質問（バカだと思われるかもしれない質問）や、現状に疑問を投げかける質問（協調性がないと思われるかもしれない質問）ができる状況なのかどうかを判断できるという。この壁が乗り越えがたいのは、少しばかりの勇気がいるからだ。「ちょっと待って、わからない。なぜこういうふうにやっているのか？」とたずねる勇気をもたなくてはならない。

実際、私たちが最初にした、「バカだと思われてもかまわないか？」の質問の背後には、さらに強力な「謙虚さをもって質問できるほどの自己肯定感があるか？」の質問が隠れている。質問の名手は自己肯定感が高く、誰からも、また自分より知識がなさそうな人からも学ぶ謙虚さをもっていることを、私たちは長年の間に発見した。そういう人は、ニール・ポストマンとチャールズ・ワインガートナー（探究型生活・学習の草分け）の賢明な助言を地で行っている。「的を射た、適切で、重要な質問をする方法を身につければ、学ぶ方法を身につけたことになり、あなたが知らなくてはならないことを学ぶのを誰も邪魔できなくなる」[注a]

注a　Neil Postman and Charles Weingartner, *Teaching as a Subversive Activity* (New York: Dell, 1969), 23.

ポラロイドの共同創業者エドウィン・ランドの例を考えてみよう。[※5]ランドは家族と休暇を過ごしていたとき、3歳の娘の写真を撮った。娘は写真をすぐに見られないことを知ると、なぜなのかを知りたがった。そしておそらく小さな子どもがよくやるように、なぜ、なぜとくり返したずねたのだろう。写真乳剤乾板の専門家だったランドは、この単純な質問に動かされ、「インスタント」写真の可能性を深く追求した。なぜ娘に写真をすぐ見せてやれないのだろう？　インスタント写真を実現するには何が必要だろう？　彼が数時間で得た基本的な着想が、インスタント写真を生み出し、彼の会社をつくり替え、ひいては業界全体を破壊したのである。まさに、子どもの素朴な疑問が業界の前提に疑問を投げかけ、ランドの専門知識をポラロイドカメラという画期的な製品につくり替えたのだ。業界を一変させたこのカメラは、1946年から1986年までの間に累計1億5000万台以上を売り上げて大きな衝撃をもたらし、専用の高価なフィルムパックはそれを上回る売上を記録した。

同様に、ジェットブルー航空とアズール航空の創業者デイビッド・ニールマンは、自身の強みについてこう語っている。「昔からあるやり方や慣行を見て、『なぜ違う方法でやらないんだろう？』という疑問をもつ能力ですね。ときには思いついた答えがあまりにもあたりまえすぎて、『なぜ誰も思いつかなかったんだろう』と不思議に思うこともあります」。この一例が、ニールマンが初めて立ち上げたチャーター航空会社のモリスエアだ。当時、航空券は現金のように扱われ、航空券を紛失するのは現金を紛失するのと同じだった。そのため旅行者は航空券紛失の問題に頭を悩ませ、航空会社は航空券を旅行者のもとに安全に送るという問題に頭を悩ませていた。ある日社員が航空券のことで愚痴をこぼすのを聞いて、ニールマンは自問した。「なぜ航空券を現金のように扱うのか？　もっといい方法はないだろうか？」。この質問をきっかけに、アイデアがひらめいた。「航空券を購入した顧客にコード番号を与え、空港で身分証明書とコード番号を提示すれば、航空券を受け取れるようにしたらどうだろう？」。このアイデアをもとに電子航空券が生まれ、その後モリスエアがサウスウエスト航空に買収されると業界全体に広まった。

ニールマンは最近立ち上げたアズール航空で、経営陣にこう問いかけた。「なぜブラジル人はアズールの格安料金をもっと活用しないのか？」。アズールの航空運賃は競合企業よりも割安だったが、この質問が真の問題をあぶり出した。価格に敏感な顧客をどうやって空港に連れて来るかだ。そこでニールマンはたずねた。「うちの典型的な顧客がタクシーで空港まで行くのにいくらかかるかな？」。答えは「べらぼうな金額」だった。ヘタすると航空代金の4、5割もの料金がかかってしまう。ニールマンはもっと安価なバスや電車で空港に行く方法を探したが、そんな便はまったく存在しないか、数が少なすぎた。次に彼はこう問いかけた。「なら（アズールの格安料金を活かせるように）空港までの無料送迎バスを走らせたらどうだ？」。今では 1 日 3000 人を超える乗客が空港までのバスを（主にネットで）予約して、ブラジルで急成長中のアズール航空を利用している。

アジアでは、トヨタの元技術者でトヨタ生産方式の生みの親として知られる大野《おおの》耐一《たいいち》が、「5回のなぜ」を自問自答するプロセス――「なぜこうなった」を問うための手法――を柱とする、革新的な生産方式を開発した。「5回のなぜ」方式では、問題が生じたときに、**「なぜ」**を少なくとも5回自問自答して因果関係を突きとめ、革新的な解決策を考え出すことが求められる。世界の最もイノベーティブな企業の多くが「5回のなぜ」に似た方式を導入して、現状をよりよく理解し可能性を追求するために、なぜなのかと自問するよう社員を促している。

方法その4――「もし〜だったら」の仮定の質問をする

元イーベイCEOのメグ・ホイットマンは、多くのイノベーティブな起業家や創業者と仕事をしてきた。たとえばピエール・オミダイア（イーベイ）、ニクラス・ゼンストロームとヤヌス・フリス（スカイプとカザー）、ピーター・ティール（ペイパル）とイーロン・マスク（ペイパルとテスラ）などだ。こういう人たちはふつうの企業幹部とどう違うのかとホイットマンにたずねると、こんな答えが返ってきた。「私の経験からいうと、彼らは現状をぶち壊すことにスリルを感じます。現状に我慢がならない。だから膨大な時間を費やして、世界を変える方法を考えます。考えたりブレインストーミングをしたりしながら、『もしこれをやったらどうなるだろう?』と問うのが好きなんです」

オミダイアがこの好例だ。システムアナリストの彼は、ユーザーインターフェースを決まったやり方にとらわれずに一から設計する。これを行うために、オミダイアは「これをできるだけすっきり解決するにはどうしたらいいだろう?」といった質問をして、問題を深く掘り下げる。彼は自分の役回りをこう考えている。「僕は（主流意見にあえて反論を唱える）『悪魔の代弁者』として、『もし実際にこうならなかったらどうする？　もしまったく逆のことをしたらどうなる？　どんなことが起こるだろう？』といった質問をしていますよ」

私たちが調査した実行志向の企業幹部は、破壊的イノベータとは対照的に、自社の戦略やビジネスモデルに異議を唱えるような仮定の質問をすることがとても少なかった。世界中の企業幹部を対象とする360度調査評価では、ほとんどの幹部が現状を疑う質問を定期的にはしていなかった（ただし一般に、自分ではそれをしているつもりの人が多い）。波風を立てるよりも決まりきったやり方をすることを好み、「壊れてないなら直すな」の格言を地で行こうとする。他方、イノベータは「壊れている」ものを積極的に探し、いろいろな仮定の質問を駆使して、問題を新しい角度からとらえようとする。イノベータが未来を想像するために使う手法の1つに、制約条件を課すか、取り除くような仮定の質問をする方法がある。

制約を課す仮定の質問をする

人があえて思考に制約を加えようとするのは、たとえば予算縮小や技術的限界といった現実世界の制約に対処しなくてはいけないときだけだろう。だがイノベーティブな思考家はその逆をやる。グーグルの検索製品およびユーザーエクスペリエンス担当副社長だったマリッサ・メイヤーはこう語る。「創造性は制約を好みます。創造性というと、ふつうは芸術作品を想像しますよね。束縛されない奔放な取り組みが、美しい効果を生むのだと。でもよく見てみると、すばらしい芸術形式のなかにも、たとえば俳句やソナタ、宗教画など、制約に満ちているものがあります。こういった芸術作品が美しいのは、創造

性がルールに打ち勝ったから。……創造性は、制約されてこそ勢いづくんです」※6

制約を意図的に課すような質問をされると、その制約を中心にものごとを考えざるを得なくなり、それが思いがけないひらめきを生むことがあるのだ。私たちが調査したある会社では、成長の機会について自由な議論をするために、経営幹部が次の質問で口火を切った。「もしも法律が変わって、今ある製品を今の顧客に販売することが禁じられたら、来年はどうやって利益を上げればいいだろう?」。この制約を課す質問が呼び水となって、新規顧客を見つけ、そのニーズを満たす方法について、有意義な議論がくり広げられた。

同じ質問を少し変えるだけでも、思いがけないアイデアを促すことがある。たとえばこんな質問だ。

1　もしも顧客の現在の可処分所得（または顧客の会社の予算）が半分になってしまったら、わが社の製品やサービスをどんなふうに変える必要があるだろう?

2　もしも航空輸送ができなくなったら、ビジネスのやり方をどう変える必要があるだろう?

解決策に制約を課すような質問をすると、型にはまらない発想をせざるを得なくなるので、新しい関連づけが誘発される。アップルはまさにこれを行うことによって、iPod（「もしもシャツのポケットに収まるサイズで、500曲から1000曲も入れられるMP3プレーヤーをつくったらどうだろう?」）や、大成功を収めている体験型の店舗（「もしもふつうの規模の店舗で、ごく少数のアップル製品だけを販売したらどうだろう?」）などの着想を得ている。

同様に、ヒンドゥスタン・ユニリーバ（ユニリーバのインド法人）は、インドの農村に暮らす数百万人の潜在顧客に製品を届ける方法がないものかと、頭を悩ませていた。多くの厳しい制約が存在した。小売店の販売網はなく、広告は届かず、悪路で輸送が困難だった。こうした制約のせいで既存のビジネスモデルが通用せず、根本的な質問を考えることになった。「今ある販売網や広告媒体、インフラをまったく使わずに、小さな村々で製品を売るにはどうしたらいいだろう?」。最終的な答えは、(エイボンなどの企業の)直販方式に見つかった。非政府組織(NGO)や銀行、政府と緊密に連携して、インドの農村地域で、自助グループをつくっている女性を販売者として採用し、石けんやシャンプーの対面販売を始めた。また女性たちが零細起業家として成功できるよう、人材育成にも力を入れた(制約のきわめて多い国の状況に合わせたこれらの革新的な解決策によって、2009年時点で4万5000人以上の女性起業家がヒンドゥスタン・ユニリーバの製品を10万の村で300万人の消費者に販売していた)。※7

制約を取り除く仮定の質問をする

優れた質問は、資源配分や意思決定、技術的限界などによって思考に課されている余計な制約を取り除くこともできる。あるイノベーティブなCEOは、こうした制約を乗り越え、サンクコスト(埋没費用)の呪縛から逃れるのに、次の質問がとても役立つと考えていた。「もしもすでにこの社員を雇っていなかったら/この機器を設置していなかったら/このプロセスを導入していなかったら/この事業を買収していなかったら/この戦略を追求していなかったら、今も同じ社員/機器/プロセス/事業/戦略を選ぶだろうか?」。ジャック・ウェルチも、ゼネラル・エレクトリック(GE)のCEOとしての20年間に同様の質問をしょっちゅう投げかけていた。こうした質問で、金銭的、非金銭的なサンクコストの呪縛からすばやく効果的に逃れることができるのだ。

■経営陣を悩ませる質問のジレンマ

現状に挑戦するような質問をするとき、企業の経営幹部、特にCEOは2つの大きなジレンマに悩まされる。[注a] 第1に、経営幹部はよりよい戦略や新しいビジネスモデルを考えることで評価され、自社の戦略や現行のビジネスモデルに公然と疑問を唱えると罰される。CEOは社内外の関係者に質問ではなく、答えを求められるのだ。あるCEOが言っていた。「CEOが自社の戦略や行動方針に公然と異を唱えたら、社内の信頼を失ってしまいます。そういう不確実性は好まれないんです」。デイビッド・クランツとペネロープ・ベーコンの研究によれば、経営幹部は「行動や信念、経験に疑問を唱えると、社内の活動に混乱を来すおそれがある」ことを知っている。[注b] 企業の上層部がそうした発言をすると、どこの国の金融市場でも、少なくとも短期的に株価が下がることが多い。

リーダーが抱える第2のジレンマは、社員が経営陣に対して現状に挑戦するような質問をしにくいことだ。なにしろCEOは、その現状を築くことによってトップまで上り詰めたのだから。つまり、CEOは質問を投げかけ質問に答える最適な立場にありながら、現状に挑戦する質問をしたりそうした質問に答えることができにくいということ。したがってCEOにとって、革新的な新しい事業やビジネスモデルなどを導くような質問を促す文化をつくり出すことはとても難しいのだ。

イノベーティブな創業者やCEOの多くが、1つめのジレンマを乗り越えるために、お互いに質問をぶつけ答え合うことができる、私的な人脈をもっている。たとえばある大手多国籍企業のイノベーティブなCEOは、私的な相談相手を何人ももっていた。「年配の酸いも甘いも噛み分けた人たちだから、安心してアイデアを相談できるし、勘や憶測が外れても恥をかくことはないんです。どんな質問にも率直に答えてくれますしね」

2つめのジレンマの対策は、もう少し厄介だ。これは文化が絡む難しい問題なのだ。一部の国や企業では、上司に異議を唱えることなど考えられない。たとえばある異文化研究で、上司の役割を説明する質問、「管理職は部下の仕事上の疑問のほとんどに正確に答えられなくてはならない」に対し、日本人回答者の10人に8人が「そう思う」と答えた。[注c] つまり日本のリーダーが部下に求められるのは、質問（特に現状に挑戦するような質問）ではなく、答えなのだ。だが企業や国が質問を促す文化をもたないのは、破壊的イノベーションに死亡宣告をするようなものだ。革新的なアイデアを生み出したいCEOは、文化的背景によらず、現状に——たとえ自分が築いた現状であっても——挑戦する質問をすることがリーダーの役目なのだと、はっきり示さなくてはならない。

注a　Hal Gregersen,"Bursting the CEO Bubble,"*Harvard Business Review* (March– April 2017): 76; Hal Gregersen, *Questions Are the Answer: A Breakthrough Approach to Your Most Vexing Problems at Work and in Life* (New York: HarperBusiness, 2018).

b　David L. Krantz and Penelope Bacon,"On Being a Naïve Questioner,"*Human Development* 20, no. 3 (1977): 141.

c　Nancy J. Adler, Nigel Campbell, and André Laurent,"In Search of Appropriate Methodology: From Outside the People's Republic of China Looking In,"*Journal of International Business Studies* 20, no. 1 (1989): 61.

制約を取り除くもう1つの方法は、次のような質問をすることだ。「もしもこの技術をすべての消費者が利用できたらどうなるだろう？　消費者行動はどんなふうに変わるだろう？」。スティーブ・ジョブズは1990年代半ばにアップルに復帰したとき、「金に糸目をつけないなら何をする？」という質問によって制約を緩め、新しい製品やサービスの創造を促した。[※8]このような質問の前提となっているのは、アップルは外的制約――顧客に望み通りのものを提供するコストなど――にとらわれずに卓越性を追求する、という意志である。ジョブズはのちにディズニーの取締役として、このメッセージをさらに広げた。ディズニーの小売店舗を改装して、「ティンカーベルならどうするでしょう？」と銘打ったコーナーを設け、「もっと大きな夢をもとう」と人々を促した。[※9]

質問の力

質問は独創的なひらめきの重要な呼び水になる。とはいえ、**質問だけではイノベーションを生み出せない。質問は必要条件だが、十分条件ではない。**観察・人脈づくり・実験を積極的に行わない脳内イノベータは、アメリカのスポーツ記事でいう「肘掛けイスのクォーターバック」でしかない。外野から小賢しいことをいい、1つ2つ魔法の質問をすれば破壊的なアイデアが生まれると無邪気に信じているが、イノベーションの現実のゲームにはめったに参戦しない。

私たちの調査したイノベータは、適切な質問を組み立て投げかけたいという本能と、イノベータDNAをつくるほかの能力とを組み合わせたとき、革新的な製品やサービス、事業の導入を成功させることが多かった。言い換えると、**観察**しながら質問をするリーダーや、新しいアイデアを得るために**人脈づくり**に励みながら質問をするリーダー、**実験**しながら質問をするリーダーは、そういうことをしないリーダーよりも発見が多いということだ。質問とほかの発見行動との組み合わせが、イノベーションの成果を爆発的に高める。

質問を変えれば世界を変えられる。カギは、世界を新鮮な目で見るために、つねによりよい質問を生み出し続けることだ。これができる人は、ポリオワクチンの開発に初めて成功したジョナス・ソーク博士の名言を地で行っている。「答えを考案するのではなく、適切な質問を問いかけることによって答えを明らかにする。なぜなら答えはすでに存在しているからだ※10」

これらの適切な質問を考えるための枠組みを、あなたのイノベーションの取り組みで役立ててほしい。まず現状を知り、それから制約を課すか取り除く仮定の質問をして可能性を探る。だがこの枠組みは手段であって目的ではないことを忘れてはいけない。成功するかもしれない新しいアイデアを得るための最初の一歩であって、成功するアイデアを確実に手に入れる方法ではないのだ。次の3つの章で、質問にさらに磨きをかけ、最終的に困難な問題への革新的な解決法を見つけるための方法を教えよう。

質問力を伸ばすヒント

イノベータはただ挑発的なだけでなく、よりよい質問をするために、努力を怠らない。たとえばマイケル・デルは、いつも同じような質問をしていると、聞かれる方も先回りして考えるから意味がないと言う。「だから、誰も僕が聞くとは思わないような質問をするのが好きです」と言っていた。「まだ誰も答えをもっていないような質問を思いつくとワクワクしますね」。よりよい質問を生み出し続けるために、私たちのお気に入りのヒントをいくつか紹介しよう（質問力を高めるための方法をさらにくわしく知りたい人にはハル・グレガーセンの『問いこそが答えだ！ ―― 正しく問う力が仕事と人生の視界を開く』をお薦めする）。

ヒントその1 ――「質問ストーミング」を行う

数年前、私たちは信じられないほど役に立つ質問のツールを偶然発見した。経営大学院の授業を教えていたとき、問題に行き詰まってしまい、ふつうのブレインストーミングではよいアイデアが浮かばなかった。そこで私たちは議論をいったん中断して、新しい解決策を考えようとする代わりに、問題に関する質問をすることだけに集中しようと提案した。驚いたことに質問オンリーの手法は、難しい問題の基本要素を深く掘り下げ、問題を新しい方法で理解することにつながった。

質問オンリーの手法を初めて試したこのとき以来、私たちは個人やチームの企業幹部の協力を得て開発を進め、今では「質問ストーミング」と呼ぶ手法として活用している。※11 誰もが知っているブレインストーミングは、チームで集まって問題の解決策を出し合う。質問ストーミングはこれに似ているが、解決策に焦点を当てるのではなく、問題についての質問をみんなで出し合うのだ。

やり方を説明しよう。まず個人的な、または部署、組織などの問題や課題を選ぶ。次に、その問題や課題について50個以上の質問を書き出そう（部署や組織の問題なら、チーム全員で質問を考え、すべての質問を全員に見えるようにホワイトボードに書き出すといい）。チームで行う場合は、いくつかルールを追加する。質問は一度に1

つずつ出すこと。そして誰かが質問を書き出し、それを見ながら全員で1つひとつの質問を検討すること。質問を書き終えるまで次の質問を出さないこと。こうすれば、前に出た質問をたたき台にして、さらによい質問を考えることができる。この演習では、「今どうなのか」、「なぜこうなった」、「なぜなのか」、「なぜ違うのか」、「もし～だったら」など、さまざまな種類の質問を出し合おう。

ほかにも注意事項がある。質問を出すときは長い前置きは抜きにして、ただ質問を出すだけにすること。50個以上の質問が出るまでは質問だけに集中するよう、厳しく求めること（つまり、答えは受けつけないということ。問題や機会についての質問だけを考えることが大切だと説明しよう）。最初は誰も質問が浮かばず、沈黙が続くかもしれないが、どんなチームもたいてい問題の根本原因や機会のさまざまな側面を深く掘り下げて、新しい観点から考えられるようになる。質問を書き終わったら優先順位をつけ、よりよい解決策を見つけるのに最も役に立つ質問や興味をそそる質問を選ぼう。また、全員で解決策のブレインストーミングをする前に、1人か数人が最も重要な質問に（観察・人脈づくり・実験を通して）答えを出してもいい。

私たちの研究では、個人や部署、組織などが抱える課題について、頻繁に質問ストーミングをする人は、独創的またはイノベーティブ、戦略的な思考家とみなされることが多かった。ある大手製薬会社のエリート社員は、毎朝仕事を始める前に15分か20分かけて質問を書き出すことにした。3カ月後、上司に君は部内きっての戦略家だとほめられた。6カ月後、要職に抜擢された。質問に関する限り、練習が肝心だ。練習を重ねることで完璧になるか、少なくとも上達する。コカ・コーラ・インターナショナル社長のアーメット・ボザーが、経営陣と最近行った質問ストーミングで気がついたように、「質問の筋肉が錆びついている人は、鍛え始めよう」

ヒントその２――質問思考を伸ばす

人は問題や課題について話すとき、「これこれこういう問題がある」と文章のかたちで説明することが多い。実際、私たちが企業幹部に最も重要な課題を３つ挙げてもらうと、たいてい文章のかたちで考えようとする。そんなときは時間を5分か10分延長して、３つの重要な課題（たとえばイノベーションをうまく牽引すること）を３つの質問のかたちに直してもらう。文章をいったん質問のかたちにすることで、もとの考えに磨きをかけ、かつ問題に個人として責任をもって、答えを求めるためにより積極的に行動を起こせるようになる。

ヒントその３――ＱＡ比率を追跡する

私たちの調査した破壊的イノベータは、ＱＡ比率が一貫して高かった。つまり、ふだんの会話中の質問の数（Ｑ）が答えの数（Ａ）を大きく上回り、かつ優れた答えよりも優れた質問によって大きな価値を生み出していた。あなたのＱＡ比率を調べるには、いろいろな状況であなたが行う質問と答えのパターンを観察し、評価してみよう。たとえば最近参加したまたは指揮した業務会議で、あなたの発言の何パーセントが質問だったか？　今後1週間に参加する会議で、あなたのＱＡ比率（質問対答えの比率）を記録しよう。自己観察を振り返りながら、ＱＡ比率は何％だったか、いくつ質問をしたかを考えてみよう。また会議でどんな質問が出たかを検討し、「隠れている質問や問われなかった質問はあるだろうか」と考えることによって、ＱＡ比率を高める努力をしよう。

ヒントその4 ── 質問ノートをつける

質問のストックをさらに増やすには、定期的に時間を取って自分の質問を記録するといい。リチャード・ブランソンも「質問がぎっしり詰まった」ノートをつけている。このノートを定期的に見直して、いつも何個くらいの質問をしているか、よく聞く質問やめったに聞かない質問は何かを確認しよう。表3－1を使って、新しいアイデアを生み出すための観察・人脈づくり・実験を行う際に、どんな質問をすればよいかを考えよう。

質問ノートをつける際、ちょっと時間を取って次を考えてみよう。

- □あなたの質問にはどんなパターンがあるか？　どんな質問をよくするか？
- □ものごとの現状について思いがけないひらめきをもたらすのはどんな質問か？
- □根本的な思い込みを洗い出し、現状に挑戦するのはどんな質問か？

	対象を説明する		対象を破壊する	
イノベータDNAスキル	いまどうなのか？ 誰が？ 何を？ いつ？ どこで？ どのように？	なぜこうなった？	なぜなのか？ なぜ違うのか？	もし～だったら？ どうすれば？
観察力				
人脈力				
実験力				

表3-1　破壊的イノベータの質問チェック

□あなたの心を強く揺さぶるのはどんな質問か？（ものごとのあり方に挑戦している証拠）

□破壊的領域に足を踏み入れる手引きになるのはどんな質問か？

第4章

発見力その3

観察力

「観察はわが社の大きな突破口だ」

スコット・クック
インテュイット創業者

ほとんどのイノベータは熱心な観察者だ。身の周りの世界を注意深く見守り、ものごとの仕組みを観察して、何がうまくいかないのかを敏感に察知する。違う環境の人が違う方法や優れた方法で問題を解決していることに目をとめる。この種の観察を行ううちに、つながっていない情報を共通の糸でつなぎ、それをもとに非凡な事業のアイデアを生み出すこともある。こうした観察は五感を通して行われ、切実な質問によって促されることが多い。

たとえばゼネラル・エレクトリック（GE）の工業デザイナー、ダグ・ディーツが、MRI（磁気共鳴画像）スキャナにつながる強力なひらめきを得たときのことを考えてみよう。ディーツは2年がかりでGEで最先端のMRIを開発し、完成したMRIの検査室に向かいながら、うれしくて病院内を駆け出しそうだった。「やっと導入した第1号の製品を見たくて、うずうずしていました」とディーツは話してくれた。「とても誇らしかった。父親のように誇らしい気持ちでいっぱいでした」[※1]。ディーツが検査室に入ると検査技師がいて、これから患者が来るので一緒に撮影の様子を見ますかと言われた。ディーツは廊下に出て、患者である子どもとその家族を迎えた。7歳くらいの女の子が泣いていて、父親がかがんでなだめていた。「このことは話し合ったね。頑張って」

ディーツは家族のあとについて検査室に入った。そして女の子が部屋に入り、装置を見たとたん凍りつく様子を観察した。少し前この部屋にいて自分のつくった製品を誇らしげに見ていたディーツは、泣いている7歳の少女の立場になって同じ部屋を見てみた。「さっきは小躍りしながらその部屋にいたのに、女の子の視点から部屋を見てみると、まったく違う部屋に見えました。壁には大きな磁石とびっくりマークが書かれた、恐ろしげな警告シールが貼ってある。検査器にも、事故現場みたいな黄色と黒のテープが貼られている。何もかもがベージュ色に見えて、床はおかしな色をしている。すべてがぼんやりとした色だ。部屋自体も薄暗く、蛍光灯がちかちか点滅している。僕が設計した装置は穴の空いたレンガみたいでした。それにもちろん、装置からものすごい音がして」[※2]
次に起こったことが、ディーツの人生を完全に変えた。「女の子がわんわん泣き出したんです」と彼は言う。「泣き崩れてしまって。僕はうしろに立って両親を見ていました。2人はどうしてなだめればいいのかわからず、顔を見合わせて途方に暮れていました。あのとき、目からウロコが落ちたように気がついたんです」[※3]
この観察をきっかけに、ディーツは調査を行った。同じような経験をしている子どもたちはどれくらいいるのだろう？　何かできることはあるだろうか？　調査の結果、MRIスキャンを必要とする8歳以下の子どもの80％が、質の高い画像を得るために鎮静剤を投与されていた。うまくスキャンするためには、検査中動かずにじっとしていなくてはならない。だが泣いていたら身動きせずにいられない。そこでディーツは恐怖感を和らげるようなMRIスキャンをデザインすることにした。
まずチームを集めて、子どもが怖がらずに冒険できるのはどんな環境だろうと考えた。保育所や子どもの博物館、たとえばディーツの故郷のベティ・ブリン博物館などを訪問し、観察した。博物館の館長や職員と意見を出し合った。保育所の職員や病院の検査技師、看護師、小児心理の専門家などとブレインストーミングを行った。また、MRI検査の経験をまったく違うものに変えるために、学齢期の子どもたちの協力を得た。こうして他に類を見ない経験ができる、GEアドベンチャーシリーズのスキャナを開発した。

ディーツはGEが患者のために生み出した「冒険」のことを情熱的に語り、1つひとつが自分の「お気に入り」だと言っている。ある検査室は壁を水色の空に見立て、装置は水に浮かぶ丸太舟かカヌーのように見える。装置のうしろの壁からは滝が落ちて装置の下まで流れているように見え、足下には鯉が泳ぐ池がある。ディーツはこう語っている。

この検査室のいいところは、中に入ると五感が刺激されることです。落ち着くいい香りがする水が流れ、リラックスするラベンダーの香りが立ちこめ癒やされます。丸太をくりぬいたカヌーのようなスキャナ台は、水に向かって滑り出していくように見えます。子どもたちは丸太舟に仰向けに横たわる理由を告げられます。「これはボートだからじっと寝ていてね。ボートを揺らさないようにするためには、それが一番なの」。すると魔法が起こる。じっとしていると、鯉が跳び跳ねるのが見えるんです。そして子どもたちはまるで彫像のように身動き1つせずに寝ています。もちろんMRI検出器はゆっくり回転し始め、子どもたちは鯉が自分の上を飛び越えていくのを見てとても喜ぶんです。[※4]

こうしてディーツたちは海賊や海辺（トロピカルドリンクの香りつき）、キャンプ、宇宙の冒険をつくった。鎮静剤を投与される子どもの割合は、80%から1%以下になったとディーツは言う。これによって病院はコストだけでなく時間も節約でき、1日にできるスキャンの件数を増やすことができる。患者満足度は92%も上昇した。ディーツはそうした数字や、GEアドベンチャーシリーズのスキャナの売上増を喜びながらも、それが成功のモノサシではないという。彼の成功のモノサシは、涙を笑顔に変えたかどうかだ。実際、ある日スキャンを受けたばかりの幼い女の子が母親のシャツを引っ張るのを見て、ディーツは成功を実感したという。「スキャンを受けたばかりの女の子が、母親のシャツをぐいぐい引っ張るんです」とディーツは言った。「とうとう母親がさえぎって、『どうしたの？』とたずねました。すると女の子は母親を見上げてこう言ったんです。『明日もまた来られる？』」[※5]

観察のための枠組み――「用事《ジョブ》」と、それをよりよく片づける方法を探す

IDEOのトム・ケリーは、『発想する会社！―世界最高のデザイン会社IDEOに学ぶイノベーションの技法』のなかでこう書いている。「IDEOでは人類学者のような役割が最も多くのイノベーションを生んでいる」[※6]。なぜケリーはそう考えるのだろう？　人類学者は自然な環境にいる人を観察し、その行動から学習する技術をもっている。人類学者の技術は、特に誰かが特定の状況で「用事を片づける」様子を観察するときに役に立つ。「用事を片づける」とは、クレイトン・クリステンセンが『イノベーションへの解』と『ジョブ理論』のなかで使った言い回しだ。顧客（人や企業）には片づけなくてはならない「用事」が定期的に生じると、クリステンセンは考えた。顧客は用事に気づくと、それを片づけるために「雇う」ことができる製品やサービスはないだろうかと探し回る。片づけなくてはならない用事がある人は、それをできるだけ効果的に、便利に、お金をかけずに片づけられるものや人を雇おうとする。特定の状況に置かれた人を観察すると、その人が抱える用事や、それを片づけるよりよい方法がひ

らめくことがある。

ディーツがGEアドベンチャーシリーズのスキャナを開発したときの経験を例にとろう。ディーツは検査室で泣いている少女を観察し、自分が設計したスキャナが「患者に気持ちよくスキャンを受けてもらう」という用事をあまりうまくこなしていないことに気がついた。ディーツはそれまで医師の機能的な用事にしか目を向けていなかった。だが幼い患者はMRIスキャンにまつわる不安を――ついでにいえばコストも――軽減するような、怖くないスキャナを求めていた。ディーツが成功したのは、観察を通して、医師の機能的な用事を超えて、患者の感情的な用事に気づいたおかげだった。

■片づけなくてはならない「用事」を理解する

どんな用事にも機能的、社会的、感情的な側面があり、それぞれの相対的な重要度は用事によって異なる。たとえば「セレブの気分を味わいたい」という用事は、消費者がグッチやベルサーチのような高級ブランドを雇う用事だ。このような場合、用事の機能的側面は、社会的、感情的側面に比べればそれほど重要ではない。これに対し、配送トラックを雇う用事は、機能的な要求がほとんどを占める。片づけたい用事の機能的、社会的、感情的側面を理解するのはとても難しいが、これが画期的な問題解決のカギになることがある（片づけたい用事をもっとくわしく知りたい人は、クレイトン・クリステンセン、タディ・ホール、カレン・ディロン、デイビッド・ダンカンの『ジョブ理論―イノベーションを予測可能にする消費のメカニズム』を参照してほしい）。

たとえば私たちは「社会の若者を教育する」ために学校を雇い、きちんと仕事をこなしていないと批判することが多い。そんなとき私たちは、「なぜ学校は期待したほどの成果を上げていないのか?」と考える。だが、幼稚園から高校までの公教育の状態に不満をもつ人が多いのは、質問が不適切だからなのかもしれない。たとえば「なぜ生徒は学ばないのだろう?」と問えば、まだ誰も気づいていないことを明らかにできるかもしれない。多くの生徒が学校で無気力に過ごしたり、不登校になったりする主な理由は、彼らが片づけようとしている用事が「教育を受けること」ではないからだ。彼らは主に「達成感を味わい、友人と楽しく過ごす」という、重要な社会的、感情的ニーズを毎日満たしたいと思っている。彼らが中退して不良グループとつるんだり、友人と車を乗り回したりするのは、こういった活動が学校よりうまく「用事」をこなすことが多いからだ。

ロードアイランド州プロビデンスのチャータースクール（特別認可学校）、メトロポリタン地方職業技術センター（MET）校は、高校生の社会的、感情的ニーズ、つまり高校生が日々片づけたいと思っている用事を深く理解して、生徒が協力してさまざまなプロジェクトに日替わりで取り組む、プロジェクト型のカリキュラムを組んでいる（「実践的な」参加型体験学習を重視するモンテッソーリ教育法を一部取り入れている）。生徒は自分の努力によってプロジェクトが進捗する様子がわかるので、友人と楽しく過ごし、なおかつ達成感を得ることができる。プロジェクトの課題をこなすうちに、いつの間にか新しい技能が身についている。この学校は生徒の社会的、感情的ニーズをよりよく満たすことによって、生徒の参加意欲と学習意欲をかき立てているのだ。機能以外の側面に目を向けることの大切さを示す好例である。

とはいえ、新しいアイデアは片づけたい用事の機能的な側面を理解することから生まれることが多い。そしてその後の観察によって、社会的、感情的ニーズを満たすアイデアが浮かぶことがある。また、観察者は観察から得た情報を積極的に活用しようという心構えをもたなくてはならない。たとえばブラブラカーの創業者フレデリック・マゼラの例を考えてみよう。２００４年12月のこと、マゼラはある問題にぶち当たった。スタンフォード大学でコンピュータ科学を専攻していたマゼラは、冬休みに故郷のフランスに戻り、パリから４２０キロ離れたバンデーの実家に帰ろうとしていた。だがパリとバンデー間の電車は季節柄満席だった。実家でクリスマスを過ごせないかもしれないというわびしい事態に直面したマゼラは、姉に長い回り道をして迎えに来てもらった。道中、マゼラは人生を変える観察をした。「道路に乗ったとたん、気がつきました。ほとんどの車は運転席にしか人が乗っていないのに、高速道路から見える、同じ方向に向かう電車はどれも満員だったんですよ」とマゼラは語る。「この経験が、ブラブラカーのアイデアにつながりました。こう思ったんです。『そうだ、あの空席のある車を検索エンジンに載せれば、電車の空席を検索するように、車の空席も検索できる』って」。この観察はあまりにも革新的で、マゼラは「それからの3日間眠らずに」、乗客がネットやスマートフォンで空席ありの車を検索できる相乗りサービスの構想と計画を練ったという。

マゼラがこの観察を行ったのはウーバーができる5年も前で、ブラブラカーは世界初の成功した相乗りアプリになった。マゼラはスタンフォード大学で学んでいたから、起業の機会を探す準備ができていた。またコンピュータ科学を専攻していたから、現実世界でまだ体系化されていないデータや利用しにくいデータを整理する機会を探すことを学んでいた。「僕は決定を下す前によく観察するようにしています」とマゼラは話してくれた。「空っぽの車を観察したおかげで、頭のなかでパズルのピースがはまったんです。走行中の車の空席状況を示すデータベースがないぞ、と気づきました。そして誰もがスマホでつながっているなかで、車の座席のオンライン予約アプリをつくるチャンスを見つけました。たくさんのものごとを長い間幅広く観察することが、ひらめきにつながるんです」

「ブラブラカー」は適当につけた名前だと思うかもしれないが、実はこの名前は、このサービスをユーザーが雇う際にどんなニーズをもっているかを、創業者たちが観察した結果生まれたのだ（ブラブラはぺちゃくちゃの意）。ユーザーは、運転者のおしゃべりの度合いで乗りたい車を選ぶことができる。「ブラ」はあまりしゃべらない人、「ブラブラ」は適度におしゃべりな人、「ブラブラブラ」は話し出したら止まらない人だ。この差別化によって、ブラブラカーは顧客をA地点からB地点まで運ぶという機能的ニーズだけでなく、人と交流したいという社会的ニーズを満たすこともできるのだ。マゼラたちは観察を通じた学習の大切さを伝えるために、社内で「ブラブラスワップ」という取り組みを行い、社員に別の地域の支店で1週間働く機会を与えている（ブラブラカーは22カ国に支店があり、評価額15億ドルを超えるフランス最大の技術系ユニコーン［未上場の急成長企業］の1つだ）。

マゼラのように、次の3種類の観察のいずれかを通じて事業のひらめきを得ているイノベータは、発見力のなかでも特に観察力に優れていることが、私たちの調査によりわかった。

1　片づけたい用事があり、解決策を探したが、それをうまくこなす選択肢が存在しないことに気づく。

2　さまざまな状況で「用事」を片づけようとしている人々を観察し、本当はどんな用事を片づけたがっているかをひらめく。
3　人やプロセス、企業、技術などを観察し、異なる状況にも（多少手を加えるなどして）応用できる解決策に気づく。

ビッグ・アイデア・グループ（BIG）の創業者CEOマイク・コリンズによると、成功する製品イノベータはつねに観察力を働かせているという。「ある日『なるほど！』と気づくだけが観察ではないんです。イノベータはいつも周りの世界を観察し、質問しています。観察が自分の一部になっているんですよ。ふつうの人は、その力をもっているのに活用していない」。コリンズほど、このことを心得ている人はいない。彼が創業したBIGは、公開オーディション番組『アメリカン・アイドル』（やイギリス版の『ブリテンズ・ゴット・タレント』）型のビジネスモデルによって、最高の発明家を発掘し、アイデアを商品化している。コリンズはBIGのネットワークに参加する1000人以上の発明家と仕事をしている。私たちの調査ではイノベータのうち、最も観察力が高いのが製品イノベータで、次いでスタートアップ起業家と企業内起業家、プロセスイノベータの順に高かった。イノベータは平均すると観察力が約75パーセンタイル（上位25％）だったのに対し、非イノベータは約48パーセンタイル（上位52％）だった（図4-1）。

未開発の観察力を伸ばすにはどうしたらいいだろう？　私たちはイノベータがやっていることを知るために、こんな質問をした。「優れた観察者とはどんな人ですか？　観察力を高めるにはどうすればよいでしょう？」。その結果、片づけたい用事や、それを片づけるよりよい方法にイノベータが気づくのは、次の行動を取るときだとわかった。（1）顧客がどんな用事を片づけるためにどんな製品を使っているかを積極的に観察する、（2）意外なことやふつうでないことに注目する、（3）新しい環境に身を置いて観察する機会を見つける。

顧客を積極的に観察する──そして回避策を探す

観察から事業のヒントを得る最も確実な方法は、人々が製品を使う様子を積極的に観察し、彼らが片づけようとしている用事のひらめきを得ることだろう。医療機器会社リサーチ・メディカル（のちにバクスター・インターナショナルに買収された）の創業者ゲイリー・クロッカーは、バクスターに勤めていたとき、外科医が当時開発されたばかりの心臓バイパス手術を行う様子を直に観察した。そして血圧を測るための心血管モニタリング用のカテーテルを心臓に通す際に、血流を調節するための「配管工具」がないことに気づいた。これをきっかけに、手術を支援する「配管」機器というアイデアを思いついた。「手術中に心肺を停止させている間、全身の血液をす

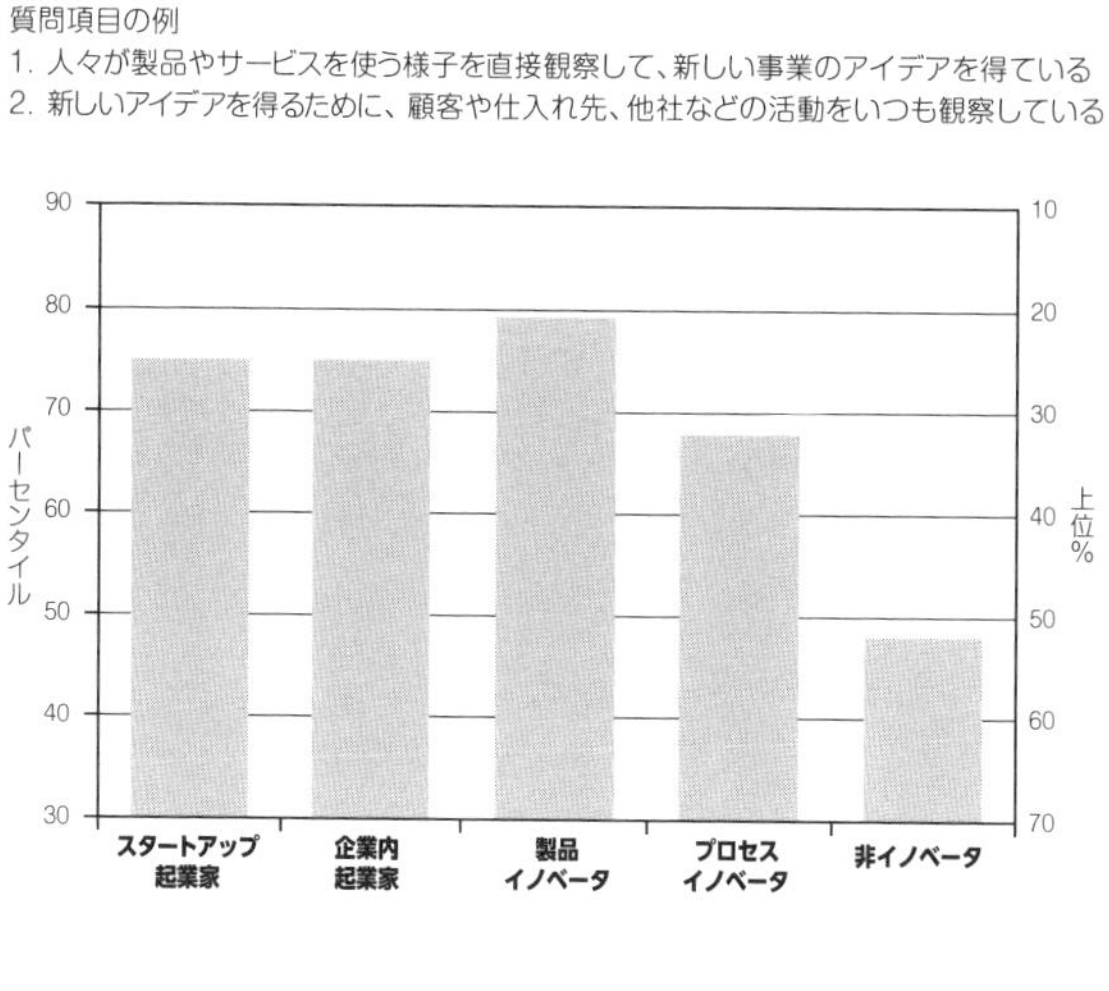

質問項目の例
1. 人々が製品やサービスを使う様子を直接観察して、新しい事業のアイデアを得ている
2. 新しいアイデアを得るために、顧客や仕入れ先、他社などの活動をいつも観察している

図4-1　イノベータと非イノベータのタイプ別観察力の比較

べて人工心肺装置に流せるほど大きなカテーテルがなかったんです」とクロッカーは言った。「うまく構造化された配管ラインがありませんでした。そこで、そういう製品をつくれないかと考えたんです。すてきなニッチじゃないかって」

クロッカーはその後バクスターを辞め、心臓手術中に血流を調節するための特殊機器を製造する会社を立ち上げた。そうした製品の1つ、「光源つきビジュフロー」は、心拍動下手術で出血部位を手術する際の問題を解決するための機器だ。除菌・加湿した空気を縫合部に吹きつけて外科医の視界をさえぎる血流を除去し、補助光源を当てて手術の開口部を見やすくする。この機器ができる前は、外科医は（たとえば看護師が別の光源をもって開口部に光を当てるなどの）独自の工夫で開口部を明るくし、（たとえば吸引器のようなものを使って血を取り除くなどの）独自の方法で不要な血流を除去していた。クロッカーが革新的な機器をひらめいたのは、外科医が心臓手術中に悩まされる問題や、それを解決するためにとっている回避策を注意深く観察したからこそだった。

回避策《ワークアラウンド》とは、もとはIT用語で、プログラマーがシステム上の問題を回避するためにとる手段を指す。これはほかの分野でもよく見られる現象だ。回避策は、片づけたい用事の不完全または部分的な解決策である。回避策がとられていることに気づいたら、じっくり観察しよう。そこに用事をこなすためのまったく新しい製品やサービス、事業のヒントが隠れているかもしれない。

たとえばレストラン予約サイトのオープンテーブルは、すてきな外食を楽しみたい（片づけたい用事）ときに一般に用いられる方法に代わって、用事をもっと総合的に解決している。この用事に含まれる要素には、食事がおいしく雰囲気のよいレストランを探すことや、待たずにすむよう都合のよい時間に席を予約すること、妥当な料金を支払うことなどがある。適当な店を探すには、知り合いにお薦めを聞いたり、店の評判を調べたりしなくてはならないことが多い。よい店が見つかったら電話で予約するが、店が予約を取らない場合や、予約が取れない場合は、また別の店を探して一から同じ作業をくり返すことになる。また、確実に席を取ったり待ち時間を短くするために、早めに出かけたり、誰かに並んでもらうこともあるだろう。価格を重視するなら、お得に食事をするためにネットや新聞でクーポンを探すかもしれない。これらの1つひとつの行動に時間がかかるが、それでもすてきな外食を確実に楽しめる保証はない。

オープンテーブルの創業者チャック・テンプルトンは、1998年にこうした回避策を自ら体験した。義理の両親がシカゴにやって来るというので、よいレストランに予約を入れようと妻と3時間半も奮闘したが、うまくいかなかった。そこでテンプルトンは、自分専用のレストラン手配係のようなサイトとアプリを立ち上げた。オープンテーブルを利用すれば、（役に立つレビューやユーザー評価を見て）よさそうなレストランをすばやく簡単に見つけ、（テーブルの空き具合を確認して）都合のよい時間に予約を入れ、（食事に使えるポイントをためて）食事を安く楽しむことができる。加盟店はこのシステムを通じて予約した食事客1人につき一定の料金をオープンテーブルに支払う。※7 オープンテーブルは、すてきな外食を楽しみたいという顧客の「用事」をよりよくこなすことによって、いまやアメリカの大都市のほとんどと海外の多くの大都市で食事予約サービスのシェアを独占している（加盟店は世界で1万1000店を超える）。

人々が用事を片づけようとする様子を観察して新しい製品・新サービスのひらめきを得るのは、あたりまえのことのように思える。だがほとんどの企業が、この単純であたりまえの手法にほとんど時間をかけていないのだ。観察を通じて（偶然の観察であれ、住み込み観察やビデオ観察であれ）顧客の隠れたニーズを調べると、とても有益なひらめきが得られることが多い。IDEOのケリーはP&Gの「オーラルB」ブランドの新しい子ども用歯ブラシをデザインしたとき、「現場」に出て子どもたちが歯を磨く様子を実際に観察した。一般の子ども用歯ブラシは、大人用歯ブラシをただ小さくしただけなので、大人のように指先が器用でない子どもはうまく握って動かせないことがわかった。この観察が、革新的なデザインを生み出した。子どもの手でも握りやすく使いやすい、大きくて太く弾力性のある歯ブラシだ。その結果どうなったか？　オーラルBは発売後18カ月間、世界で最も売れた子ども用歯ブラシとなった。

■顧客を観察するときに役立つ10の質問

顧客を観察して、彼らが片づけたい用事を理解し、その用事をうまくこなす製品やサービスを提供する方法を考えるには、次の10の質問をするといい。

1　顧客はどういう経緯でこの製品／サービスが必要だと気づいたのか？　この製品／サービスをもっと簡単に便利に顧客に見つけてもらう方法はあるか？

2　顧客は本当は何のためにこの製品／サービスを使っているのか？　何の用事を片づけるために雇っているのか？

3　顧客が最終的に製品／サービスを選ぶとき、最も重視する機能は何か？（顧客が重視するすべての機能に100点を配分する場合、どういう配分になるだろう？）

4　顧客はこの製品／サービスをどうやって注文・購入しているのか？　もっと簡単、便利に、安く購入できる方法はあるか？

5　この製品／サービスはどうやって顧客に届けられているのか？　もっと速くて安い方法や、まったく違う方法で届けられないか？

6　顧客はこの製品／サービスの支払いをどうしているのか？　もっと簡単で便利な支払い方法はあるか？

7　顧客はこの製品／サービスにどんな不満を感じているのか？　意外な方法で製品を使っていないだろうか？

8　顧客がこの製品／サービスを使うとき、どんな助けを必要とするか？

9　顧客はこの製品／サービスの寿命や信頼性を損なうような使い方をしていないか？

10　顧客はこの製品／サービスをどうやって修理、補修、処分しているのか？　もっと簡単、便利に修理できる機会（や補修の手間を減らすための手入れや使用の方法を顧客に教える機会）はないだろうか？

意外なことやふつうでないことを探す

インテュイットのスコット・クックは、顧客が同社のソフトウェア、クイッケンとクイックブックスを家庭でインストールし利用する様子を、マーケティング担当者やソフトウェア技術者に観察させ、「驚きを味わう」ようにと申し渡している。つまり、ふつうではないように思えることや、期待していたのと違う行動に目をとめるということだ。たとえばクックはこんなことを社員に言っている。「思いがけないことを目撃したら、こう聞くんだ。『なぜそうするんですか？　よくわからないんですが。そんな使い方を予想していなかったので』と」。顧客は回避策を探さなくてはならないことが多く、そのために製品やサービスを思いもよらない方法で使うことがある。そうした意外な回避策を調べれば、今の製品やサービスのどこが解決策として不完全なのかを知るヒントが得られることが多い。意外なことや思いがけないことをつねに意識的に探す必要があると、クックは言う。なぜなら脳は目に映るものを先入観に押し込めて、意識の隅に追いやる傾向にあるからだ。インテュイットにはこの傾向に対抗する奥の手があるとクックは教えてくれた。「インテュイットでは、観察するとき2つの質問をするように教えています。『どこが意外なのか？』、『どこが予想と違っているのか？』。本物の学習とイノベーションは、ここから始まります」

気づかなかったことに気づくには、視野を広げなくてはならない。イノベータは自分の経験の境界線上にあるものごとに目を向ける（またはあるIDEO社員が言ったように、「極端な人に注目する」）ことによって、いつも新しいアイデアを発見している。たとえばコーリー・ライドが映画で語学を学ぶソフトウェアの会社、ムービーマウスを立ち上げたのは、ブラジルでの長期滞在中の意外な観察がきっかけだった。ライドはブラジルでアメリカの大学院受験に必要なGMATなどの対策講座を教え、多くのブラジル人と英語で話した。特に英語がうまい人がいると、どうやって英語を勉強したのかとたずねた（英語がうまい人はブラジルにたくさんある英語学校に通ったのだろうと、ライドは思っていた。確かに英語がうまい人の多くは英語学校で学んでいたが、とびきりうまい人は別の方法で学んでいたことを、ライドはのちに知った）。

■科学的、商業的イノベーションにおけるアノマリーの重要性

かつてトーマス・クーンは科学史に関する画期的な著書『科学革命の構造』のなかで、科学者が世界をよく観察してアノマリー（例外的事象）を特定し、説明することができたとき、初めて科学の飛躍的前進が起こると述べた。[注a] 科学者はそうした例外的な事象に気づくと、それをよりよく理解するために理論を再検討する。アノマリーを理解し、説明することは、理論の修正や改良につながることが多い。たとえば、技術革新が企業業績に与える影響に関する研究を考えてみよう。初期の研究は、既存企業は漸進的イノベーションをうまく取り入れて業績を伸ばすが、急激な技術革新が起こると失敗すると結論づけていた。だがこの一般的な説には例外があった。既存企業のなかにも、革新的な技術変化を取り入れて成功した企業があった。

マイケル・タシュマンとフィリップ・アンダーソンは、こうした意外な事例を説明するために、

技術革新に独自の新しい分類として「能力増強型」と「能力破壊型」の技術革新を加えた。[注b] これによって多くのアノマリーが解消されたが、その後の研究でタシュマンとアンダーソンの枠組みでは説明しきれない、新たな例外的事象が次々と発見された。レベッカ・ヘンダーソンとキム・クラークの「構成部品」イノベーションと「構造」イノベーションの分類、クレイトン・クリステンセンの「持続的」技術と「破壊的」技術の分類、クラーク・ギルバートの「脅威」と「機会」の枠組みが生まれ、それぞれが従来研究では説明できないアノマリーを解消した。これらの研究者はアノマリーを理解し説明することによって、独創的なひらめきを得たのだ。[注c]

要するにクーンが言いたかったことは、アノマリーを発見し解消しようとする科学研究者は、アノマリーから目を背けようとする者に比べて、研究分野の建設的な前進により大きな貢献をする傾向にある、ということだ。商業活動で意外なことを観察することも、科学研究でアノマリーを観察するのと同じくらい価値がある。意外なことやふつうでないこと、つまり予想していなかったことに目を向ければ、イノベーションの扉が開くかもしれない。

注a Thomas S. Kuhn, *The Structure of Scientific Revolutions* (Chicago: University of Chicago Press, 1962).『科学革命の構造』（トーマス・クーン著、中山茂訳、1971年、みすず書房）

b Michael L. Tushman and Philip Anderson, "Technological Discontinuities and Organizational Environments," *Administrative Science Quarterly* 31, no. 3

c Rebecca M. Henderson and Kim B. Clark, "Architectural Innovation: The Reconfiguration of Existing Product Technologies and the Failure of Established Firms," *Administrative Science Quarterly* 35, no. 1 (1990): 9; Clayton M. Christensen, *The Innovator's Dilemma* (Boston: Harvard Business School Press, 1997)『イノベーションのジレンマ』（クレイトン・クリステンセン著、玉田俊平太監訳、伊豆原弓訳、2001年、増補改訂版、翔泳社）

Clark G. Gilbert, "Unbundling the Structure of Inertia: Resource versus Routine Rigidity," *Academy of Management Journal* 48, no. 5 (2005): 741.

ある晩、ライドはジュリア・トレンティーニという20代の若い女性に出会った。それまで会ったどのブラジル人よりも英語がうまかったので、いったいどうしたら英語がそんなにうまく話せるようになれるのかとたずねた。驚いたことに、彼女は一度も英語学校に通ったことがなかった。アメリカのテレビ番組や映画を見ながら、役者のセリフや発音を真似して練習したという。人気ドラマ『フレンズ』などをただ楽しむために見ていた彼女は、サンパウロの町中で会ったアメリカ人と会話のやり取りがいつの間にかできるようになっていることに気づいて驚いた。なにしろ英語をきちんと学んだことは一度もなかったのだ。楽しんでいるうちにたまたま新しい能力が身についたのだった。トレンティーニだけでなく、英語がずば抜けてうまいほかのブラジル人も、アメリカ映画を見て真似することに時間を費やしていることを、ライドは観察から知った（またブラジル人はポルトガル語の吹替版より英語版を好む傾向があることも知った。ブラジルでは役者の生の声が好まれるのだ）。この観察が別の疑問につながった。なぜもっと多くのブラジル人が映画で英語を学ばないのだろう？　答えは、役者が話すのが早すぎたり、知らない熟語や単語が出てくるから、だった。

ソフトウェア技術者でもあったライドは、ポルトガル語を話す人がパソコンでほぼすべての映画の英語版を見ながら英語を学べる画期的なプログラムを開発した。このプログラムは次の操作をすることができる。（1）会話の速度を落とす、（2）出てきた単語の発音と意味を調べる、（3）熟語の意味を調べる、（4）役者の口の動きに自分の発音をかぶせる（「ムービーマウス」の名前はここから来ている）。ライドの事業のヒントは、最高の英語教育を受けたブラジル人が一番英語がうまいわけではないという観察から得られた。

驚きを見つけるにはほかにどんな方法があるだろう？　IDEOの元社員でイノベーション心理学の研究者レオン・シーガルの、「イノベーションは目から始まる」という指摘は正しいが、イノベーションはもちろん、目だけで終わらない。観察には目以外の器官も関わっていることを忘れてはいけない。新しいものを見て、それを理解しようとする際に五感を働かせることの重要性を、学習に関する多くの研究が強調している。周りの世界を経験するとき、多くの感覚を働かせれば働かせるほど、多くのことに気づき、記憶することができる。意外なものごとの探求は、視覚だけでなく、聴覚、味覚、触覚、嗅覚も働かせる行為なのだ。あなたは知らないかもしれないが、トリンピンという優れた音楽イノベータは、「伝統的なオーケストラから脱却するにはどうしたらいいか？」という問いを考えることに人生を費やしてきた。トリンピンは新しい音を求めていつも耳をそばだてている。「何かを見ると音になって聞こえます」と彼は語っている。※8 路面電車の電線が火花を散らす音や、地震による地鳴りなどの思いがけない音の現象をとらえることを通して、音楽の世界でイノベーションを生み出し、数々の賞に輝いている。ほかにも五感を働かせて、新しい事業のアイデアを掘り起こしているイノベータがいる。たとえばハワード・シュルツはイタリアのエスプレッソバール（カフェ）のうっとりするような香りを嗅いだのをきっかけに、スターバックスを変えた。ザンゴの共同創業者ジョー・モートンは、マレーシアで生まれて初めてマンゴスチンを食べて、新しい健康飲料の最初のアイデアを得た（第5章でくわしく説明する）。思いがけないことを探し求めるときは、五感をフルに活用しよう。

環境を変える

新しい国を旅行したときのことを思い返してみよう。新しい職場での最初の数日間のことでもいい。それまで見たことも経験したこともないものごとに驚いたのではないだろうか？　新しい環境に足を踏み入れると、新しいものや違うものを理解しようとして、必然的に身の回りで起こっていることを注意深く観察するようになる。だから新しい環境に身を置き、周りで起こっていることをじっくり観察すると、新しいアイデアが見つかるのだ。

たとえばスターバックスを育て上げたシュルツは、目、耳、鼻、口の感覚器官を働かせて、新しいコーヒー店の着想を得た。イタリアのミラノで見本市に向かう途中でたまたま入ったイタリア式のエスプレッソバールで、店内の様子を観察した。客が店の常連であることや、「家庭の延長のような心地よさと連帯感」を感じ取った。その後もバールめぐりをするうちに、シュルツはひらめいた。「これはすごいぞ、と思った。アメリカにコーヒースタンドをつくって、コーヒーのロマンスとミステリーを解き放てばいいと、突然雷に打たれたようにひらめいた。あまりにも当然のことのように思えた」とシュルツは語っている。「本場イタリア式のカフェバールの文化をアメリカで再現できれば、自分と同じ感動をほかのアメリカ人も味わってくれるかもしれない」※9

シュルツはミラノに約1週間滞在し、ただ観察するためだけにバールを渡り歩いた。次にヴェローナを訪れ、道に迷って入ったバールで初めてカフェラテを味わった（客がカフェラテを注文するのを見て、どんなものだろうと真似をして注文した）。「それまで出会ったコーヒー専門家は、誰1人としてこの飲み物のことを教えてくれなかった。アメリカ人は誰もカフェラテを知らない。これを伝えるのが私の使命だと思った」

こんなふうに、ふとした思いつきから1週間もの間おもしろいことを観察し、その経験に身をゆだねようとする企業幹部がいったいどれだけいるだろう？ 新しい環境で積極的に観察を行おうという意気込みがなければ、シュルツがスターバックスの新しいカフェ体験につながるアイデアを得ることはなかっただろう。

私たちの調査したイノベータが、新しい国に旅し、さまざまな企業を訪問し、専門外の会議に出席し、博物館や興味深い場所を見学して、新しい環境を頻繁に訪れていたのは不思議ではない。A・G・ラフリーはP&GのCEOになるずっと前、アジア地域を統括していた際に学んだことをこう語ってくれた。

「中国に行くと必ず小売店に立ち寄って、P&Gの製品を買ってくれる人たちを観察しました。家庭にも足を運びました。必ず夜に行くようにしました。ほとんどの女性が外で働いていましたからね。いつも店と家庭、職場を見て回りました。今起こっていることを手軽に理解できるからです。もちろん、たった一度の定性的な経験を一般化することはできませんが、5年以上やっていると、経験の積み重ねでわかるんです。それと合わせて資料やより定量的なデータに片っ端から目を通していると、なんとなくわかってくる。言葉がわからないから、人類学者がやることに近いですね。

観察力と聞き取る力を駆使して、言葉によらない手がかりを読み取る力をつける。するといろんなことが見えてきますよ。外国ではかすかな手がかりを読み、理解し、対応しなくてはなりませんからね」

ラフリーはP&Gのアメリカ本社に戻って、「いかに怠慢に陥りやすいか」を思い知らされたという。「英語をしゃべる人ばかりだと、次に何を言うか、何をするかがわかってしまうんですよ」

イノベータは異国に行かなくても新しい環境に浸ることができる。展覧会や博物館、動物園、水族館、自然などを見て回れば、いろいろなことを学べる。ダイムラーきっての優秀な技術者だったディーター・ガートラーは、空気力学の概念を取り入れた新しい自動車を開発するチームを指揮していた。新しいアイデアを得るために、チームを地元の自然史博物館に連れて行き、魚を眺めて1日過ごした。空気力学に関する自動車業界の固定観念を破るようなひらめきを求めていたのだが、ハコフグに驚くべき解決策が見つかった。チームはハコフグを直に観察し、魚の専門家に話を聞いて、ハコフグの形状や骨格構造を車に応用した。最終的に完成した試作車は、驚くほど軽量で、空気抵抗が非常に小さかった。「自然を眺めていると、自力では考えもつかないようなアイデアが浮かぶんです」[※10]とガートラーは語った。

もちろん、いつも新しい環境に身を置けるわけではないが、さいわいにも新しいアイデアはよく知っているはずの身近な人や場所にも潜んでいる。だが困ったことに、ものごとをあたりまえのように受け流していると、あたりまえの場所にあるあたりまえの新しいアイデアを見逃し、結果としてイノベーションの機会を逃してしまうのだ。ニューヨーク・タイムズ紙のライターで作家のピーター・レスチャクも嘆いている。「私たちはテレビやタイムレコーダ、高速道路の交通状況など、いろんなものを見るが、観察することはほとんどない。ほとんどの人がただ眺めているだけで、じっくり見てはいない」[※11]。漫然と日々を過ごしていると、脳の創造性が枯渇する。

観察には企業や産業の突破口を開く力がある。スコット・クックも、「基本観察はアップルの大きな突破口です」と言っていた。有意義な観察を行うには、新しい環境に身を置くことが欠かせない。顧客が用事を片づけるためにどんな製品やサービスを雇っているかを観察する。顧客が用事を片づけるためにどんな回避策――つまり部分的または不完全な解決法――を用いているかを観察する。驚くようなひらめきを求めて、思いがけないものや不思議なものを探す。回避策や例外的事象を見つけ、じっくり調べて理解すると、革新的な解決策が見つかる可能性が高まる。観察力を伸ばして磨きをかけ、あなたやあなたの会社の突破口を開こう。

観察力を高めるためのヒント

ヒントその1――顧客を観察する

定期的に観察に出かけ、顧客があなたの会社の製品やサービスを使う様子を注意深く観察し(15分から30分間)、観察力に磨きをかけよう。現実の生活を送る現実の人たちを観察しよう。何を好んでいるのか、嫌っているのかを考えよう。顧客の生活を楽にしているものや、大変にしているものを探そう。顧客はどんな用事を片づけようとしているのか？　顧客の機能的、社会的、感情的ニーズのうち、あなたの会社の製品やサービスが満たしていないものはどれだろう？　彼らの行動のどこが意外だったたか（予想と違っていたか）？「顧客を観察するときに役に立つ10の質問」をしてみよう。このように人類学者になったつもりで、顧客や潜在顧客が製品やサービスを使う様子を隅々までじっくり観察しよう。

ヒントその２――会社を観察する

会社を1社選んで観察し、見守ろう。あなたが一目置いている会社、たとえばアップルやグーグル、ヴァージンなどでもいいし、革新的なビジネスモデルや破壊的技術をもつスタートアップや、特に手強いイノベーティブなライバル会社でもいい。その会社をたたき台に、ビジネススクールのケーススタディのようなことをやってみよう。その会社のビジネスや手法について、できるだけ多くの情報を入手する。できれば会社を訪問して、戦略や事業、製品などについて直接調べ、相互交流の機会を設けよう。その会社について新しいことを学ぶとき、こう自問しよう。「手を加えればうちの会社や業界でも使えそうなアイデアはないか？　この戦略や戦術、活動は、自分の仕事や会社、生活と関係があるか？　うちの業界に取りこめそうな、『誰が』、『何を』、『どのように』の新しいアイデアはないか？」

ヒントその３――気になるものを観察する

毎日10分時間を取って、何かをじっくり観察しよう。気がついたことをくわしく記録しよう。今見ているものを、新しい戦略や製品、サービス、製造プロセスにつなげる方法がないか考えよう。外に出かけて周りを観察するとき、気がついたことや思いついたことをメモに取り、少し時間をおいてから読み返そう。興味をもったものの写真やビデオをスマホで撮ろう。身の回りで起こっていることを観察し、記録することを忘れずに（アマゾンのベゾスはよく「大失敗したイノベーション」の写真を撮って、どうすればもっとうまくできたかを考えていると言っていた）。

ヒントその4 ―― 五感をフルに活用して観察する

顧客であれ会社であれ、何かを観察するときは五感（視覚、嗅覚、聴覚、触覚、味覚）を活発に働かせよう。これを計画的に行う方法として、「ダイアログ・イン・ザ・ダーク」（アンドレアス・ハイネッケが発案した）や「ダイアログ・イン・サイレンス」（ハイネッケと妻のオーナ・コーエンが発案した）に参加するといい。参加者は視覚か聴覚に障害をもつ案内役の手引きで、暗闇や静寂の環境（世界各地の美術館の常設展示から、レストランまで、さまざまな会場に設置される）を体験し、日常とかけ離れた世界に足を踏み入れる。そのほかのもっと簡単な方法として、五感をもっと意識しよう。たとえば次に顧客を訪問するとき、（イタリアでシュルツがやったように）特に香りに注目する。次の夕食をゆったりした動作で食べ、ひと口ひと口をゆっくり味わい、食べ物の味や食感、香りだけに集中する。製品に触れるとき（使用するときや、仕組みを調べるとき）、どんな感じがするかに気をつける。何かを観察するとき、その体験が促す創造的なひらめきに注目しよう。見たもの、嗅いだもの、聞いたもの、触れたもの、味わったものをアイデア帳に書き留め、ひらめきから何が得られるかを考えてみよう。

第5章

発見力その4

人脈力

「他人の思考や経験の刺激を受けずに
自分1人で考えたことは、
どんなにすばらしい考えだったとしても、
つまらないし単調だ」

――

アルベルト・アインシュタイン

枠にとらわれずに考えるには、自分のよく知っている分野のアイデアと、ほかの「枠」のなかで活動する人たちのアイデアを結びつけなくてはならないことが多い。イノベータは多様な人脈を通じてアイデアを見つけ、確かめることに時間と精力を費やすうちに、人とまったく違う視点をもつようになる。一般的な実行志向の企業幹部は、資金を手に入れたり、自分や会社を売り込んだり、キャリアアップを狙ったりするために人脈づくりに励むが、イノベータは知識の幅を広げるために、多様な背景や視点をもつ人たちとの出会いを精力的に求める。また自分のアイデアを人々にぶつけ、意見を求める。

たとえばウーバーを立ち上げるというアイデアは、２００８年にパリで開催されたＩＴ関連会議ルウェブで、ギャレット・キャンプとトラヴィス・カラニックが交わした会話を機に生まれた。当時キャンプは最初のスタートアップ、スタンブルアポンをイーベイに７５００万ドルで売却し、次のスタートアップの機会を探しているところだった。キャンプがスタンブルアポンを売却して最初にやったことは、自分へのご褒美としてメルセデスベンツＣクラスの赤いスポーツカーを買うことだった。だが美しく速いスポーツカーをサンフランシスコで乗り回すのは、喜びよりも苛立ちの方が大きいことがすぐにわかった。サンフランシスコの渋滞はひどく、駐車事情もひどかった。キャンプは代わりにタクシーに乗るようになった。だがサンフランシスコで認可されているタクシーはたった１５００台で、市内でタクシーを捕まえるのは悪夢だった。

この頃キャンプはメロディ・マックロウスキーという、キャンプの家から数キロ離れたパシフィックハイツに住む女性とつきあい始めた。運転の煩わしさを避けるために、キャンプはたいていレストランやバーでの夜のデートにタクシーで出かけた。タクシーが捕まらないという苛立たしい経験をくり返した末に、サンフランシスコの違法ハイヤー、いわゆるジプシーキャブを試すことにした。ジプシーキャブは、ヘッドライトを点滅させて客引きをする黒い自家用車だ。何度かジプシーキャブに乗ったあとで、気に入ったドライバーにメッセージを送って送迎を頼むようになった。この方式は、流しのタクシーを捕まえるよりは効率がよかったが、お金がかかった。キャンプは市内に住む友人たちの送迎に一晩で1000ドル使うことも珍しくなかったという。サンフランシスコ市内の移動は難しく、お金がかかる。もっといい方法があるはずだとキャンプは考え、友人やスタンブルアポンの顧問と知恵を出し合った。のちにウーバーに出資することになった作家のティム・フェリスもその1人だった。「アイデアをみんなにぶつけました」とキャンプは言う。「そうしたアイデアがどんどん積み重なっていったんです」[※1]

またキャンプは、007映画「カジノロワイヤル」のワンシーンからもヒントを得た。ダニエル・クレイグ演じるジェームズ・ボンドが、バハマで敵を追ってシルバーのフォードモンデオを飛ばしながら、スマホに目をやる。スマホの画面に映ったものにキャンプは釘づけになった。それは目的地に近づいていく、モンデオの現在位置を示すアイコンだった。このイメージが頭から離れず、やがて乗客がスマホを使って車を呼び、その到着を地図で追跡できるオンデマンドの配車サービス、というアイデアにつながったのだ。iPhoneの発売により、このアイデアは現実味を帯びるようになった。これを実現する最良の方法は、1台約10万ドルのメルセデスベンツのクーペを5台購入して、ドライバーと駐車にかかる費用を友人たちと分担することだとキャンプは考えた。キャンプはウーバーキャブという名称まで登録した。「優れたもの」を指す「ウーバー」という言葉が気に入っていたからだ。

2008年12月、キャンプは技術とイノベーションを話し合うルウェブ会議に出るため、マックロウスキーとパリに旅行した。友人で起業家仲間のトラヴィス・カラニックが、民泊予約サイトVRBOで見つけた贅沢なマンションを予約してくれていた。カラニックも映像配信サービスのスタートアップ、レッド・スウーシュをアカマイに売却したところで、次のスタートアップのアイデアを自由に考えることができた。キャンプは前から配車サービスのアイデアをカラニックに相談していたが、1週間一緒に過ごしたことで踏み込んだ議論ができた。だがカラニックは別のスタートアップのアイデアを温めていた。内装を統一していくつかのグレードに等級分けした高級宿泊施設の世界的チェーンをネットで貸し出すというものだ。カラニックはこの事業をパッドパスと呼んでいた。「自宅とホテルの中間のような体験ですよ」とカラニックは言う。「この2つをくっつけようとしていました」。キャンプも言う。「トラヴィスはこのためのエアビーアンドビー方式のシステムを急いでつくっていました[※2]」

パリで1週間すごす間、2つのアイデアについて議論を重ねるうちに、やがて会話の焦点はパッドパスからウーバーへと移っていった（それはタクシーでひどい目に遭ったからでもあったのだろう。カラニックはのちに「ご存じの通り、パリでタクシーを捕まえるのは大変なんですよ」と言っている）。事業を開始するにはベンツを5台購入するのが一番だと、キャンプは信じていた。だがカラニックは強く反対した。車を所有するのは間違いだ、モバイルアプリをドライバーと乗客に配布するだけの方が効率がいいというのだ。ある夜パリのレストランで議論が白熱し、2人は食事の間中、固定費や車の使用率などの見積もりを紙のテーブルクロスに書き殴った。

別の夜、キャンプとマックロウスキー、カラニックは夜遅く食事と飲みに出かけた。午前2時頃、何杯か飲んでほろ酔い気分でタクシーを捕まえた。3人は宿に帰る途中あまりにもうるさくしゃべっていたと見えて、ドライバーがフランス語で悪態をつき、静かにしてマックロウスキーが足をどかさないなら車から放り出すぞと脅してきた（マックロウスキーは後部座席の真ん中に座り、178センチの長身なので前部座席の間のクッションに足を伸ばしていた）。カラニックは激怒し、このできごとをきっかけにウーバーのアイデアを推し進めた。「あれで完全に火がついたんです」とマックロウスキーは言う。「不当な扱いを受けることほど、トラヴィスを怒らせることはありません。いつまでも憤慨していました[※3]」

キャンプとカラニックはサンフランシスコに戻ったとき、ウーバーを立ち上げる準備ができていた。ただ、キャンプの当初の構想とは違っていた。カラニックはキャンプを説得して、ウーバーでは車を購入せず、ドライバーと乗客をつなぐアプリだけを配布することにした。カラニックはのちに言っている。「ギャレットは高級感を、僕は効率性をウーバーにもたらしました。ウーバーは車を所有せず、ドライバーも雇わない。それをする企業や個人と組む。とても単純です。ただボタンを押して車を利用する。それがウーバーです[※4]」

アイデア人脈とは何か

キャンプは友人や顧問、見知らぬ人との会話を通じて、ウーバーのビジネスモデルのもとになったアイデアを生み出した。彼の経験は、「アイデア人脈」を利用して新しいアイデアを刺激し、開発し、洗練させる磨きをかける方法をよく表している。マーク・ザッカーバーグはあるときこう言った。「アイデアは一般に、何もないところからポッと湧いてくるわけじゃありません。それまで多くの人と長い時間話をした結果として思い浮かぶんです」※5。これを聞いて、あなたはこう思うかもしれない。「私は人脈づくりは得意だが、イノベーティブとはいえない」と。確かにそうかもしれない。だがそういう人が利用しているのは本物のアイデア人脈ではなく、ほとんどの優秀な企業幹部と同様、「資源人脈」なのだろう。資源人脈は自分や会社を売り込んだり、必要な資金を手に入れるための人脈をいう。これに対しイノベータは、資金獲得やキャリアアップのためというよりも、新しいアイデアやひらめきを得るために、多様な考えや視点をもつ人と積極的に話をする（表5－1）。私たちのイノベータ調査では、スタートアップ起業家と企業内起業家のアイデア人脈力は、製品イノベータよりやや優れ、プロセスイノベータと非イノベータよりもかなり優れていた。つまり革新的な新規事業を立ち上げることをめざすなら、人脈力は新しいアイデアを生み出し、新規事業の立ち上げ資金を獲得するカギとなる。イノベータ全体では人脈力は約75パーセンタイル（上位25％）だったのに対し、非イノベータは約47パーセンタイル（上位53％）だった（図5－1）。

アイデア人脈でめざすのは、資源人脈とは違い、あなたやあなたの身近な集団がふだんつきあわないような人たちと交流することによって、多様な知識分野との橋渡しをすることだ。イーベイ創業者のピエール・オミダイアは、意外な方向から、また専門家以外の人たちから、ひらめきを得ようとしている。「意

	発見志向の企業幹部	実行志向の企業幹部
人脈づくりの目的	アイデアを得るため ●新しく思いがけないことを学ぶ ●新しい視点を得る ●「進行中」のアイデアを試す	資源を得るため ●資金や資源を手に入れる ●自分や会社を売り込む ●キャリアアップ
対象	●自分と違う人 ●多様な背景や視点をもつ専門家や非専門家	●自分に似た人 ●資源や権力、地位、影響力をもつ人

表5-1 発見志向および実行志向の企業幹部の人脈づくりの違い

外な場所から出たアイデアを大切にしています」と言っていた。「スローガンにするなら、『CEOより郵便係と話したい』って感じかな。多様な背景や考え方をもつ人とこそ出会いたい。とにかくいろいろな考え方に触れたいんです。決まった方法にとらわれず、まったく自由なやり方で、いろいろな方面から情報やアイデアを得るようにしています」

オミダイアのような人たちはこれを行うために、多様な背景の人たちと意識的に会う努力をしている。多様な学問を学んだ人や、多様な国や業界、部署の人、多様な年齢層や民族背景の人だ。マーク・ベニオフ（セールスフォース）は、チベットの神託官との興味深い会話について教えてくれた。神託官とは神の言葉を伝える正式な霊媒師で「ダライ・ラマによって任命され、チベット政府の改革を主に担当しています」と言う。ベニオフのソフトウェア業界の友人たちも、チベットの神託官と交流してその独自の視点に触れていた。イノベータは、自分とまったく違う人脈をもつ人たちとの会話から新しいアイデアが生まれることを直感的に知っているようだ（ゆるいつながりからアイデアや資金を得る方法については、ジェフ・ダイアー、

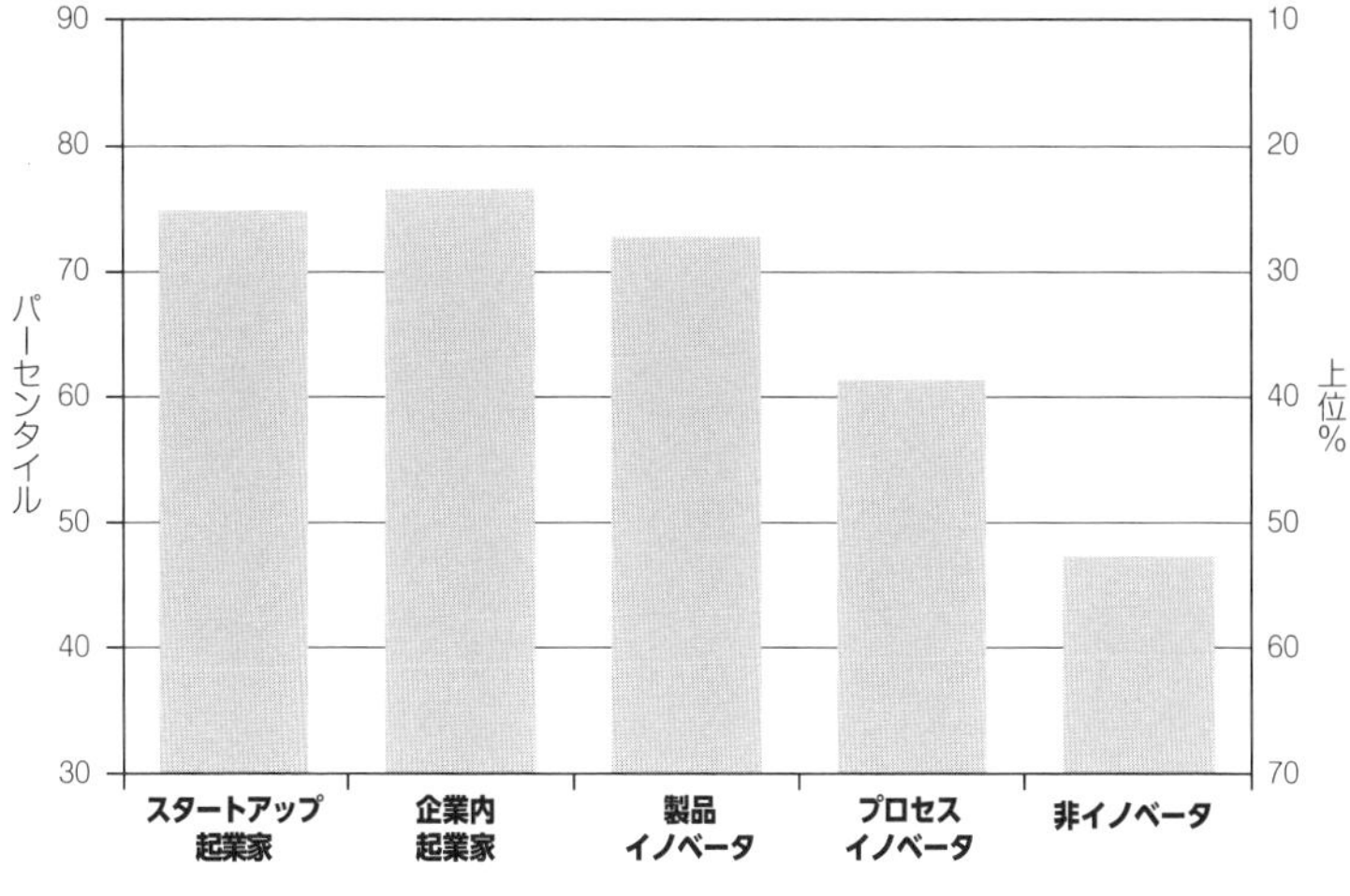

図5-1　イノベータと非イノベータのタイプ別アイデア人脈力比較

ネイサン・ファー、カーティス・レフラント著、「Innovation Capital」（『イノベーションキャピタル―世界で最もイノベーティブなリーダーのように競争し、勝つ方法』、未邦訳）の第3章を参照）。

シカゴ大学の社会学者ロン・バートはこの種の人脈づくりを、多様な社会的ネットワーク間の「構造的空隙《くうげき》」の橋渡し、と説明する。バートはアメリカの大手電機メーカーを調査した結果、広い人脈、つまり会社と無関係な人脈をもつ人は、「価値の高いアイデアをより多く生み出す」という評価を一貫して受けていたと結論づけた。[※6]「構造的空隙［社会的ネットワーク間のすき間］をまたぐ人脈をもつ人は、多様で矛盾することの多い情報や解釈にいち早く触れることができるため、優れたアイデアを発見し発展させるうえで競争上有利な立場にある」。バートはこう続ける。「直接の所属集団以外に多くの集団とつきあいのある人は、価値の高いアイデアを生み出し、創造性が高いという評価を受ける。これは生まれながらの創造性ではなく、アイデアをやり取りするうちに生まれる創造性である。ある集団ではあたりまえのアイデアが、別の集団にとっては貴重なひらめきになることがある」。またバートは、「価値の高いアイデア」は経済的にも大きなメリットがあると指摘する。幅広い人脈を持つ人は、人事考課でより高い評価を受け、大幅に高い給与を得、より頻繁に昇進するというのだ。

多様な社会的ネットワークとの橋渡しが斬新な新しいアイデアにつながることを説明するために、健康栄養業界の起業家ジョー・モートンが、マレーシア旅行中にすばらしいアイデアを得た経緯を考えよう（図5-2）。

この図は、モートンと健康栄養業界の人たちとの直接のつながりを表している（丸をつなぐ線）。またモートンは1年ほどマレーシアで暮らし、友人のマハティールなどに、現地の人が利用する健康栄養食品を教えてもらった（図中の「マハティール」はモートンが話した多くのマレーシア人を表す）。「数人から地元産の果物のことを教わりました。果物の王様と呼ばれるドリアンには体を温める効果があり、果物の女王マンゴスチンには体を冷やし、体のバランスを保つ効果があると」とモートンは話してくれた。「ドリアンは東南アジアの人に大人気ですが、僕はにおいがダメでした。でもマンゴスチンはおいしかった。地元の人たちは、マンゴスチンの外皮には精力を高め、炎症を抑え、胃の調子を整えるなど、多くの健康効果があることを教えてくれました」

モートンは健康栄養業界で豊富な経験を積んでいたが、ドリアンやマンゴスチンを使った商品を1つも知らなかった。そこでユタ大学医学部の博士課程で学ぶ弟のデイビッドに頼んで、ドリアンとマンゴスチンの健康効果を検証した科学研究がないか調べてもらった。デイビッドは果物の健康効果に関する医薬品業界の調査研究を探した。

ドリアンに関する医学研究はなかったが、マンゴスチンに豊富に含まれるポリフェノール化合物の一種、キサントンに

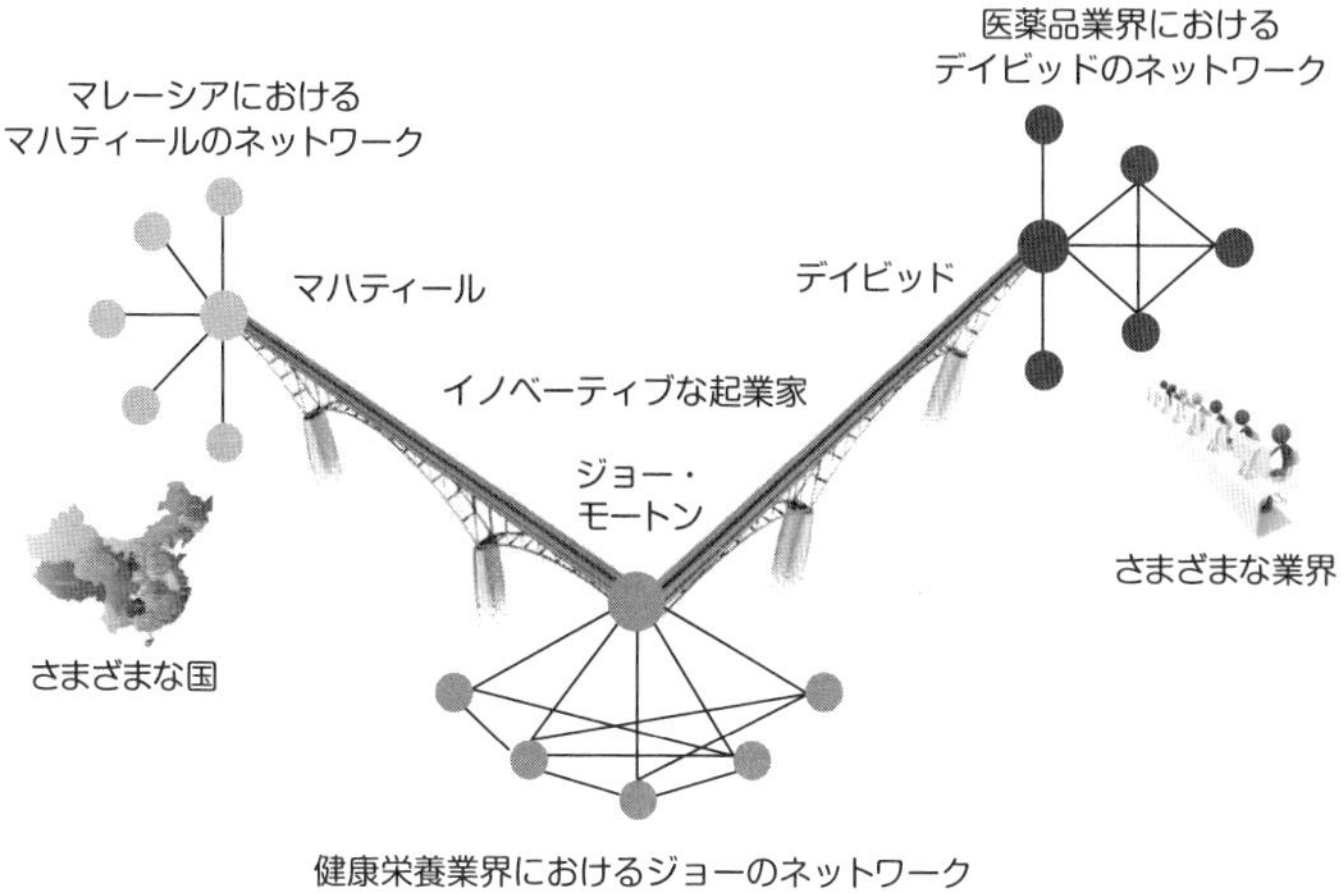

図5-2　新しいアイデアを得るために社会的ネットワークの橋渡しをする

健康増進効果があることが、多くの研究によって示されていた。そうした効果の1つに、マハティールなどマレーシアの友人たちが教えてくれた、抗炎症効果があった。モートンはこの知識と、健康栄養業界の人脈（共同創業者のアーロン・ギャリティと、もう1人の弟ゴードン・モートンを含む）をもとに、2002年にザンゴを創業し、マンゴスチンの「ザンゴジュース」を発売した。独創的な新商品と斬新なネットワークマーケティングの手法によって、ザンゴはわずか6年で年商10億ドルを達成した（2017年にジージャ・インターナショナルに買収された）。

もしもモートンがマハティールなどのマレーシア人と話さなかったら、マンゴスチンのジュースというアイデアを思いつかなかっただろう。モートンは、アメリカの健康栄養業界の人脈と、マレーシアの民間療法で使われる薬草や果物のことを教えてくれた現地の人脈との架け橋になった。その結果生まれたアイデアは新しい大ヒット商品につながった。

多くのイノベータが、モートンのように外国を訪れたり暮らしたりして、現地の人と話し、新しいアイデアを思いついたと言っている。ふだんとまったく違う環境（国、会社、業界、民族集団など）に身を置くと、ふだんと違う社会的ネットワークの人たちとの交流が増える。新しい環境にいると、ものごとの仕組みや成り立ちについて、人にどう思われるかを心配せずに初歩的な質問ができる。

この種の人脈づくりは幸運な発見を生むことも多い。私たちの調査では、起業家が人脈づくりを通して得たアイデアの約半数が、たまたま得られたものだった。だが起業家がなぜ「たまたま」それを思いついたかと言えば、問題を解決するアイデアを意識的に探し求め、積極的に受け入れようとしたからだ。たとえばカート・ワークマンの例がある。ワークマンは赤ちゃんの呼吸や心拍数を見守り、異変を親に知らせる「スマート靴下」を開発した会社、アウレットの共同創業者だ。ワークマンは大学で工学を専攻していたとき、友人でユタ大学病院の看護師として働くタナー・ホッジスと話してアイデアを得た。ホッジスは看護師の仕事で抱えている問題をワークマンに打ち明けた。特に認知症の患者は、酸素濃度を測るために指先につけたパルスオキシメーターのコードをしょっちゅう引っ張り、警報を鳴らしてしまう。ホッジスは認知症の患者が指からコードを外さないように、耳につける無線のパルスオキシメーターがあったらいいのにと言った。ワークマンは熱心に聞いていたが、そのアイデアが持つ可能性を本当の意味で理解したのは、何カ月か経ってからのことだった。ワークマンは妻のシェイと、妊娠した場合の問題について心臓専門医の意見を聞きにいった。シェイには先天性の心臓疾患があり、生後まもなく呼吸停止して病院に搬送された経験があった。ワークマン夫妻の子どもも同じ欠陥を持って生まれる可能性があり、ワークマンのいとこもＳＩＤＳ（乳幼児突然死症候群）で亡くなっていた。「診察室から帰る車のなかで、子どもの異変を知る方法はないだろうかと考えていたのを覚えています」とワークマンは言う。「そのときホッジスが話していたアイデアをふと思い出して、ひらめいたんです。『あれは子どもを家庭で見守るためのすごい技術になるぞ』と」。ワークマンはホッジスに電話をかけ、無線式のパルスオキシメーターは赤ちゃんの家庭用見守り機器になると話した。アウレットはこうして開発された。アウレットは柔らかい靴下状の赤ちゃんモニターで、呼吸停止や心拍数の急変を親に知らせる。アウレットは親に安心感を与え、フォーブス誌に「次の10億ドル規模のスタートアップ」と呼ばれた。２０１９年の売上は1億ドルに達する見込みである。※7

私たちの調査では、多くのイノベータがカート・ワークマンやジョー・モートン、ギャレット・キャンプらと同様、何かを学ぶためにことあるごとにいろいろな人と話していた。この習慣は幸運な偶然につながり、斬新なアイデアを生むことが多い。ただしアイデア人脈を活用する人は、外部の専門家の意見を聞いたり、交流会に参加したり、クリエイティブな相談相手を集めた私的な人脈づくりに励むことも欠かさない。

外部の専門家に協力を求める

私たちの調査では、イノベータは意識的に行う人脈づくりとして、異分野の専門家の協力を得ていることが多かった。たとえばマサチューセッツ州ノートンに本拠を置くCPSテクノロジーズの例を考えてみよう。CPSは先端素材業界でも指折りのイノベーティブな企業で、従来型素材よりも熱伝導性や剛性、軽量性に優れた、きわめて先端的で革新的なセラミック複合材を開発している。CPSの創業科学者で最近引退したケント・ボーウェンは、社内のすべての部屋の壁に次の経営理念を掲げ、人脈づくりを会社の優先事項にした。

私たちが抱える困難な問題を解決するためには、ほかの産業や科学分野の知見が必要だ。社外での発見や前進を、積極的に、誇りをもって業務に取り入れよう。

ボーウェンが技術的な問題で行き詰まったとき必ず問いかけた質問の1つが、「前にこの種の問題を経験した人や解決した人はいるか?」だった。ほかの専門や分野の人々と積極的に交流し、彼らの研究や知識を自社の問題に利用できないかと考えた。CPSの科学者はこうして異分野の人々と話し、数々の複雑な問題を解決してきた。

たとえばCPSのセラミック複合材は、均一なサブミクロン物質(酸化アルミニウムと炭化ケイ素)を混合してスラリー状にしたものだ(スラリーは泥状の流動体で、たとえばコンクリートの原料となる水とセメントの混合液などがその一例である)。強度が高く欠陥のないセラミック製品をつくるには、サブミクロン物質を均一に分散させることがカギになるが、その方法は世界トップクラスのコロイド科学者にさえ開発できていなかった。ボーウェンは、写真フィルムメーカーが製造工程で大量のハロゲン化銀微粒子を分散させていることを知り、ポラロイドの主任ポリマー化学者に話を聞いた。化学者から得た新しい知識を利用して、CPSは数週間のうちに問題を解決し、セラミック複合材の強度を大幅に高めることができた。

またCPSは品質に関わる別の重大な問題を、精子凍結の専門家の協力を得て解決した。スラリー状のセラミック素材を金型に流し込み、凍らせて成形すると、氷の結晶が生成される。この氷晶がコンクリートのひび割れのような亀裂を生じるため、厄介な問題になっていた。CPSの技術者は科学誌を読んで、人工授精を行う生物学者が同じ問題を抱えていることを知った。精子凍結の専門家は、凍結中に細胞内での氷晶の成長を抑制する方法を知っていた。CPSは専門家に相談し、その技法を学んで製造工程に取り入れた。こうしたイノベーションが全体として実を結び、CPSは世界で最も強度と軽量性に優れたセラミック複合材の開発に成功した。他の業界や研究分野の協力を積極的に得るというボーウェンの姿勢が、革新的なアイデアを生み出す原動力になったのだ。

異分野の専門家との人脈づくりにはメリットも多いが、インテュイットのスコット・クックは、専門家と話すことがイノベーションを生み出す最善の方法とは限らないと釘を刺す。「問題を解決したり新規事業のアイデアを得るには、発想の大転換が必要な場合があるが、専門家と話すことで発想が凝り固まってしまうことがあります。発想を転換するには、専門家と話すよりも、顧客の様子や市場で起こっていることを観察した方がいい場合もあるんです」。専門家から得た新しい考えや視点をもとに革新的なアイデアが生まれることもあるが、偏った考えに凝り固まった専門家もいるのだ。専門家と呼ばれる人に話を聞くときは、彼らの常識を疑うような質問をして、適度な懐疑心を持ちながら、じっくり耳を傾けよう。

アイデア人脈の催しに参加する

第1章で紹介したように、フランス・ヨハンソンはこうした分野を超えた結びつきを、ルネサンス期のイタリアで起こった創造性の爆発になぞらえて、「メディチ効果」と呼んだ。TED会議の創業者リチャード・ソウル・ワーマンも、現代版メディチ家として、多様な分野の専門家が最先端のアイデアを共有する場を生み出した。ワーマンは1984年にテクノロジーとエンターテインメント、デザインの融合が進んでいることに目をとめ、さまざまな分野で活躍する知的な人々が取り組み中の新規プロジェクトについて話す、アイデア促進の場を設けた。TEDの年次会議では、講演者と聴衆がアイデアをぶつけ合い、さらによいアイデアを生み出そうとする。多様な背景を持つ知的な人々が、世界を変えるという共通の意識をもって結びつくうちに、TED会議は強力な新しいアイデアを生み出すための刺激的な場へと進化した（ビル・ゲイツは、「出席者のIQを合計するとすごいことになる」と言ったそうだ）。

イノベータはTED会議や世界経済フォーラムのダボス会議など、またアスペン・アイデア・フェスティバルなどのアイデア会議に頻繁に足を運ぶ。私たちの調査したイノベータの多くが、こういった催しの常連だった（たとえばジェフ・ベゾスもTEDに定期的に参加している）。このような会議は、世界中から起業家や研究者、政治家、冒険家、科学者、芸術家、思想家などを引きつけ、最新のアイデアや情熱、プロジェクトを披露する場となっている。多様な分野のアイデアを交換し議論するための会議に参加すれば、異なるアイデアのぶつかり合いが関連づける力を爆発的に高めるだろう。

自分の業界や専門分野と直接関係がない会議に出ると、新しいアイデアが浮かぶこともある。私たちが聞き取り調査をしたヨーロッパの運輸会社の幹部は、大都市の会議場のすぐ近くに住んでいて、毎日会議場の横を通って通勤していたが、なかに入ったことは一度もなかった。ある日彼は、自分とは何の関係もない会議の貼り紙に目をとめた。養蜂だった。どうしたわけか興味を覚えて、ふらりと立ち寄った。驚いたことに、これが計り知れないほど貴重な経験になった。養蜂から得たアイデアを利用して、仕事上の問題を画期的な方法で解決することができたのだ。以来、彼はまったく新しいことを学ぶために異分野の会議にせっせと足を運んでいる。

航空会社のジェットブルーとアズールの創業者デイビッド・ニールマンは、ジェットブルーの核となるアイデアを、世界各地の会議などで得た人脈を通じて発見し、開発した。たとえば衛星放送を楽しめる座席や、在宅勤務の予約係、エンブラエル社製の100人乗り機といったアイデアだ。ニールマンはこう語る。「僕は飛行機の座席ポケットが気に入らなくて、どうにかしなければと悶々と考えていました。どんな娯楽を提供できるだろうと、いろんな会社のいろんな人に聞き回りました。するとジェットブルーを立ち上げてまだまもない頃、誰かが教えてくれたんです。『機内でテレビの生放送を提供する会社がこのパンフレットに載っていますよ』と。『それだ、私たちがやりたいのはまさにそれだ』と思いました」

ニールマンはこの提案をただ実行に移すだけでなく、機内で衛星テレビ放送を提供するライブTVという企業を買収した。この技術を持つ唯一の企業を買収することで、ライバル航空会社が衛星放送サービスを提供できないようにして、競争上有利な立場に立ったのだ。最近まで、競合航空会社が機内で衛星放送を提供するためには、ジェットブルーからサービスを購入するしかなかった。

またニールマンは小規模航空会社の会議に出たとき、ブラジルの新興の小型機メーカー、エンブラエルの評判を小耳に挟んだ。すぐにブラジル出張の予定を入れ、エンブラエルを訪問して連携の機会を模索した。ニールマンはこのときの訪問で、エンブラエル製のジェットブルー特別仕様の100人乗り新型ジェット機を使えば、中規模の都市にフライトを飛ばせると考えた。衛星放送つきのゆったりした快適な座席を持つ100人乗りジェットブルー機は、50人乗りの小型ジェット旅客機よりずっと乗客ウケするし、ボーイングやエアバスの大型機より経済的だ。ジェットブルーは取引の一環として、エンブラエルから100人乗り機の2年分の製造能力を購入した。その後エンブラエルとの間で、ジェットブルーの購入価格を下回る価格で他社にジェット機を販売することを禁じる契約を交わした。

イノベータは会議に参加することに加え、社内でも人脈づくりの機会をつくっている。リチャード・

ブランソンはヴァージン・ミュージックの創業時、アイデア人脈の仕組みを導入した。古城を買い取り、ミュージシャンやアーティスト、プロデューサー、映画制作者など、エンターテインメント業界に身を置く多様な人材が交流できる場所にした。ヴァージンの社内に人脈づくりの機会を設けることで対話が促され、それが革新的なアイデアを生むかもしれないことを、ブランソンは理解しているのだ。

私的な人脈をつくる

私たちの調査したイノベータの多くが、新しいアイデアを探したいときや試したいときに頼りになる、少人数の人脈をもっていた。たとえばジェフ・ジョーンズ（キャンパス・パイプラインとＮ×ライトの創業者）やエリオット・ジェイコブセン（ロケットフューエル・ベンチャーズ）などのイノベーティブな起業家は、新しい着想を得るために仲間で集まって、ジャズでいう「ジャムセッション」のような自由な話し合いをするという。「創造性を高めたいときに会う仲間がいるんです」とジョーンズは教えてくれた。「エリオット・ジェイコブセンも、定期的に会いたい友人の1人です。彼とは創造性でつながっているから」

このように多くのイノベータが、斬新なアイデアがほしいときや、今温めているアイデアに疑問を投げかけてほしいときに頼りになる、少人数のクリエイティブな相談相手をもっていた。この人脈は少人数（5人まで）のことが多かったが、大人数の人脈を積極的に築いているイノベータもいた。たとえばあるイノベーティブな企業幹部は、長年かけてさまざまな業種の20人や30人の私的な顧問団をつくり、イノベーションの助言をもらっていた。年に一度は電話をかけて、「今一番気にかかっている問題は何ですか？」とたずねていた。「ほとんどが企業経営者か業界の重鎮で、とても具体的な話をしてくれます。そういう多様な会話の断片をつなぎ合わせて、傾向や方向性をつかみ取っているんです。断片がぴったりかみ合って新しいアイデアが驚くほど鮮やかに浮かび上がることがありますよ」

人脈づくりは大切だが、多くの経営幹部が新しいアイデアを誰かと率直に話し合いたいとき、幹部ならではの問題に悩まされる。知的所有権の問題もあるし、経営幹部は自分が生み出した現状に異議を唱えにくい立場にある。「CEOという立場上、根本的な疑問を公言できるような場はほとんどありません」と、あるイノベーティブなCEOは言っていた。「だから私設顧問団をつくったんです。みんな年配の経験豊かな人たちなので、考えていることを気軽にぶつけられるし、勘や推測が外れたって気にする必要がありません。CEOになると、人前で何を話すか、誰と話すかに特に気をつけなくてはならないんです。だから少なくとも私は、私的なアイデア人脈を持つようにしています」。同じ理由から、重要でデリケートな戦略上の問題を話し合うには、**信頼のおける**相談相手の人脈を築くことが大切だ。信頼できる多様な人脈は、キャリアを通じて築くのがよい。多様な人々と関係を築くには時間と経験が必要だからだ。だがクリエイティブな少人数の私設顧問団を持つことができれば、大きな見返りが得られるだろう。

イノベータはアイデア人脈を通じて、新しいプロセスや製品、サービス、ビジネスモデルを生み出し、優れた成果を挙げている。人々とのさまざまな会話からひらめきを得て、考えに磨きをかけるうちに、新しいアイデアが次々と飛び出す。マイケル・デルはこう言っていた。「デルでどうやってイノベーションを起こしているのかと聞かれると、いつも答えに困ります。アイデアを出し合って、みんなで協力して行っているからです。みんなで『これはどうだ、あれはどうだ？』と言いながらやっているから、完成した頃にはもう『あれは誰それのアイデアだ』とは言えなくなっています。全員の指紋がべったりついてますから」。アイデアの所有権よりも、アイデア人脈を通してアイデアを発展させることをずっと重視しているのだ。

■人脈づくり ── 断られても平気？

人脈づくりの大切さはわかっていても、ほとんどの人は日常的に人脈を築く計画を立てていない。新しい人と知り合うのは、言うほど簡単ではない。なぜできないのか？　はっきり言ってしまうと、知らない人に近づこうとしないのは、自分に自信がないからかもしれない。相手にしてもらえないかもしれないことや、相手にしてもらえないことは、どんな人にもある。お会いできますか、お話しできますかと聞いて断られることもあれば、話したあとでそっぽを向かれることもある。では話したあとで断られる確率をできるだけ減らすにはどうしたらいいのか？　あなたのアイデアや考え方に興味がありますよと、全力で伝えるのだ。その思いが、人を助けたい、一目置かれたいという相手の願望をくすぐる。たいていの人は、意見や考えを求められるといい気分になる。あなたが興味を持っているのは相手のアイデアであって、資金ではないことを伝えるのが先決だ。

めでたくアイデアを交換するチャンスをつかんだら、将来の対話の扉を開いておくために、おもしろい話し相手と思ってもらえるように努力しよう。どうしたらおもしろい話し相手になれるのか？ 2つの方法があるようだ。まず、経験の幅がものをいう。いろいろな場所を訪れ（中国、オーストラリア、イタリアなど）、経験を積み（ブロードウェイ観劇、スキューバダイビングなど）、本を読み（小説や歴史など、いろいろなジャンルの本）、幅広い人脈を持っている（「ええ、その方のことは知っています。どこどこでお会いしました……」）人は、おもしろいと思ってもらえることが多い。2つめとして、アイデアがほしい問題について、相手の興味をわしづかみにする簡潔な説明を周到に準備しておこう。解決しようとしている問題や課題に関するおもしろい話ができれば、興味をもってもらえる。幅広いテーマで手短に興味深い話ができれば、おもしろい人と思われる確率が高まる。もちろん、ユーモアやウィットはあるに越したことはないが、それを身につけるにはかなりの練習が必要だ。

人脈を通して斬新なアイデアが得られるのは、多様な社会的ネットワークに属する人々と会話をするときだ。つまり、さまざまな部署や企業、業界、国、民族、社会経済的地位、年齢（ティーンや高齢者など）、政党、宗教の人たちと話すということだ。多様な人脈が多様なアイデアを生む。TEDのようなアイデア会議に参加すると、人脈の幅を一気に広げられる。また、何かの問題にぶつかったら、「これと似たような問題に直面した人はいるだろうか？」と考え、そういう人たちと話をしてみよう。

人脈力を伸ばすためのヒント

人脈力を高め、強化するには、こんな活動がお勧めだ。

ヒントその1――人脈の多様性を広げる

新しいアイデアがほしいときや、アイデアに磨きをかけたいときに、一番よく話す相手を10人書き出そう。今すぐリストアップしよう。その10人のうち、あなたとまったく違う背景や視点をもっている人は何人いるだろう？　たとえばティーンは何人、75歳以上は何人いるか？　違う国で生まれ育った人は？　社会経済的地位がまったく違う人は？　今の人脈があまり広くないか、幅広くない場合、表5-1の項目であなたとかけ離れた人たちと積極的に会い、アイデアのストックを増やそう。

ヒントその2――ランチやディナーで人脈づくり

自分と違う背景を持つ人と週に一度は食事をする計画を立てよう。ロケットフューエル・ベンチャーズのエリオット・ジェイコブセンは、毎週のように新しい知り合いと朝食か昼食、夕食をともにしている。「それに、創造性豊かで違う視点を与えてくれる人たちともしょっちゅう会っていますよ」と彼は言う。「新しい事業のアイデアを思いつくのに、人脈づくりは欠かせません。食事はそのための時間です」。食事で人脈づくりをするコツを知りたい人は、キース・フェラッジとタール・ラズの『一生モノの人脈力』を読むといい。

ヒントその3――来年は2度以上会議に参加する計画を立てよう

自分の専門分野と関係のあるテーマの会議と、無関係なテーマの会議を1つずつ選んで参加しよう。努めて新しい人たちと知り合い、彼らがどんな問題や課題に取り組んでいるかを知ろう。あなたが取り組んでいる問題や課題について、アイデアや意見を求めよう。ガリレオ・ガリレイの名言を思い出そう。「学べるところが何もないほど無知な人など1人もいない」。どんな人に会っても、何が学べるだろうと考えよう。

ヒントその4――クリエイティブな仲間をつくろう

新しいアイデアを自由に議論し、創造的思考に刺激を与え合える仲間を選ぼう。創造性をかき立てるような場所で、アイデアを交換したり、新しいアイデアを生み出したりしよう。定期的に（月に一度以上）集まって、世のなかの動向や新しいアイデアを話し合おう。

ヒントその5――外から人を招こう

多様な背景（事業分野、職業、企業、業界、国、年齢、民族、社会経済地位など）を持つ優秀な人を、週に一度同僚たちとのランチに誘おう。あなたの会社のイノベーションの課題を相談し、アイデアに意見を求めよう。2人から4人ほどのいろいろな考えを持つ人たちや、状況を知らない、専門外の人たちを招いてアイデアや意見を披露してもらい、自由な討議を行おう。

ヒントその6――別の分野の研修を受ける

異なる事業分野や業界、地域の専門家が開催する研修や会議に参加して、別の仕事や世界を体験しよう。たとえばグーグルとP&Gのマーケティング担当者は1カ月間仕事を入れ替わって、お互いの世界への理解を深めるとともに、お互いの業界の基本常識に新風を吹き込んだ（第9章で説明する）。

名前	出身国	業種	性別	職業	役職	年齢（あなたと20歳以上離れているか）	政治観	社会経済的地位
1.								
2.								
3.								
4.								
5.								
6.								
7.								
8.								
9.								
10.								

表5-2　アイデア人脈を広げる

第6章

発見力その5

実験力

「失敗などしていない。
……うまくいかないやり方を
1万通り見つけただけだ」

――――

トーマス・エジソン

「実験」と聞いてほとんどの人が思い浮かべるのは、白衣を着て研究室で実験する科学者や、トーマス・エジソンのような偉大な発明家だろう。エジソンと同様、ビジネスの世界のイノベータも、試作品をつくったり試験運用を行ったりして、新しいアイデアを積極的に試している。だが科学者と違って研究室で実験をするわけではない。彼らの研究室は、現実の世界だ。また、試作品をつくるだけでなく、新しい体験をしたり、製品やプロセスを分解したりして、革新的で斬新なアイデアのもとになる新しい情報を得ようとする。質問・観察・人脈づくりは、過去（どうだったか）と現在（どうなのか）の情報を与えてくれるが、未来（これからどうなるのか）の情報を得るには実験が一番だと、優れた実験家は知っている。言い換えれば実験とは、新しい解決策を探す際に、「もし〜だったら」の仮定の質問に答える最善の方法なのだ。実験しなければ、前進するために必要な情報が得られないことも多い。アメリカ統計学会の元会長ジョージ・ボックスは、未来について考える際に実験がいかに大切かを、ひと言で強調している。「複雑なシステムを変更したらどうなるかを知るには、実際にシステムを変更してどうなるかを調べるしかありません」。まさにこれが、破壊的イノベータが実験を行う目的である。実験を行うことで、そのアイデアが実際にどれだけうまくいくかを知るための重要な情報を手に入れ、それをもとに革新的なビジネスモデルを少しずつつくっていく。

アマゾンの創業者ジェフ・ベゾスは、ウォール街のヘッジファンド、D・E・ショーで働きながら、新しい事業機会のアイデアを実験していた。1994年5月、ベゾスはマンハッタン中心部に建つビルの39階のオフィスで、当時まだ未成熟だったインターネットを探索していた。いろいろ見て回っていると、インターネット利用の伸び率を記したウェブサイトがあった。ベゾスは目を疑った。このサイトによれば、インターネットは年率２３００％という、すさまじい勢いで成長していた。「あれにはハッとさせられました」と彼は言う。「人間にとって爆発的成長は理解しがたいものなんです。ふだんの生活では起こらないことですから」。インターネットと呼ばれる新しいテクノロジーには、どんな事業機会が期待できるのだろう？

ベゾスの頭には次々と質問が浮かんだ。人が実際に店に行かずに買うものはどんなものだろう？　店でよりも通信販売で買いたいものは何だろう？　ベゾスはカタログ販売の売上上位20品目を調べ、消費者はよく知った標準的な商品を通販で買う傾向にあると結論づけた。上位20品目に本は入っていなかった。本は標準的な商品なのに、なぜ入っていないんだろう？　少し調べると、本は刊行点数が多すぎて１冊のカタログに情報を載せきれないからだと気がついた。それに、たとえすべての本を網羅したカタログがあったとしても、そんなカタログは巨大で郵便で送るには料金がかかりすぎる。だがインターネットはそうしたカタログを提供するのにうってつけの媒体だと、ベゾスは見て取った。データは揃った、あとは本のネット通販が成功するかどうか実験するだけだ、とベゾスは考えた。

ベゾスはその年のうちにアマゾンを立ち上げ、「地球最大の書店」と呼んだ。アマゾンは本の保管と発送は書籍卸業者のイングラムに委託し、店舗や倉庫、在庫への投資は行わずに、どこよりも豊富な品揃えの本を販売した。だがベゾスはただ本を売るだけにとどまらない、大きな夢をもっていた。アマゾンが黒字化もしないうちから、ゆくゆくはおもちゃからテレビまでのあらゆる商品を販売する、オンラインディスカウント小売業者にしたいと考えていた。ベゾスは恐ろしくリスクの高い賭けに出た。全米数カ所に約８万平米の巨大倉庫を建設することにしたのだ。倉庫の稼働率は当初10％を見込んでいた。

計画が発表されるとアマゾンの株価は急落した。なぜアマゾンは「実物資産ゼロ」のもとのビジネスモデルを捨てるのかと、アナリストたちは理解に苦しんだ。

もちろん、今ではアマゾンは多種多様な品目を扱い、効率的な倉庫とフルフィルメント（受注から配送までの業務）機能を有する、世界最大級のオンラインディスカウントストアである。何より、アマゾンは物流会社でもあり、ほかの出品者の商品を販売する仮想商店街でもあるという点で、ベゾスが当初抱いていた事業構想とはかけ離れている。だがベゾスはビジネスモデルの実験をこれでおしまいにするつもりはない。２００７年には電子書籍端末Kindleを発売し、この実験によってアマゾンを再びつくり替えた。アマゾンは他社製品を販売する小売業者というだけでなく、最新の電子機器を製造するメーカーになり（２０１０年にiPadが発売されるまで、Kindleはタブレット機の市場シェアの90％を占めていた）、その後ＡＩアシスタントのAlexaを導入した。ベゾスはクラウドコンピューティング・サービス（アマゾンウェブサービス）によってもアマゾンをつくり替えた。オンライン小売事業のためのサーバや周辺機器への莫大な投資を有効活用して、データストレージと処理能力を圧倒的な低価格で法人向けに提供している。シリコンバレーの中小企業の25％がアマゾンのクラウドコンピューティングサービスを利用しているという推計もある。

ベゾスの実験好きはどこから来ているのだろう？　一部は明らかに遺伝的なものだ。彼のモノいじりは幼い頃に始まった。ベビーベッドに寝かされるのにうんざりして、ベッドをねじ回しで分解しようとした。12歳のとき、無限キューブという新しいおもちゃに魅せられた。電動の小さな合わせ鏡がお互いに反射し合って、無限に続いているように見えるものだ。ベゾスはこのおもちゃがほしくてたまらなかったが、とても高価だった。そこで鏡や部品を買って、誰から教わることもなく独自の無限キューブをつくった。生まれつき実験好きだという以外にも、毎年夏に祖父の農場で過ごしたおかげで、実験力に磨きをかけ、伸ばすことができた。「祖父と一緒に農場の道具を修理したことが、創造的な能力への自信につながりました」と彼は話してくれた。「修理にお金をかけられないことが多かったから、間に合わせで何とかするしかありませんでした。分厚い説明書だけを頼りに、キャタピラー製のトラクターを直すのを手伝ったこともあります。ある方法がうまくいかなかったら、また分解して別の方法を試すことを学びました」

ベゾスはこうした経験から、イノベーションには実験が欠かせないことを知り、アマゾンで実験を制度化しようと努めてきた。「実験はイノベーションのカギです。予想通りの結果が出ることはめったにないし、実験を通して本当に多くのことを学べるから」とベゾスは言う。「社員には、あえて袋小路に入り込んで実験しろ、とハッパをかけています。実験にかかるコストを減らして、もっと実験できるようにしています。実験の回数を100回から1000回に増やせば、生まれるイノベーションの数も劇的に増えるんです」

3つの実験方法

私たちの調査では、新規事業を立ち上げたイノベータと新製品を考案したイノベータが、最も実験力に優れていた（図6-1）。これは当然だ。スタートアップ起業家と製品イノベータは、まったくゼロから始めて新しいものを市場に送り出す場合が多いからだ（彼らはリスクを取る力でもさらに高い得点を挙げた）。すべての発見力のなかで、イノベータと非イノベータを最も区別する能力は、実験力だった。非イノベータの実験力はわずか39パーセンタイル（上位61％）だった。したがって、創造とイノベーションに長けた人材がほしいなら、実験力を見るといいだろう。

　私たちが調査したイノベータのほとんどが、次の3種類の実験の少なくとも1つを行っていた（図6-2）。第1に、探求を通じて新しい体験を試すこと。スティーブ・ジョブズがインドの僧院に暮らしたり、リード大学でカリグラフィーの授業をのぞいたりしたのが、この好例だ。第2が、物理的にであれ頭のなかであれ、ものを分解すること。マイケル・デルは16歳のときにパソコンを分解した（詳細はあとで）。第3が、試験運用や試作品を通してアイデアを試すこと。たとえばレント・ザ・ランウェイの共同創業者ジェニファー・ハイマンは、デザイナーズブランドのドレスのレンタルの方法を試した（詳細はあとで）。イノベータはこの3種類の実験手法のどれかを行いながら、最高のアイデアを生み出すことが多かった。

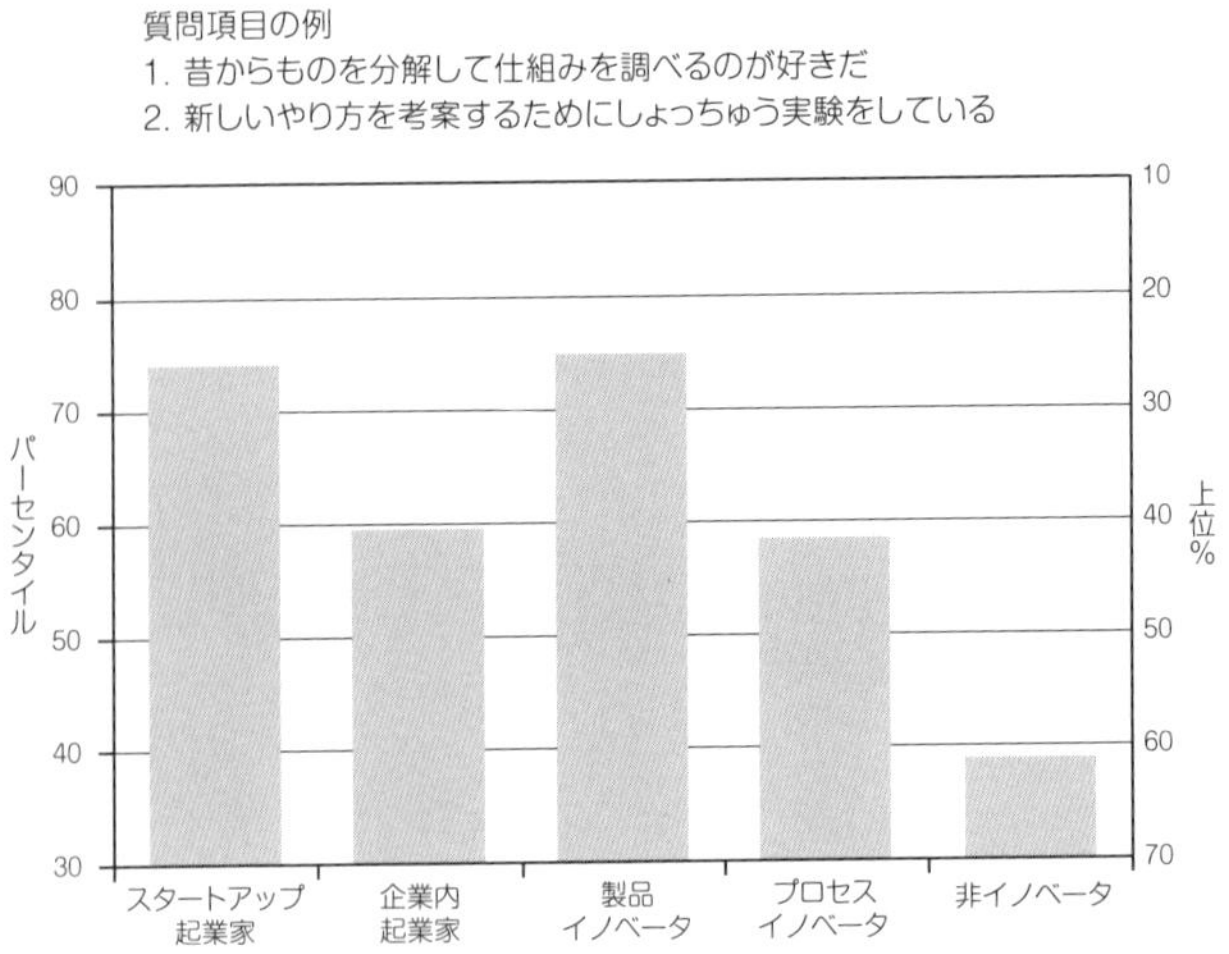

図6-1　イノベータと非イノベータのタイプ別実験力比較

一般に実験と聞いて頭に浮かぶのは、第3の方法だろう。よくある研究室的な手法は、試作品をつくってアイデアを試す方法だ。エジソンもこれを頻繁に行い、次の名言を残した。「失敗などしていない……うまくいかないやり方を1万通り見つけただけだ」。だがイノベータがどうやって新しいアイデアを育んでいるかを理解するには、実験というものをずっと幅広くとらえる必要がある。たとえば、ただ新しいことを試しているときは、意識してアイデアを検証しているわけではない。何か学べることはあるだろうかと試しているだけにすぎない。物理的にであれ頭のなかであれ、ものを分解するのもそうだ。マイケル・デルは初めて買ってもらったコンピュータを分解したとき、新しいコンピュータやコンピュータの会社をつくろうとしていたわけではなく、ただどんな仕組みになっているのか知りたかった。また試験運用や試作品を投入して、様子を見ながら随時修正していくのも、立派な実験だ。ベゾスはオンライン書店の初期の成功に安住しなかった。アマゾンをおもちゃから家電製品まであらゆる商品を扱うオンラインディスカウントストアにつくり替えた。

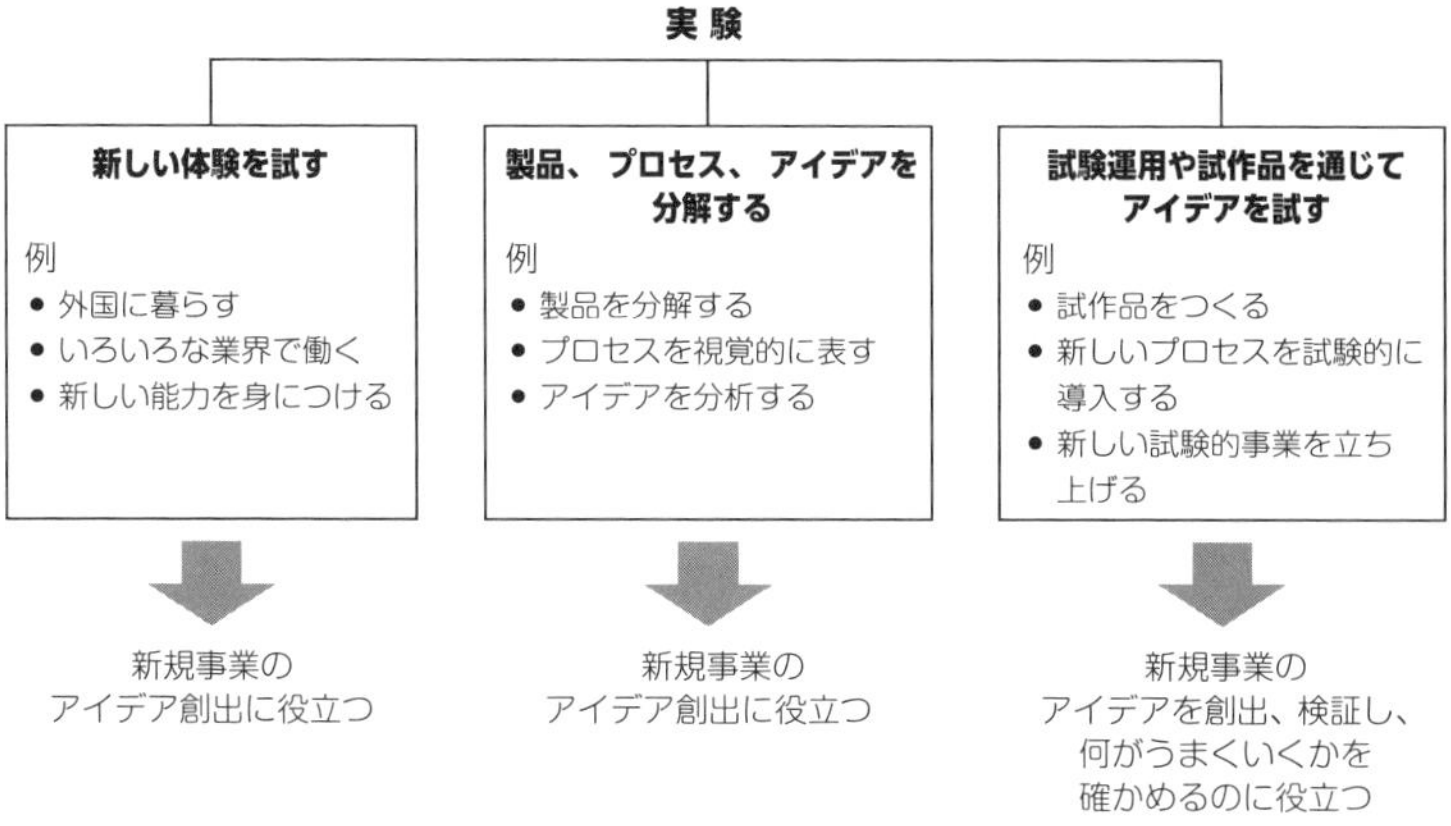
実験
新しい体験を試す
例
● 外国に暮らす
● いろいろな業界で働く
● 新しい能力を身につける
製品、プロセス、アイデアを分解する
例
● 製品を分解する
● プロセスを視覚的に表す
● アイデアを分析する
試験運用や試作品を通じてアイデアを試す
例
● 試作品をつくる
● 新しいプロセスを試験的に導入する
● 新しい試験的事業を立ち上げる
新規事業のアイデア創出に役立つ
新規事業のアイデア創出に役立つ
新規事業のアイデアを創出、検証し、何がうまくいくかを確かめるのに役立つ

図6-2 イノベータの3つの実験方法

ヴァージンはレコード会社として始まったが、リチャード・ブランソンはヴァージン・レコードから、ヴァージン・アトランティック航空、そして大富豪の顧客を宇宙に連れて行くことを計画する、夢想的なヴァージン・ギャラクティックまでのあらゆる種類の新規事業を立ち上げた。アップルもコンピュータ会社であることにとどまらず、音楽（iPod）やスマートフォン（iPhone）、タブレット（iPad）、腕時計（Apple Watch）などの成功した製品のほか、成功はしなかったが携帯情報端末（ニュートン）、デジタルカメラ（アップル・クイックテイク）などの製品を発売している。イノベータが実験家だということは新しい発見ではなく、誰でも知っている。だがイノベータが新しいアイデアにつながるひらめきを得るためにどんな方法で実験を行っているかは、あまり理解されていない。

新しい体験を試す

新しい体験を試すことは、望ましい学習成果が直接得られない限り、時間の無駄だと考える企業幹部が多い。実行志向の企業幹部は、当面の問題を効率よく解決することに集中するから、今取り組んでいる課題と直接関係のない行動をすべて時間の無駄とみなす。一方、発見志向の企業幹部は、新しい体験を試すことは双方向の学習であって、もしかすると実用性がないかもしれないと割り切っている。実際、正味現在価値（投資総額を現在価値に割り引いた金額）の考え方でいくと、発見力を駆使するのに費やした時間は、実を結ぶまでとても時間がかかるかもしれないし、そもそも実を結ぶかどうかさえわからない。ジョブズはカリグラフィーの授業に出ているとき、それが実際に何かの役に立つとか見返りを生むなどとは考えもしなかった。だがカリグラフィーの体験は、美しいフォントの文書という、初代マッキントッシュコンピュータの重要な差別化要因になった。

幅広い経験をしている人は、より幅広いアイデアをもとに関連づけを行うから、拡散的に考えることができる。「もちろん、大学にいた頃は、将来を見据えて点と点をつなげることなどできませんでした」とジョブズは語っている。「でも10年経って振り返ってみると、つながりがとてもはっきり見えたのです。だから、バラバラの点でもいつか何らかのかたちでつながると信じなくてはなりません……点と点がいつか必ずつながると信じていれば、誰もが通る道を外れても、自分の心に従う自信が生まれます。これが人生に大きな違いをもたらすのです」[※1]。新しい体験は金銭的な価値を生まないかもしれないが、破壊的なアイデアを探すときに役立つかもしれない。

たとえばクリステン・マードックの例がある。彼女は牛糞《カウパイ》を文字通りお金に換える方法を編み出した。アメリカ内外で話題になった、少々悪趣味だがおもしろい新製品、「カウパイ時計」をつくったのだ。もちろん、マードックはある朝目覚めて突然、「砂漠で干からびた牛糞を拾ってきて、上薬をかけて時計を埋め込んで、奇抜な時計がほしい人に売りましょう」などと思いついたわけではない。ある日ユタ州南部の砂漠地帯で息子たちがオートバイを乗り回すのを見ているとき、何かを踏んづけた。「おかしな形をした、コチコチに固まった牛糞が落ちていたんです。手に取ってにおいを嗅いでみたら、全然においませんでした。干からびていたから」と彼女は言う。「その辺に落ちていた牛糞を拾い集めて家にもち帰り、ガレージに入れておきました。子どもたちは不気味がっていたけれど」。そのときは牛糞で何をするつもりもなく、ただおもしろいと思っただけだった。

何日かすると牛糞はボロボロになり始めた。形を留めるために上薬を塗ってみると、いい感じになった。つやつやした木の化石のように見えた。いろいろな色が混じり、おもしろい石が埋まっていて、きれいだと思った。ある晩、マードックはベッドに寝転びながら、石化した牛糞に時計を埋め込んで、おもしろギフトにしたらどうだろうと考えた。さっそく牛糞に時計を埋め込み、「元気かい、クソったれ」「感謝とこやしをこめて」などのダジャレを添えて、女友だちに贈った。「女友だちは誰も喜んでくれませんでした」と彼女は言う。「とても嫌がられました。……すごく悪趣味だと思ったみたい」。だが親戚に時計をプレゼントしたとき、大きな転機が訪れた。親戚はタレントのダニー・オズモンドの友人だった。マードックはオズモンドに電話で頼まれて、1つつくってあげた。数週間後、親戚が電話をかけてきた。「今すぐオズモンドのトークショーを見て！」。テレビをつけると、オズモンドがあの時計を全米の視聴者に見せびらかしていたのだ。注文の電話がジャンジャン鳴り始め、マードックは急遽ネットショップを立ち上げた。カウパイ時計は置き台つきで、「ハッピーバースデイ、クソったれ！」のようなメッセージが入っている。その後、時計には顧客の好きなメッセージを入れられるようにした。ネットショップのサイトにはお勧めメッセージのリストがあり、顧客や友人の注文したメッセージの例が続々と追加されている。

だが彼女はそこで終わりにしなかった。選り抜きのメッセージで、カウパイの挨拶カードをつくった。グラフィックデザイナーを雇って牛と牛糞のシンボルマークをつくり、カウパイシリーズの挨拶カードを作成して、ホールマーク社に売却した。この事業は大きな利益を生んでいる。カウパイのアイデアとブランドに使用料が支払われ、カードを実際に印刷する必要もない。ジョブズのカリグラフィーの体験と同様、マードックも牛糞あつめを実生活に活かせるかどうかなど知りようもなかった。ただ砂漠を散策しながら好奇心の赴くまま牛糞を拾い集めたことで、すべてが始まった。マードックは自分の成功を、冗談めかしたひと言で表した。「私は糞業家なんです」

ベゾスやマードックのようなイノベータは、新しい環境で新しい体験を試すことの価値を、直感的に理解しているようだ。私たちのイノベータ調査では、イノベータが行う最も効果が大きい実験は、異文化のなかで暮らしたり働いたりすることだった。多くの国で暮らしたことがある人ほど、その経験を活かして画期的な製品やプロセス、事業を生み出す可能性が高い。海外で3カ月以上暮らした経験がある人は、革新的な新規事業を立ち上げるか、革新的な製品を発明する可能性が35％高い（暮らした国の数が1国増えるごとに、海外生活から得られるメリットは増加するが、国の数が2カ国を超えるとメリットの増分は逓減する）。さらに、CEOが就任前に1カ国以上で国際業務を経験している企業は、そうでない企業に比べて財務成績がよく、業績は平均7％高い。※2 この業績の上乗せ分の一部は、CEOが海外生活から得たイノベーション能力によるものだ。

たとえばP&Gの元CEO、A・G・ラフリーは、学生時代にフランスで歴史を学び、その後在日米軍基地で小売業務を運営し、P&GでもCEOになる前に日本に戻ってアジア地域を統括した。こうした豊富な国際経験が、世界で最も古く最もイノベーティブな企業に数えられるP&Gを率いるうえでとても役に立った。大成功を収めているネットフリックスの創業者CEOリード・ヘイスティングスも、平和部隊の一員としてスワジランドで働いた経験を、今もネットフリックスの革新的な戦略とリーダーシップに活かしている。

同様に、多くの業界や企業で働いた経験がある人ほど、イノベータである確率が高い。経験した業界が1つ増えると、暮らした国が1つ増えるよりもさらにイノベーション能力が高まる。異なる企業環境に身を置くことで、多様な人材やプロセス、製品の経験が深まる。また企業や業界の独自の手法を学び、問題解決の幅が広がる。ラフリー率いるP&Gと、創業者ラリー・ペイジとセルゲイ・ブリン率いるグーグルは、異なる企業環境での仕事の進め方を学ぶことの重要性を踏まえて、3カ月間の社員交換を行った。両社の社員は、自社とはまったく違うが非常に成功している会社の仕事の進め方を学んだ（第9章でくわしく説明する）。こうした経験を積むことで、問題を多様な角度や視点から見られるようになる。

最後に、ちょうどジョブズがカリグラフィーを学んだように、異なる領域の新しい技法を学ぶことによっても、イノベーション能力を高めることができる。クライミット保温ベストを発明したネイト・オルダーは、ブラジル旅行中にスキューバダイビングを体験した。スキューバ認定コースを受講したときに、スキューバでは防寒のために断熱性の高いアルゴンガスをドライスーツに入れることを知った。「へえ、すごいアイデアだな。アルゴンガスをスノーボードのジャケットに注入したら暖かいんじゃないか？」とオルダーは考えた（オルダーは当時スノーボードのインストラクターをしていた）。この経験をきっかけに、アルゴンガスを使ったクライミットベストなどの多くの製品が生まれた。第2章で説明したように、イノベータはT型の専門知識をもっていることが多い。少なくとも1つの専門分野に深く精通しつつ、多様な分野にまたがる幅広い知識をもっている。新しい分野の新しい能力を身につけることは、脳内の知識の幅を広げる優れた方法なのだ。

このように、異国に暮らすことと、異業種で働くこと、新しい能力を身につけることが、新しい体験を通して創造性を高めるための３種類の方法だ。実験家がこうした経験を積極的に求めるのは、知識の幅を広げ、イノベーションの能力を高めるためなのだ。

製品やプロセス、アイデアを分解する

1980年のこと、マイケル・デルは16歳の誕生日を前に期待に胸を膨らませていた。この誕生日は特別だった。両親がとうとうアップルⅡを買ってくれることになっていたからだ。いよいよパソコンが届くという日、デルは早く手に入れたくて、父親に車を出してもらって宅配便の営業所まで取りに行った。次に彼がやったことは、両親に衝撃と困惑を与えたが、のちに「デルのダイレクト販売」のビジネスモデルを見つけるカギとなった。「家に帰ったとたん、僕は車から飛び降りて大事な荷物を自室に運びました」とデルは言う。「真っ先にしたことは、コンピュータを分解することでした。親はカンカンに怒りました。アップルのパソコンは当時とても高価だったのに、僕が壊してしまったと思ったんですね。僕はただどういう仕組みになっているのか見たかっただけなのに」。アップルⅡのどこがすごいのかを知りたい一心で、デルはコンピュータの性能と処理速度を高めるためのさまざまな実験を行った。メモリやディスクドライブ、高速モデム、大型モニターなど、ありとあらゆる部品や機器を買い足してパソコンを増強した。やがてデルは「趣味」としてやっていることがお金儲けになることに気づいた。「車を改造して馬力を上げるように、僕はパソコンを増強しました。それを売って儲けたお金で、また同じことをやりました」とデルは言った。「そのうちコストを抑えるために、業者のところに行ってパ

ソコンの部品を大量購入するようになりました。あなたの部屋は修理工場みたいと、母がこぼしていたのを覚えています」

デルはまもなくパソコンの部品の価格にくわしくなり、重要なひらめきを得た。当時ＩＢＭのパソコンを店で買うと２５００ドルから３０００ドルした。だがまったく同じ構成部品を６００ドルか７００ドル出せば買うことができ、しかもＩＢＭはその技術を所有してもいなかったのだ。このとき重要な疑問が頭に浮かんだという。「なぜ店で買うパソコンは部品の5倍もの値段がするんだろう?」。最新の部品を購入して、顧客の望み通りの構成で組み立て、店で買うよりずっと安く提供できることに気づいた。デルの「ダイレクト販売」のビジネスモデルはこうして生まれた。

デルのような多くのイノベータが、製品であれ、プロセスや会社、技術であれ、何かを分解している最中に、革新的なアイデアを思いついている。グーグルのラリー・ペイジも、ものを分解するのが大好きないじくり屋だ。9歳のときに兄にもらったドライバーセットで家中の電動工具をバラバラにした。同じようにして、インターネットの効率的な検索に関するアイデアをいじくり回し、最終的に当時のほかの検索エンジンとはまったく違う、ページランクという検索方法を思いついた。やはり実験好きだったアルベルト・アインシュタインは、ニュートンの時間と空間の理論を、物理的にではなく頭のなかで分解して、革新的な相対性理論を生み出した。アインシュタインは「実験室ではなく頭のなかで純粋な思考実験をくり返すことによって」[※3]ひらめきを得たという。

要約すると、実験家は製品やプロセス、アイデアなどを分解して、その仕組みを理解するのが好きだ。何かを分解しながら、なぜこんな仕組みになっているのだろうと考える。この疑問をきっかけに、仕組みを改善するための新しいアイデアを生み出すことも多い。

試験運用や試作品で新しいアイデアを試す

ペイパルの共同創業者マックス・レブチンは、大学でコンピュータ科学を専攻し、セキュリティと暗号化技術に強い関心をもつようになった。セキュリティソフトウェア会社を立ち上げることを夢見て、1998年夏にシリコンバレーに引っ越した。ある暑い夏の日、夢を実現するためのアイデアを求めて、スタンフォード大学の暗号化技術の講義に顔を出した。講義に出ていたのはたった6人だったので、講師をしていたピーター・ティールと話をすることができた。ティールはヘッジファンドの経営者で、暗号化技術を利用して金融取引を保護することを考えていた。2人はたちまち意気投合し、パームパイロットなどの携帯端末に対応したセキュリティソフトの会社を始めることにした。

当初の構想は、クレジットカード番号やパスワードなどの個人情報を安全に送信できるソフトウェアを開発して、パームパイロットを財布代わりにする、というものだった。2人は大きな期待をもって製品を発売したが、市場規模の小ささをすぐに思い知らされた。パームパイロットのユーザーのうち、個人情報の保護に関心のあるごく少数にしか売れなかった。そこで別の事業のアイデアを試すことにした。パームパイロットの端末にお金をチャージして、別の端末にビーム送金するソフトウェアだ。

レブチンとティールは、パームパイロットの端末間でお金をやり取りするためのソフトウェアを開発した。この事業のアイデアはシリコンバレーの大手ベンチャーキャピタルの目にとまり、ベンチャーキャピタリスト御用達のレストラン「バックズ」で第1ラウンドの資金調達が行われた。ペイパルの出資者は、パームパイロットにあらかじめチャージしておいた450万ドルの投資資金を、レブチンとティールの端末に送信した。順調満帆な船出に思われた。

ペイパルは当初急成長を遂げたがまもなく頭打ちとなった。なぜなら市場はアメリカ国内の約300万人の携帯端末ユーザーに限られていたからだ。またレブチンとティールはすぐにこのビジネスモデルの別の問題点に気がついた。「パームパイロットの端末間でお金をやり取りするという当初の構想は、はっきりいって大間違いでした」とティールは教えてくれた。「だってお金をやり取りするために対面で会う必要があるなら、小切手を渡せばいいじゃないですか。でもこのアイデアをつくり上げていくうちに軌道修正を行い、それが本当におもしろいことになったんです」。軌道修正のきっかけは、パームパイロットをパソコンと同期させて、インターネット経由でパソコンから別のパームパイロットユーザーに送金したいという、顧客の要望だった。「僕らは電子メールにお金を添付するというアイデアを思いつきました」とティールは言う。「アメリカには1億2000万人の電子メールユーザーがいるから、このアイデアの方がずっと市場が大きかった。なにしろ対面で会う必要がないんです」

今日、ペイパルは世界最大手の電子メール決済サービスである。だがもしも創業者の2人が実験を重ねず、初期のバージョンを公開しなかったなら、今の成功はあり得なかっただろう。携帯端末を財布代わりにするという実験が「失敗」したのと同様に、最初のパームパイロットの実験も無残な失敗に終わった。だがこうした重要な実験が、ペイパルの最終的な成功に必要なデータを生み出したのだ。

ペイパルの経験は、イノベーティブな起業家には珍しいことではない。何が得られるかを確かめるためには、試作品や試験運用が欠かせないことを彼らは知っている。行動志向の彼らは、製品や事業をまるで実験のようにできるだけ早く導入して市場の反応を見ようとする。新しい製品やプロセス、事業のアイデアを試し、どれがうまくいくかを試行錯誤するのだ。ペイパルの実験は製品として市場に投入された。そして製品が市場に波及しなかったとき、重要なデータが得られたのだ。

試作品をいきなり市場に投入するイノベータもいれば、複数の試作品を注意深く比較検討して、最もうまくいきそうなものをじっくり選ぶイノベータもいる。ジェニファー・ハイマンとジェニファー・フライスはレント・ザ・ランウェイを立ち上げたとき、後者のタイプの実験を行った。同社はネットフリックスのようなサブスクリプション型のビジネスモデルを応用して、高級ブランドのドレスをレンタルする会社だ。ハイマンがニューヨークの実家に帰省したとき、高級デパートのブルーミングデールズでアクセサリーのバイヤーとして働く妹のベッキーが、招待された結婚式に着ていくものがないと言って困っていた。すてきな衣装が着たいのに、デザイナーズドレスはそれなりのお給料をもらっている妹にも手が届かないほど高価だったのだ。ハイマンは悶々と悩む妹を見て思った。「ベッキーのような人たちでさえデザイナーズドレスを着れないなら、それ以外の私たちはどうすればいいの?」。またこれはデザイナーにとっても由々しい事態だと彼女は考えた。「若くておしゃれな女性たちにドレスを着てもらえなければ、デザイナーだってブランドを確立するのに苦労するはず」。身近な場所（実家）の身近な人（妹）のよくある行動（ハレの日に着る服を探す）を観察しただけで、すばらしいひらめきが生まれた。ネットフリックス型のビジネスモデルに手を加えて、高級ファッションに当てはめたらどうだろう？　ハレの日のためにデザイナーズドレスを買う代わりに、定価の約10分の1の料金でネットでレンタルできるようにすればいい。

ハイマンとフライスは、このアイデアを試すための実験を行うことにした。ダイアン・フォン・ファステンバーグやカルバン・クライン、ハルストンなどの高級ブランドのドレスを100着買って、3つの実験を行った。最初の実験では、ハーバード大学のキャンパスで若い女子学生向けに、試着ありでドレスを貸し出した。この試験運用は文句なしの成功に終わった。女性たちはドレスをレンタルし、しかもよい状態で返却してくれた。この実験によって、レンタルドレスの市場が存在することと、借り手がよい状態でドレスを返却してくれることがわかった。だが、試着ができない場合はどうか？　ドレスを借りてくれるだろうか？　この疑問に答えるために、第2の実験はイェール大学のキャンパスで、ドレスの実物を見ることはできるが試着はできない状態で貸し出した。結果、ドレスをレンタルした客の数は減ったが、実験は成功した。最後の実験はニューヨークで、PDFでドレスの画像とサイズやフィット感の説明だけを見せて行った。この実験の結果を見れば、オンラインレンタルという、ネットフリックス型のビジネスモデルが本当にうまくいくかどうか、またはドレスを実際に見て試着できる実店舗を開く必要があるかどうかがわかる。結局最後の実験では、ハレの日のドレスを探していた女性の約5％がサービスを試すと答え、オンラインレンタルの有効性が実証された。レント・ザ・ランウェイはこうして生まれた。同社は初年度に60万人を超える会員を集め、約5万人がサービスを利用するという、大成功を収めた。いろいろな実験を行ったことが、成功するビジネスモデルを設計するカギとなった。「売上は驚くほど伸びています。夢が叶うって、こういうことなんですね」とハイマンは言う。

イノベータとその実験を調査するうちにわかったのは、新しいひらめきを得るのに必要な実験の量が、それまでに行った質問・観察・人脈づくりの量にほぼ反比例するということだ。言い換えれば、事前に質問・観察・人脈づくりを十分に（またはうまく）行っていない場合は、より多くの実験を行わなければ次の段階に進むためのひらめきが得られないということだ。レント・ザ・ランウェイが、適切なデータをもたらすよう巧妙に計画された実験を行うことができたのは、特にハイマンが、ハレの日にのぞむ若い女性のニーズを長い間観察していたからだ（ハイマンはスターウッド・ホテルで数年間結婚式や新婚旅行の企画に携わり、結婚情報サイトのウェディングチャンネル・ドットコムや、女性の一流モデルのマネジメントを行うIMGで働いた経験がある）。そのためハイマンは、おしゃれ好きな若い女性のニーズやハレの日、デザイナー、デザイナーズファッションに精通していた。だからフライスとともにさらによい実験を考案して、アイデアを試すことができたのだ。

まとめると、**事前に重要な質問を投げかけ、カギとなる状況を観察し、多様な人々と話していれば、それほど実験を行わなくてもいいということだ。**そのうえ、次の段階に進むために必要なデータをもたらす、よりよい実験を設計することができる。だが事前に質問・観察・人脈づくりで十分な情報を得ていない場合は、実験も場当たり的になってしまう。

とはいえ、質問・観察・人脈づくりをしっかり行った場合でも、破壊的イノベーションにつながるようなひらめきを得るには、粘り強い実験がやはり欠かせない。私たちの調査では、破壊的事業のほぼすべてが、さまざまな実験を通じて時間をかけて進化し、業界を一変させるビジネスモデルに変わっていた。そうした実験には、たまたま行われたものもあった。たとえばサウスウエスト航空の共同創業者ハーブ・ケレハーに聞いた話だが、格安航空市場に参入した同社が、往路到着から復路出発までの折り返し時間の短縮を実現できたのは、偶然の産物だったという。あるときサウスウエストは経済的事情から、当初計画していた4機ではなく3機で路線を運航せざるを得なくなり、一部のフライトをキャンセルするか、3機で4機分のスケジュールをこなすかの選択を迫られた。経営陣は折り返し時間を速めるための新しい手法を開発し、やがて駐機時間を15分間に短縮した。このイノベーションが、サウスウエストの戦略とビジネスモデル、ひいては利益構造を一変させたのだ。

同様に、イケアは平らに梱包された組み立て式家具を、安価な家具販売のビジネスモデルの柱にするつもりはなかった。だが同社を立ち上げてまもない頃たまたま行われた実験が、重要なひらめきにつながった。ある営業担当者が家具カタログの撮影を終え、家具をトラックに戻そうとしたが、荷台に収まらなかった。テーブルの脚を外してすき間に差し込めばいいと写真家が言うのを聞いて、ピンと来た。ほとんどの家具を組み立て式にして、分解して小さく梱包すれば、輸送コストを抑えられる。この小さな実験が、世界的な家具販売店としてのビジネスモデルにつながった。

イノベータは「新しい体験を試す」「ものを分解する」「試作品や試験運用を通してアイデアを試す」の3種類の実験を通して、データを入手し、新しいひらめきを促している。**質問・観察・人脈づくりは、過去と現在のデータを得るには適しているが、「将来何が成功するか」に関するデータを入手するには、実験が最適だ。**言い換えれば、「もし〜だったら」の仮定の質問に答えるには、実験に勝る方法はない。そして、重要な質問を投げかけ、カギとなる状況を観察し、適切な人たちと話をすれば、それほど多くの実験を行わずにすむことをイノベータは知っている。これによって実験にかかるコストと時間を節約できる。最後に、たとえ実験が計画通りに行かなくても（また膨大な時間の無駄になっても）、最終的に成功するために必要なデータを得るには実験が欠かせないことも、イノベータは知っている。

実験力を伸ばすためのヒント

実験力を鍛えるには、仕事や生活でつねに仮説を検証しようという意識をもつことが大切だ。実験力を磨き、高めるには、次の行動を取るといい。

ヒントその1 ── 物理的境界を越える

新しい環境、たとえば新しい国や社内の違う部署、違う業界の知らない会社などを訪れよう（暮らしたり働いたりすればなおよい）。決まりきったやり方から意識して抜け出そう。新しい活動を通して世界を探索しよう。ふだんの活動領域から外れた新しい社会活動や仕事の活動に参加したり、よく知らない研究の講演を聴いたり、博物館の珍しい展示を見たりしよう。新しい活動を試しながら質問をして、体験から新しいひらめきを引き出そう。「もしも職場のチームがここにいたら、この体験からどんなことを学び、新しいことに取り組むきっかけにできるだろう？　この環境の要素（製品、プロセスなど）を日々の環境に1つだけ取り入れるとしたら何だろう？」。毎月1つ以上、物理的境界を越えるような新しいことをしよう。

ヒントその2――知的境界を越える

まったく異なる分野の新聞や会報、雑誌を年間購読しよう（紙を節約したい人はインターネットでなじみのない国や業界、地域、職業の情報を意識して定期的に検索してもいい）。たとえばアメリカやフランスに住んでいる人は中国やインド、ロシア、ブラジルの雑誌を、石油ガス業界に勤める人は接客業の刊行物を、マーケティング畑の人は工学やオペレーションズ・リサーチ関連の刊行物を読むなど。

ヒントその3――新しいスキルを習得する

新しい視点を得るために、何か新しいスキルを身につけたり、新しい知識を学んだりする計画を立てよう。たとえば地元で演技や写真撮影の講座を受講したり、機械工学や電子工学、住宅建築の基礎研修を受けたりできないか調べてみよう。ヨガや体操、スノーボード、スキューバダイビング、（勇敢な人は）スカイダイビングなどの新しい運動に挑戦しよう。地元の大学の市民講座をチェックして、歴史や化学、カリグラフィーなど、興味のあるものを受講しよう。もっと身近なところでは、社内のマーケティングや業務、財務などの部門から部署を1つ選び、その部署が会社全体のなかでどんな働きをしているかを調べよう。

ヒントその4――製品を分解する

家のなかの使えなくなったものを探すか、ガラクタ置き場や蚤の市で簡単に分解できるものを買ってこよう（子どもと一緒にやるとなお楽しい）。興味はあるがじっくり調べたことがないものを1つ選ぼう。時間を決めて、そうしたものを少しずつ分解して、どうやって設計、加工、製造されたかを理解し、新しいひらめきを得よう。観察したことを日誌やノートに図や文章で記そう。

ヒントその5 ── 試作品をつくる

改良したいものを選ぼう。どんなふうに改良できるだろう？　家や職場に転がっている材料を使って新しい改良品を試作しよう。試作品に使えそうな、ちょっと変わったものを買ってもいい。子ども用のカラーねんどは試作品に最適な材料だ。思い切ってお金を使うなら、思い通りの設計のものを製作できる3Dプリンタを買うのもいい。あなたが設計したものの3次元データを工業デザイナーに作成してもらい、近くの大学の3Dプリンタで出力してもらおう。

ヒントその6 ── 新しいアイデアの実証実験を定期的に行う

インテルの共同創業者ゴードン・ムーアは、「僕は起業家になってから、ほとんどのことを試行錯誤で学んできました」と言った。新しいアイデアを試すための試験運用（小規模な実験）を頻繁に行い、いつも違う方法から何が得られるかを確かめよう。試行錯誤しながら積極的に学習すればあなたも実験家になれるが、失敗する勇気と失敗から学ぶ勇気を忘れずに。仕事上のアイデアの実証実験を1カ月以内に行う計画を立て、実行しよう。

ヒントその7――トレンドを発見する

新しいトレンドの発見に特に焦点を当てた本や記事、雑誌、ウェブサイト、ブログなどを読んで、新しいトレンドを積極的に探そう。トレンドを見きわめ、次に来るものを予測するのが得意な人たちが書いたものを読もう。たとえばケビン・ケリー（『ワイヤード』誌元編集主幹で、『ニューエコノミー勝者の条件』の著者）やクリス・アンダーソン（『ワイヤード』誌元編集長で、『ロングテール』の著者）など、未来を見据えている人たちの作品を読もう。発見したトレンドをもとに、新しい製品やサービスと関係のあるおもしろい実験ができないかを考え、それを自由な発想で行う方法を考えよう。

第2部

破壊的な組織やチームのDNA

第7章

世界で最もイノベーティブな企業のDNA

「急成長中の企業は、
イノベーションを続けなくてはならない。
企業はサメのようなものだ。
動くのをやめれば死んでしまう」

――

マーク・ベニオフ
セールスフォース創業者CEO

第1章から第6章までは、イノベーティブな人が新しい製品やサービス、プロセス、事業のための斬新なアイデアを生み出すために、どうやって人と違う発想をし、人と違う行動を取っているかを説明した。これからの章では焦点を変えて、次の質問に答えよう。「多くの人々からなる**企業**は、イノベーションの遺伝子コードをどうやってつくり出しているのだろう?」。世界中の企業幹部が、会社のイノベーション能力を高め、成長機会を生み出すために、この重大な質問に答えなくてはならない。だがその前に、まず同じくらい重要な2つの質問を考えよう。第1に、本当の意味で、世界で最もイノベーティブで、イノベーションの模範となる企業はどれだろう? 第2に、企業のイノベーション能力(とイノベーションの評判)は、企業の時価総額を大きく押し上げるだろうか?

ビジネスウィーク誌は「世界で最もイノベーティブな企業」100社のランキングを、2005年から毎年発表し始めた。このランキングは、ボストン・コンサルティング・グループ(BCG)による、世界中の企業幹部を対象としたアンケート調査をもとにしている(表7-1の左側に、2005年から2009年までのビジネスウィーク誌の「最もイノベーティブな企業」25社を載せた)。ざっと見てみると、ランキングの1位をアップル、2位をグーグルが占めていて、直感的に妥当と思われる。だがそのような手法は、言ってみれば過去の実績に基づく人気投票のようなものだ。ゼネラル・エレクトリック(GE)やソニー、BMW、トヨタなどが上位10位に名を連ねるのは、2010年にはもはや私たちには妥当だと思えなくなっていた。

私たちは2010年に、**将来の**イノベーションへの期待に基づく独自のイノベーティブな企業ランキングを作成することにした。そして、投資家の「身銭を切った」行動を見れば、どの企業が新しい製品やサービス、市場を生み出す可能性が最も高いと彼らが考えているかがわかるはずだと考えた。

そこで『イノベーションへの解』で同様の分析を行ってくれたクレディ・スイスの一部門であるHOLTと組んで、企業の時価総額のうち、既存の製品やサービス、市場に起因する割合を算出するための手法を開発した。もしも企業の時価総額が、既存事業によって生み出されるキャッシュフローを上回っていれば、その企業には「イノベーションプレミアム」があるといえる。つまりイノベーションプレミアムとは、企業の時価総額のうち、既存の製品や事業が既存市場で生み出すキャッシュフローでは説明できない割合をいう。投資家が企業にプレミアムを与えるのは、その企業が収益性の高い新しい製品や市場を開発することを期待するからだ（プレミアムの算出方法の詳細は、巻末の注を参照）。[※1] イノベーションプレミアムは、どの企業幹部、どの企業にとっても、のどから手が出るほどほしいプレミアムである。

では、2005年から2009年までのビジネスウィーク誌のランキング上位25社を、私たちの手法で分析し直すとどうなっただろう？　順位が大きく入れ替わった（表7－1の右側に、5年間のイノベーションプレミアムの平均値をもとにしたランキングを載せた）。[※2] 私たちのランキングでは、1位をアマゾン（イノベーションプレミアムが57％）、2位をアップル（同52％）、3位をグーグル（同49％）が占めた。ここまでは、ビジネスウィークのランキングとそう変わらない。だが下位5社を見てみよう。サムスン（同マイナス28％）、ホンダ（マイナス27％）、トヨタ（マイナス26％）、BMW（マイナス26％）、ソニー（同マイナス29％）は、既存事業が生み出すキャッシュフローが減少していて、私たちが「イノベーションディスカウント」と呼ぶ状態にあった。言い換えれば、投資家はこれらの企業が革新的な新製品や新サービスによって成長することを期待していないばかりか、既存事業の収益性が低下するとまで予想していた。

結果をさらにくわしく分析するうちにわかったのだが、投資家が注目するのは、たんに企業がイノベ

ビジネスウィークのランキング※	企業名	イノベーションプレミアムによるランキング	企業名	5年間のイノベーションプレミアム
1	アップル	1	アマゾン	57%
2	グーグル	2	アップル	52%
3	マイクロソフト	3	グーグル	49%
4	トヨタ	4	プロクター＆ギャンブル	35%
5	ゼネラル・エレクトリック	5	スターバックス	35%
6	プロクター＆ギャンブル	6	マイクロソフト	29%
7	IBM	7	任天堂	26%
8	ノキア	8	リサーチ・イン・モーション	20%
9	ソニー	9	シスコシステムズ	19%
10	3M	10	ヒューレット・パッカード	19%
11	アマゾン	11	3M	18%
12	サムソン	12	ゼネラル・エレクトリック	10%
13	BMW	13	IBM	8%
14	ホンダ	14	サウスウエスト	7%
15	リサーチ・イン・モーション	15	イーベイ	7%
16	ヒューレット・パッカード	16	ターゲット	7%
17	任天堂	17	ウォルマート	5%
18	スターバックス	18	インテル	4%
19	ターゲット	19	デル	4%
20	インテル	20	ノキア	-16%
21	デル	21	BMW	-26%
22	シスコ	22	トヨタ	-26%
23	イーベイ	23	ホンダ	-27%
24	ウォルマート	24	ソニー	-28%
25	サウスウエスト	25	サムソン	-29%

※5年間の順位を平均したもの。非公開企業（16位のヴァージンと25位のタタ）は除いてくり上げた

表7-1 ビジネスウィークによる最もイノベーティブな企業ランキング（2005年-2009年）

ーションを生み出せるかどうかだけでなく、そうした新しい製品やサービスから利益を上げられるかどうかでもあった。たとえばソニー（ビジネスウィーク誌ランキング9位）とサムスン（同12位）は、これまで家電業界に数々のイノベーションをもたらしてきた。だが投資家は近年これらの企業に大きな利益を見ていないし、将来状況が改善すると期待してもいない。対照的に、競合企業の任天堂（同17位）は、イノベーションプレミアムが26％である。つまり任天堂は過去のイノベーション（Wiiなど）からより大きな利益を得ているだけでなく、将来もその状況が続くと期待されているため、私たちのランキングで上位（7位）に入っていた。また自動車メーカーのＢＭＷとトヨタ、ホンダが私たちのランキングで下位を占めるのは、イノベーションを起こせないからではなく、イノベーションから利益を上げることが難しい環境にいるからだ。韓国の現代自動車や中国の奇瑞汽車など新興の競合企業のほか、電気自動車のテスラやコーダなどの新種の競合企業ともしのぎを削ることになる。

こうした点を踏まえて、私たちはイノベーションプレミアムに基づく独自の最もイノベーティブな企業ランキングを発表し始めた（表7-2）。ビジネスウィーク誌のランキングが大企業に的を絞っているのに倣って、時価総額１００億ドル以上の大手上場企業を対象とした。これを２０１１年にフォーブス誌の最もイノベーティブな企業ランキングとして発表した。将来を考慮に入れたこのランキングでは、１位がセールスフォース（第2章で紹介した、マーク・ベニオフの破壊的なクラウドコンピューティングの会社）、２位がインテュイティブ・サージカル（あとの章で説明する、手術ロボット「ダヴィンチ」のメーカー）だった。この2社が、アマゾン（同3位）やアップル（5位）、グーグル（6位）などと上位を分け合っていたのだ。セールスフォースとインテュイティブ・サージカルは、本当にトップにふさわしいだろうか？　セールスフォースはクラウ

イノベーションプレミアムのランキング	企業名	業種／主力事業	5年間のイノベーションプレミアム
1	セールスフォース	企業向けクラウドコンピューティング・ソフトウェア	73%
2	インテュイティブ・サージカル	手術支援ロボットのためのダヴィンチシステム	64%
3	アマゾン	オンラインディスカウント小売業者、Kindle、クラウドコンピューティング	57%
4	セルジーン	医薬品	55%
5	アップル	コンピュータ、ソフトウェア、音楽機器、スマートフォンなど	52%
6	グーグル	情報検索を主とするソフトウェア	49%
7	ヒンドゥスタン・ユニリーバ	家庭用品	47%
8	レキット・ベンキーザー・グループ	家庭用品	44%
9	モンサント	種子、遺伝子組み換え種子、作物保護	44%
10	バーラト重電機	電気機器	44%
11	ヴェスタス・ウィンド・システムズ	電気機器	43%
12	アルストム	電気機器	42%
13	CSL	バイオテクノロジー	40%
14	バイヤスドルフ	パーソナルケア製品	38%
15	シンセス	医療機器、医療用品	38%
16	アクティビジョン・ブリザード	オンラインゲーム、家庭用ゲーム機用ゲーム	37%
17	アルコン	医療機器、医療用品	37%
18	プロクター&ギャンブル	消費者製品（ダウニー、ジレット、プリングルズ、ドーンなど）	36%
19	日本電産（NIDEC）	電気機器、計器、部品	36%
20	コルゲート・パルモリーブ	消費者製品（コルゲート歯みがき、パルモリーブ石けんなど）	35%
21	スターバックス	コーヒーチェーン、コーヒー商品販売	35%
22	エコラボ	衛生薬品、食品安全、害虫駆除	34%
23	キーエンス	電気機器、計器、部品	34%
24	エシロール・アンテルナシオナル	医療機器、医療用品	34%
25	ハーシー	チョコレート、菓子製造	32%

出所：HOLTおよびInnovator's DNA社

表7-2　2011年版世界で最もイノベーティブな企業ランキング（イノベーションプレミアムによるランキング）

ドコンピューティングを主導したほか、アップエクスチェンジも開発している。アップエクスチェンジとは、ちょうどiPhoneが消費者向けに多数のアプリを提供するように、企業向けに1000以上のアプリケーションを提供する仕組みで、フォーブス誌に「ビジネスソフトウェア版iTunes」[※3]と称され、ソフトウェア情報産業協会とSDタイムズ誌の賞を受賞している。またセールスフォースは「企業向けフェイスブック」と称する新しいSNS、チャターなどの新しい製品を導入している。チャターはフェイスブックとツイッターのいいとこ取りをした、社内の共同作業を支援するツールだ（第2章で取り上げた）。

インテュイティブ・サージカル（2位）も同様にすばらしいイノベータで、手術支援ロボットを世界に先駆けて開発した。同社のダヴィンチシステムは、今ではほとんどの手術室で前立腺手術などに欠かせない機器になっている。いずれ軍の外科部隊でも重要な役割を果たすようになるだろう。このシステムを使えば、ロンドンにいる外科医が紛争地帯の負傷兵の手術を行えるようになる。この1台150万ドルから200万ドルのダヴィンチシステムによって、外科医は3Dモニターを見ながら4本のロボットアームを遠隔操作し、人間の外科医には真似できないほど精密な手術を行うことができる。切開創は小さくなり、医療ミスは減り、回復は早くなり、入院費用は抑えられる。

インドのヒンドゥスタン・ユニリーバ（7位）は、消費者製品のイノベータというだけでなく、第3章で見たように画期的なネットワークマーケティングの手法を使い、貧しい農村の数万人の女性を活用して製品を販売している。今では13万5000超の農村で製品を販売し、インド人の3人に2人が使う、この国で最も信頼されるブランドになった。イギリスのレキット・ベンキーザー・グループ（8位）もイノベーションに精力的に取り組み、近年では売上の約40％を、過去3年以内に導入した革新的な製品から得ている。同社はRBアイデアリンクというウェブサイトに解決したい問題を掲載して、アイデアを広く募集する。この仕組みを通じて外部人材の人脈を構築し、そこから多くのアイデアを得ているのだ。デンマークのヴェスタス・ウィンド・システムズ（11位）は、この国の最もイノベーティブな企業に与えられるイノベーション・カップ賞を受賞した。同社は世界をリードする風力発電設備のメーカーで、水深30メートルを超える海域の風力発電所のための浮体式洋上風力発電システムをはじめ、多くのイノベーションを生み出している。

このランキングはより的確に現在と将来のイノベーティブな企業を選び出したと、私たちは考えている。またこのランキングは、A・G・ラフリーとラム・チャランの主張とも一致する。「イノベーションとは、新しいアイデアを、売上と利益を生み出すかたちに変えることをいう。……実際、企業の特許数と経済的成功には何の相関関係もない。あっと驚くような製品であっても、顧客に価値を提供し、会社の業績に貢献しないものは、イノベーションとはいえない。イノベーションは、業績に反映されて初めて完了したといえるのだ」※4

この主張をもっともだと思う人は、きっとビジネスウィーク誌より私たちのランキングの方が気に入るだろう。実際私たちのランキングは、2011年のフォーブス誌初掲載以来人気が高まり続け、その一方でビジネスウィーク誌ランキングの人気は低下し、ついには掲載が終了した。最新の2018年版フォーブス誌ランキングの上位20社を表7－3に示した。

ここ数年でランキング入りした企業には、デジタル改革を支援するサービスナウやワークデイ、セールスフォースがある。そのほかテスラ（電気自動車で自動車産業をつくり替えた）、ネットフリックス（ホームエンタ

イノベーションプレミアムのランキング	企業名	産業／主力事業	5年間のイノベーションプレミアム
1	サービスナウ	ITソフトウェアおよびサービス	89.2%
2	ワークデイ	人事ソフトウェアおよびサービス	82.8%
3	セールスフォース	営業支援ソフトウェアおよびサービス	82.3%
4	テスラ	自動車、エネルギー	78.3%
5	アマゾン	小売、ウェブサービス、機器	77.4%
6	ネットフリックス	ホームエンターテインメント	71.2%
7	インサイト	医薬品、バイオテクノロジー	70.6%
8	ヒンドゥスタン・ユニリーバ	家庭用品、パーソナルケア製品	67.2%
9	ネイバー	ソフトウェアおよびサービス	64.6%
10	フェイスブック	ソーシャルメディアソフトウェアおよびサービス	64.4%
11	モンスタービバレッジ	エナジー飲料	64.3%
12	ユニリーバ・インドネシア	家庭用品、パーソナルケア製品	63.9%
13	アドビシステムズ	マーケティング・設計ソフトウェアおよびサービス	62.4%
14	セルトリオン	医薬品、バイオテクノロジー	62.3%
15	オートデスク	デザインソフトウェアおよびサービス	61.1%
16	リジェネロン製薬	医薬品、バイオテクノロジー	60.9%
17	バーテックス・ファーマシューティカルズ	医薬品、バイオテクノロジー	60.8%
18	アモーレパシフィック	美容・健康製品	60.8%
19	アメリソース・バーゲン	製薬	58.7%
20	マリオット・インターナショナル	ホテル、モーテル	58.2%

出所：HOLTおよびInnovator's DNA社

表7-3　2018年版世界で最もイノベーティブな企業（イノベーションプレミアムによるランキング）

ーテインメントをつくり替えた)、フェイスブック(ソーシャルメディアとソーシャルネットワークをつくり替えた)などがある。

イノベーティブな企業のDNA——人材、プロセス、理念

私たちはこの独自のランキングの上位企業を対象に、世界で最もイノベーティブな企業の慣行をくわしく調査した。まず最初に、一部の企業のイノベーティブな創業者、たとえばアマゾンのベゾスやセールスフォースのベニオフなどに、次のような質問をした。「何があなたの会社をこんなにイノベーティブにしているのですか?　あなたの会社のどんな慣行が革新的な新しい製品やサービス、プロセス、事業を生み出しているのでしょう?」。この聞き取り調査でまず明らかになったのは、創業者が自らのイノベータDNAを組織に刻み込むことが多いということだ。たとえばベゾスは、アマゾンで創意に富む**人材**を自分の周りに集めている。採用面接では必ず、「あなたが発明したものについて話してください」と聞くそうだ。ベゾスは言う。「その発明はささやかなものかもしれない。たとえば製品の新しい機能やプロセスを開発して、顧客に気持ちよく製品を使ってもらえるようにしたとか、食洗機に食器を入れる新しい方法を考案したとか、そんなことでもいい。ただ新しいことに挑戦する人かどうかを知りたいだけなんです」。CEOが採用面接で応募者全員に「何かを発明したことがあるか」とたずねれば、その会社では発明が期待され、高く評価されているという強力なメッセージになる。「また、世界を変えられると本気で信じている人材がほしいですね」とベゾスは言う。「世界を変えられると信じていれば、

自分がその変化の一端を担えると思えるでしょうから」

またベゾスは（第6章で説明した）実験**プロセス**の重要性も強調した。「実験するよう社員を促しています。たとえばアマゾンにはウェブラブという集団があって、ウェブサイトのユーザーインターフェースで絶えず実験して、サイトを気持ちよく使ってもらえるようにしています」。最後に彼は企業文化、つまり**理念**の大切さを力説し、ほとんどの企業が犯す大きな過ちは「何かをやることではなく、やらないこと」だと指摘した。「『余計なことに手を出さない』の逆です。手を出すべきなのに出そうとしない」とベゾスは言う。だからベゾスはアマゾン社員に、新しいことに挑戦すべきかどうか迷ったら、「やっちまえ」と自分に言い聞かせるよう諭している。「思い切ってやろうという文化があると、とても楽しいですよ。『ノー』ではなく、『イエス』が組織に組み込まれているんです。うちの社員の口癖は、『これをどうやるかを見つけ出すぞ』です」

つまり、ベゾスは自分と同じように創意あふれる人材を求める。革新的なアイデアを生み出すために個人として実験し、アマゾンでも社員の実験を奨励、支援するプロセスをつくっている。そして「やっちまえ」と自分に言い聞かせて、果敢に挑戦している（ベゾスがアマゾンを起業するためにD・E・ショーを辞めたときもそうだった。あのキャリア選択をしたときのベゾスは、確かに「余計なこと」に手を出した）。この理念は当然のようにアマゾンの文化の一部となり、社員も「やっちまえ」と自分たちに言い聞かせ、果敢に挑戦しているのだ。

私たちがアマゾンなどのきわめてイノベーティブな企業で観察したことは、マサチューセッツ工科大学（MIT）のエドガー・シャインが著書『組織文化とリーダーシップ』で述べた、組織文化の起源に関する発見を裏づけている。シャインによれば、組織文化が生まれるのは、組織が問題にぶつかったり課題をやり遂げたりする必要がある、草創期だという。たとえば「どうやって新製品を開発するか？」「どうやってこの顧客の苦情に対処するか？」といった難問が生じ、そのたびごとに問題解決の責任者がじっくり考え、解決法を決定する。その解決法がうまくいけば、その後同様の問題に直面したときも同じ手法がくり返し用いられ、それがやがて組織文化（組織が特定の問題に対処するときに用いる定番の方法）の一部になる。他方、解決法がうまくいかない場合は、別の手法が考案され、きちんと解決できる手法が見つかるまで探求が続けられる。どんな問題解決法も、くり返し活用され効果を挙げるうちに、やがて文化の一部になる。そして当然ながら、組織が初期の問題を解決するために採用する手法には、創業者の意向が色濃く反映されると、シャインは指摘する。創業者の選んだ解決手法が確実にうまくいくことがわかれば、やがて社内で特定のタスクを遂行する際に決まって用いられる手法とみなされるようになる。創業者が最初に選んだ解決法が組織文化に組み込まれていくのは、それらがくり返し用いられ、効果を上げるからだ。

つまり、イノベーティブな組織のDNAには、創業者のDNAが組み込まれていることが多いのだ。イノベーティブな組織やチームをつくる方法をイノベーティブな創業者にたずねると、同じ答えが返ってきた。彼らは自分に似た（つまりイノベーティブな）人材（People）と、イノベーションに必要な能力（質問力・観察力・人脈力・実験力）を高めるプロセス（Process）、そして社員1人ひとりにイノベーションを起こし賢くリスクを取るよう促す理念（Philosophy）を組織にもたせることの重要性を一貫して力説した。最もイノベーティブな企業ランキングに名を連ねるそのほかの企業の観察からも、同じことがわかった。そこで私たちはイノベーティブな組織のDNAに関する**暫定的な仮説**を立て、イノベーティブな組織をつくる「3Pの枠組み」とした。

人材

第1に、イノベーティブな企業は、発見力に優れ、果敢にイノベーションを推進する、創業者起業家に率いられていることが多かった。実際、イノベーティブな企業の主要なリーダーは、あまりイノベーティブでない企業のリーダーに比べて発見力指数が高かった（第8章でくわしく説明する）。きわめてイノベーティブな企業は、すべての管理レベルと事業分野の上層部の発見力がより高かった。また、イノベーションの着想から実行までのすべてのプロセスで、意思決定者の発見力と実行力の最適な組み合わせを図っていた。最後に、多くの企業がイノベーションに重点的に取り組む上級職を設けていた。たとえばP&Gのラフリーは、デザイン・イノベーション・戦略担当副社長にクラウディア・コチカを任命した。簡単に言えば、イノベーティブな企業は平均すると、第2章から第6章までで説明した5つの発見力に優れた人材をはるかに多く抱え、またあまりイノベーティブでない企業に比べて、発見志向の人材をより戦略的に活用していた。

プロセス

発明志向の人材が質問・観察・人脈づくり・実験を体系的に行って新しいアイデアのひらめきを得ているのと同様、イノベーティブな組織も社員にそうした行動を促すためのプロセスを体系的に開発していることがわかった。最もイノベーティブな企業は、リーダーの個性や行動を反映する文化を築いている。たとえばナイキのCEOマーク・パーカーは質問を熱心に投げかけ、その姿勢がナイキの質問文化を育んだ。「私は山ほど質問をします」とパーカーは語っていた。「歩き回っていろんな人に質問をすることで、新しいアイデアにたどり着くんです。『何に取り組んでいるんだい？　何に興味をもっているの？　どれに可能性があると思う？』と。そうすると思いがけない何かに行き当たって、それがきっかけで突破口が開くことがありますよ」。P&G元CEOのA・G・ラフリーは、まるで人類学者が部族を観察するように、膨大な時間を費やして顧客を観察し、P&Gにも具体的な顧客観察のプロセスを導入した。人脈力に優れたマーク・ベニオフは、セールスフォースにチャターや、17万人の参加者を集める社内会議ドリームフォースなどの人脈づくりのプロセスを導入して、型破りなアイデアを得るために社内外で人脈づくりに励むよう、社員にハッパをかけている。優れた実験家のジェフ・ベゾスはアマゾンに実験のプロセスを組み込み、新しい製品やプロセスを生み出すために、あえて袋小路に入り込むよう社員に促している。このように、リーダーは自分の発見行動を模倣するプロセスを組織に導入することによって、自分のイノベータDNAを組織に組み込んでいるのだ。

理念

組織に組み込まれたこれらの発見のためのプロセスは、新しいアイデアを試すよう社員を鼓舞する4つの指針、つまり理念に支えられている。その指針とは、(1)イノベーションは全員の仕事である、(2)破壊的イノベーションにも果敢に取り組む、(3)適切に組織化された少人数のイノベーション推進チームを多く活用する、(4)賢明なリスクを取ってイノベーションを追求する、の4つである。これらの理念は全体として、イノベーティブなリーダーの「勇気をもってイノベーションに取り組む」姿勢を反映している。リーダーはイノベーションを自分の仕事と考え、つねに現状に挑戦し、変革を実現するために果敢にリスクを取る。たとえば、最もイノベーティブな企業は研究開発を1つの部署に任せきりにしない。経営陣を含む全員が新しいアイデアを生み出すことを期待されているため、全員がイノベーションに取り組む。社員全員がイノベーションを起こし、現状に挑戦すべきだという考えは、リスクをいとわない理念によって支えられている。たとえばＩＤＥＯの「早く失敗して早く成功する」という理念がこれにあたる。私たちが調査した優れた企業は、ただ失敗を容認するだけでなく、失敗は避けて通れず、イノベーションを生み出すプロセスにつきものだと考えていた。また、どんな人も創造的になれるという考えのもとに、社員が意欲と責任感をもってイノベーションに取り組めるよう、チームを少人数にとどめていた（アマゾンのベゾスは、あの有名な「ピザ2枚のチーム」のルールをつくった。チームはピザ2枚を分け合えるほどの少人数、つまり6人から10人程度でなくてはならない）。

要約すると、イノベーティブな企業は組織の人材、プロセス、基本理念にイノベーションの遺伝子コードを組み込んでいることが、聞き取り調査と観察からわかった（図7‐1を参照）。

もちろん、3Ｐの枠組みを社員に徹底するといっても、難しいのはそれを実際に実行する方法だ。うちにはイノベーティブな人材がいて、社内のプロセスや基本理念を通じてイノベーションを奨励していると、多くの企業が言う。だがそうしたプロセスや理念を組織文化に深く浸透させる方法については、まったく理解していない場合も多い。本章では世界で最もイノベーティブな企業を模範例として、創造的な組織がそれを実際にどのように行っているかを理解するための枠組みを示した。

本章の最初に述べたように、第2章から第6章は主に個人のイノベータがイノベーションに取り組む方法に焦点を当てた。本章では、個人のイノベータDNAと明らかに似たDNAが組織に組み込まれていることを示した。こうしたDNAは、個人と組織だけでなく、仕事のチームでも効果を発揮するだろう。なぜならペースの速いこの世界では、組織とチームの境界がますます薄れてきているからだ。たとえばボーダフォンなどの組織は、新しい事業部門をたった12人で始めている。これは組織なのか、チームなのか？ 私たちが見るところ、それは組織でもありチームでもある。組織はチームの集まりなのだから。イノベータDNAは組織でもチームでも効果を発揮する。これからの3章で、イノベーティブな組織やチームが人材、プロセス、理念に遺伝子コードを組み込んでいる方法をくわしく説明しよう。

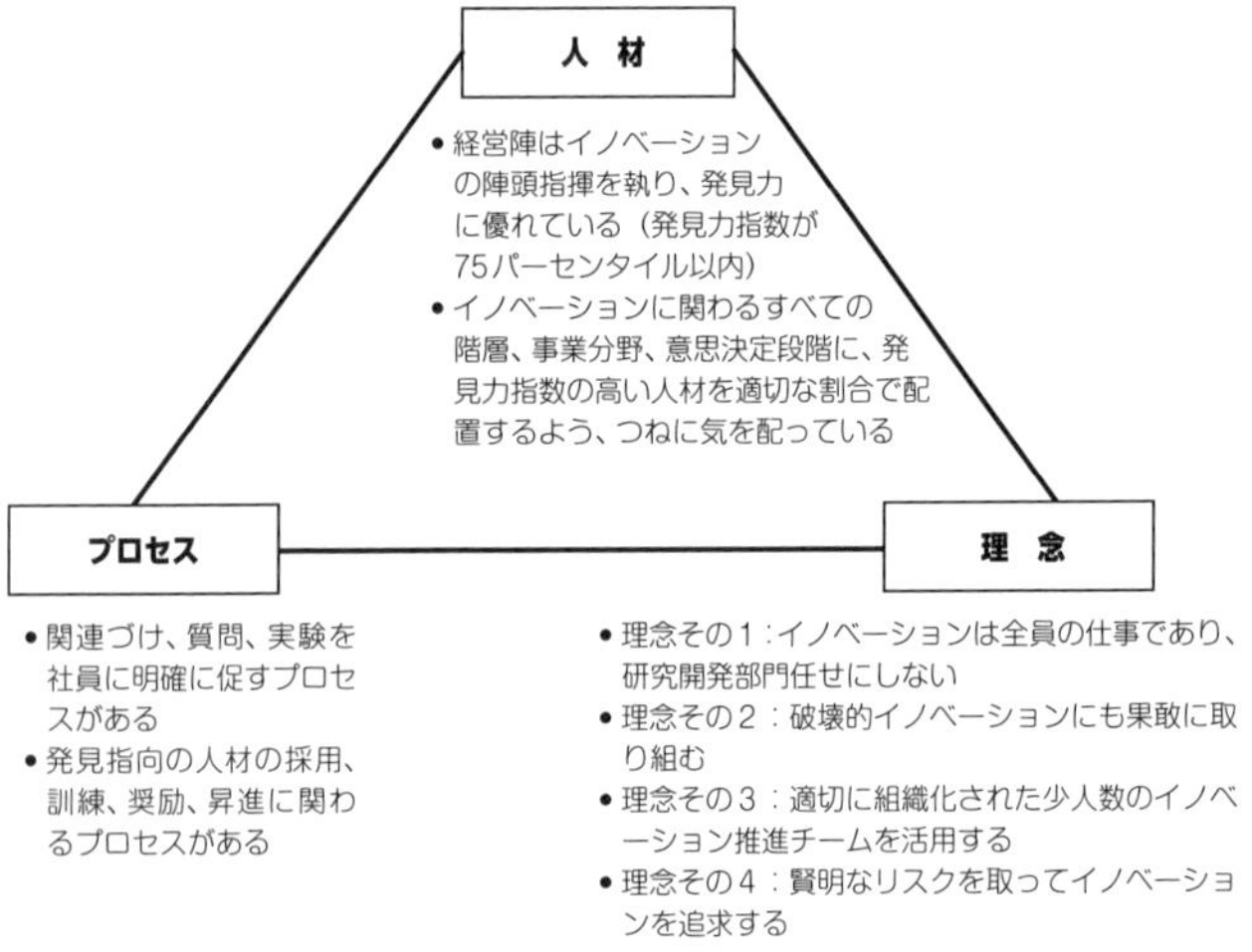
人材
• 経営陣はイノベーションの陣頭指揮を執り、発見力に優れている（発見力指数が75パーセンタイル以内）
• イノベーションに関わるすべての階層、事業分野、意思決定段階に、発見力指数の高い人材を適切な割合で配置するよう、つねに気を配っている
プロセス
理念
• 関連づけ、質問、実験を社員に明確に促すプロセスがある
• 発見指向の人材の採用、訓練、奨励、昇進に関わるプロセスがある
• 理念その1：イノベーションは全員の仕事であり、研究開発部門任せにしない
• 理念その2：破壊的イノベーションにも果敢に取り組む
• 理念その3：適切に組織化された少人数のイノベーション推進チームを活用する
• 理念その4：賢明なリスクを取ってイノベーションを追求する

図7-1 世界で最もイノベーティブな企業の人材、プロセス、理念

■あなたの組織やチームのイノベーション能力は？

あなたの組織やチームのイノベーション能力を簡単に測るために、次の簡単なアンケートを行ってみよう（それぞれの項目に１から５までの点数で回答する。１＝まったくそう思わない、２＝あまりそう思わない、３＝どちらでもない、４＝そう思う、５＝強くそう思う）。組織やチームにあったらいいものではなく、実際に存在する人材、プロセス、理念について答えること。

人材

１　私の組織／チームは、新しいプロセス／製品／サービス／事業の革新的なアイデアを生み出した実績のあるリーダーが指揮している。

２　私の組織／チームの採用プロセスでは、創造性とイノベーション能力の高い人材を積極的に選んでいる。

３　私の組織／チームの人事考課は、社員の創造性とイノベーション能力を重視している。

プロセス

４　私の組織／チームは頻繁にブレインストーミングを行い、ほかの製品や企業、業界などの事例を参考に、大胆なアイデアや異質なアイデアを生み出している。

５　私の組織／チームは現状や常識に挑戦するような質問をするよう、メンバーを促している。

6　私の組織／チームは顧客や競合企業、サプライヤーなどの行動を観察する機会をメンバーに頻繁に与えて、新しいアイデアを育んでいる。

7　私の組織／チームは製品やプロセスの新しいアイデアを得るために、社外での人脈づくりを促すプロセスを正式に設けている。

8　私の組織／チームは新しいイノベーションを追求するために、新しいアイデアの実験（や試験運用）を頻繁に行うプロセスを導入している。

理念

9　私の組織／チームでは、製品やプロセスの改良に関する創造的なアイデアを全員が提供することが期待されている。

10　私の組織／チームは、経営陣がリスクテイクを支援し奨励しているから、リスクを取り失敗することを恐れない。

採点方法

10項目の点数を合計する。合計点が45点以上なら、あなたの組織／チームのイノベータDNAは非常に高い、40点から44点は高い、35点から39点はやや高い、30点から34点はやや低い、30点未満は低い。この簡単なアンケートは、総合的な組織／チームの評価テスト（本書の特設ウェブサイトで提供）からの抜粋である。詳細は http://InnovatorsDNA.com/ を参照。

第8章

人材

イノベータDNAを実践する

「イノベーションを起こした者が
業界の先駆者になり、
それ以外は追随者になる」

――――

スティーブ・ジョブズ
アップルの創業者、長年のCEO

あなたの日々の行動は、「イノベーションが真に重要だ」というメッセージを組織やチームに送る、最強の手段だ。私たちが大企業の経営幹部数十人に行った聞き取り調査では、イノベーションを生み出すのは自分の責任ではないと思っている人がほとんどだった。むしろ自分の仕事は、社内の誰かがイノベーションの仕事を確実に行えるよう、「その過程を促進する」ことだと考えていた。だが世界で最もイノベーティブな企業では、ジェフ・ベゾス（アマゾン）やマーク・ベニオフ（セールスフォース）、A・G・ラフリー（P&G）、イーロン・マスク（テスラ）などの経営者が、ただイノベーションを誰かに任せるだけでなく、そのプロセスに深く関わっていた。アマゾンウェブサービスのCEOアンディ・ジャシーはこう言う。「ジェフが非常に優れている点はたくさんありますが、その1つが曲がり角の先を見通すことです。2週間ごとに新しいアイデアを思いつくんですよ。あれはほんとにすごい」

第1章で見たように、きわめてイノベーティブな企業のリーダーは発見力（発見力指数の総合点）が約88パーセンタイル（上位12％）だったが、実行力は約56パーセンタイル（上位44％）でしかなかった。イノベーティブな企業幹部に、実行力が劣っている理由をたずねると、実行に関わる仕事に時間をかけられないから、またはかけたくないからという答えが返ってくることが多かった。彼らはイノベーションに主眼を置き、積極的に質問・観察・人脈づくり・実験を行い、そうした行動が組織やチームに強力な刷り込み効果をおよぼしていた。イノベータは自分が発見力に優れているから、社員にも高い発見力を求める。そのため、経営幹部職に就くには高いイノベーション能力が必要だと社員は考え、社内全体でますますイノベーションが重視されるようになる。

これに対し、自らイノベーションを生み出した実績の**ない**経営幹部のサンプルでは、発見力の平均は約68パーセンタイル（上位32％）、実行力は約80パーセンタイル（上位20％）という結果が出た（図8-1）。発見力は明らかに平均以上だが、強みになるほどではなかった。彼らは実行し結果を出すことで出世の階段を上がってきた、実行志向の経営幹部だった。こうした幹部が出世の手本となるため、同様の能力をもつ人材が登用されていた。その結果、あまりイノベーティブでない組織の経営陣は、発見力指数が全体として低めだった。

ジョブズがいた頃のアップルの業績を、ジョブズ以外のリーダーの下での業績と比べれば、このことがよくわかる（図8-2）。ジョブズの最初の任期の1980年から1985年までの間、アップルのイノベーションプレミアムは37％だった。だがジョブズのいない1985年から1998年までの間、アップルのイノベーションプレミアムは平均マイナス31％に低下した。アップルはイノベーションを止め、投資家はアップルのイノベーション能力と成長力への信頼を失った。ジョブズが復帰し、発見志向の人材で経営陣を刷新すると、アップルは再びイノベーションを起こし始めた。軌道に戻るまで数年かかったが、2005年から2010年までのアップルのイノベーションプレミアムは52％に跳ね上がった。

■イノベーティブなリーダーがなぜ違いを生むのか

第1章で、ジョブズがゼロックスPARCを訪れ、マッキントッシュコンピュータのカギとなるアイデア（マウスやグラフィカル・ユーザーインターフェース）を得たいきさつを説明した。彼はこう語っている。「初歩的なグラフィカル・ユーザーインターフェースを見せてもらった。あそこで見たものは、

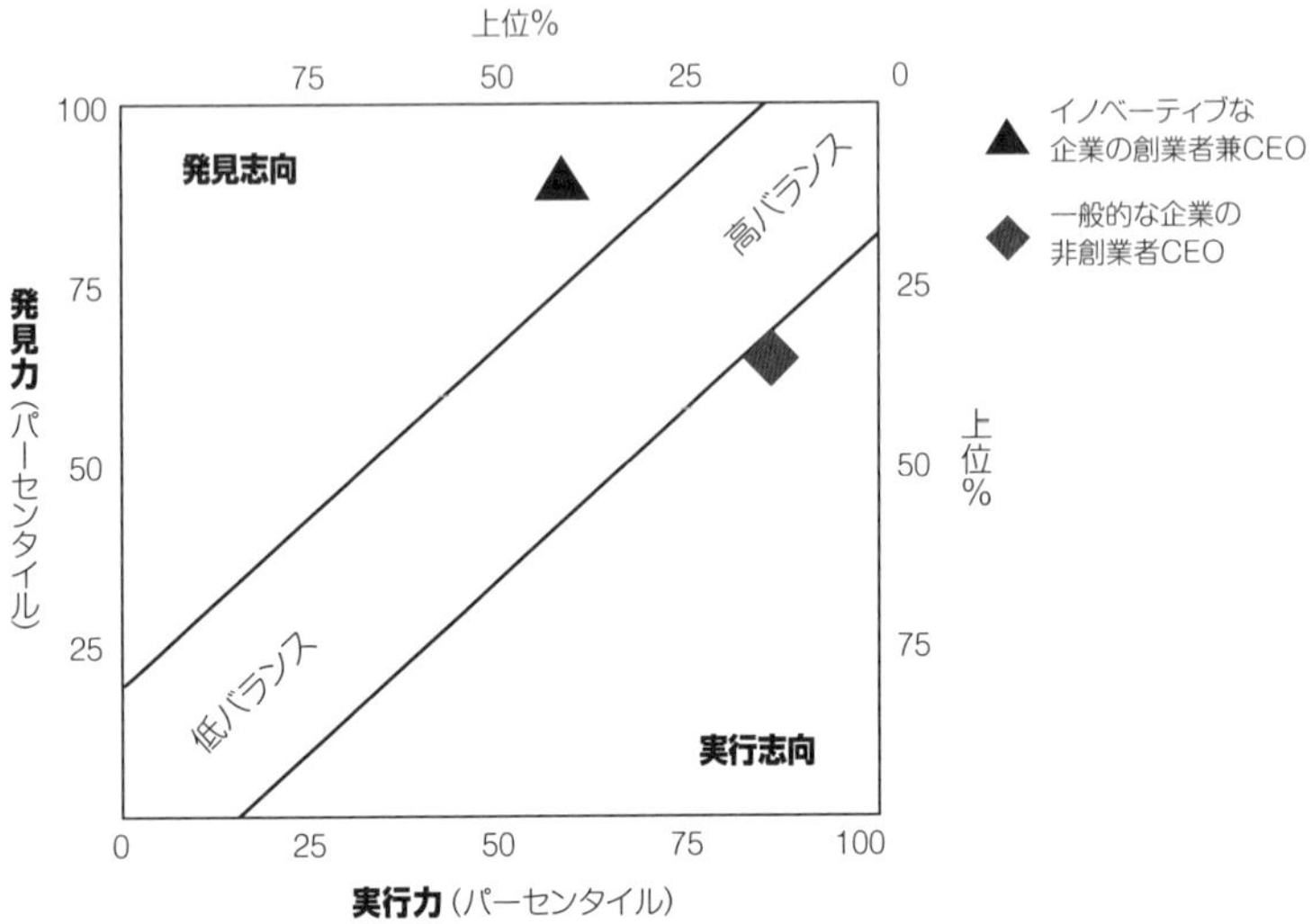

図8-1　発見力と実行力の兼ね合い

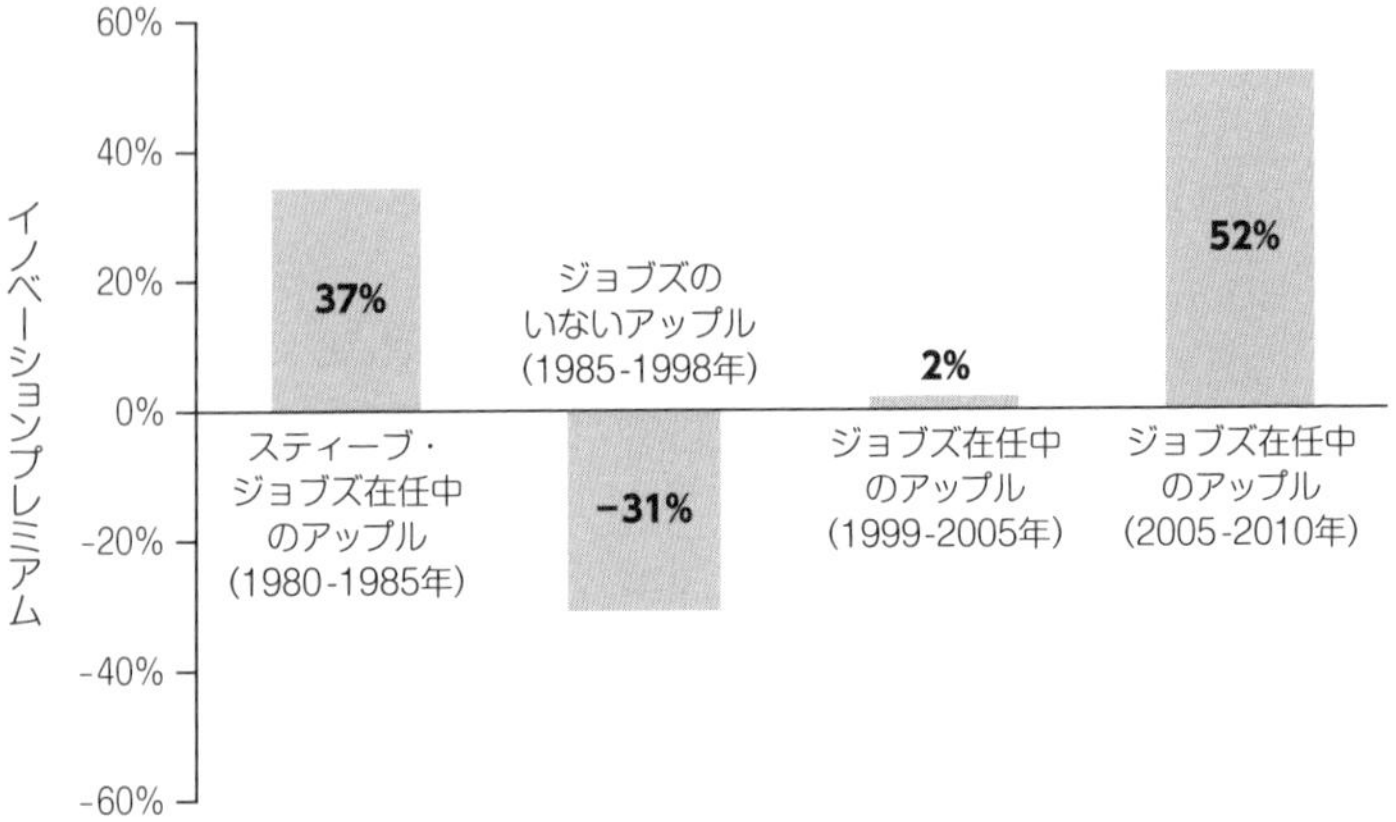

図8-2　アップルのイノベーションプレミアム

未完成で、おかしなものさえあった。だがそこにはアイデアの原石が確かにあった……そして10分もしないうちに、いつかすべてのコンピュータがこんなふうに動くようになるとはっきりわかった」[注a]。感銘を受けたジョブズは、プログラミングのチーム全員を引き連れてＰＡＲＣを見学し、アップルに戻ってきたときには、ＰＡＲＣで見た技術を改良して組み入れたパソコンの開発に全力で取り組む用意ができていた。これがイノベーティブなリーダーの行動だ。

ゼロックスの経営陣はこれとは対照的に、自社で開発した技術を活用するために必要な発見力に欠けていた。ＰＡＲＣの科学者ラリー・テスラーは、当時を振り返ってこう語る。「彼ら（ジョブズとアップルのプログラマー）はデモを1時間見ただけで、ＰＡＲＣの技術とそれがもつ意味を理解したんです。何年も前からそれを見ていたゼロックス経営陣の誰よりも、ずっとよく理解していました」[注b]。ジョブズもテスラーに同意してこう言う。「彼らはしょせんコピー機会社のトップで、コンピュータが何なのか、何ができるのかをまったくわかっていなかった。だからコンピュータ業界最大の勝利を、あと一歩というところで逃してしまった。ゼロックスは今のコンピュータ業界全体を支配することもできたのに」[注c]。テスラーがＰＡＲＣを辞めてアップルに移ったのも無理はない。イノベータはイノベータとともに、またイノベータのもとで働きたがるのだ。さらに、イノベーティブなリーダーが率いる企業は、革新的な可能性を秘めたアイデアに必要な経営資源をつぎこむ可能性がずっと高い。

注a Interview with Steve Jobs, *Rolling Stone*, June 16, 1994.
b Robert X. Cringely, Triumph of the Nerds, *PBS documentary*, New York, 1996.
c 同前。

同様にP&Gは、ラフリーがCEOに就任した2000年以前もイノベーティブな企業として優れた業績を挙げていた。現に1985年から2000年までのイノベーションプレミアムの平均は23%だった。だが、ラフリーがイノベーションに力を注いだ結果、P&Gのイノベーション能力は大きく高まり、ラフリー在任中の2001年から2009年までのイノベーションプレミアムは平均35%だった（図8－3）。

ラフリーをはじめ、私たちが調査したイノベーティブなリーダーは、イノベーションのための行動を通して努めて意識的に手本を示し、社員にその重要性をわからせていた。「ラフリーはいつも現場に出て消費者とふれあおうとするんです」と、P&Gの経営陣の1人で最高技術責任者を務めていたジル・クロイドは言う。「消費者を知りたくてたまらないんです。そして重要なことに、ただ見習ってほしい模範行動を示すだけでなく、どうしたら顧客にこれまで以上に心地よい経験をさせ、これまでになかった方法で生活をよりよくしてあげられるか、という好奇心を社員たちに伝染させています」。ラフリーのチームや組織は、彼が毎日行っていること

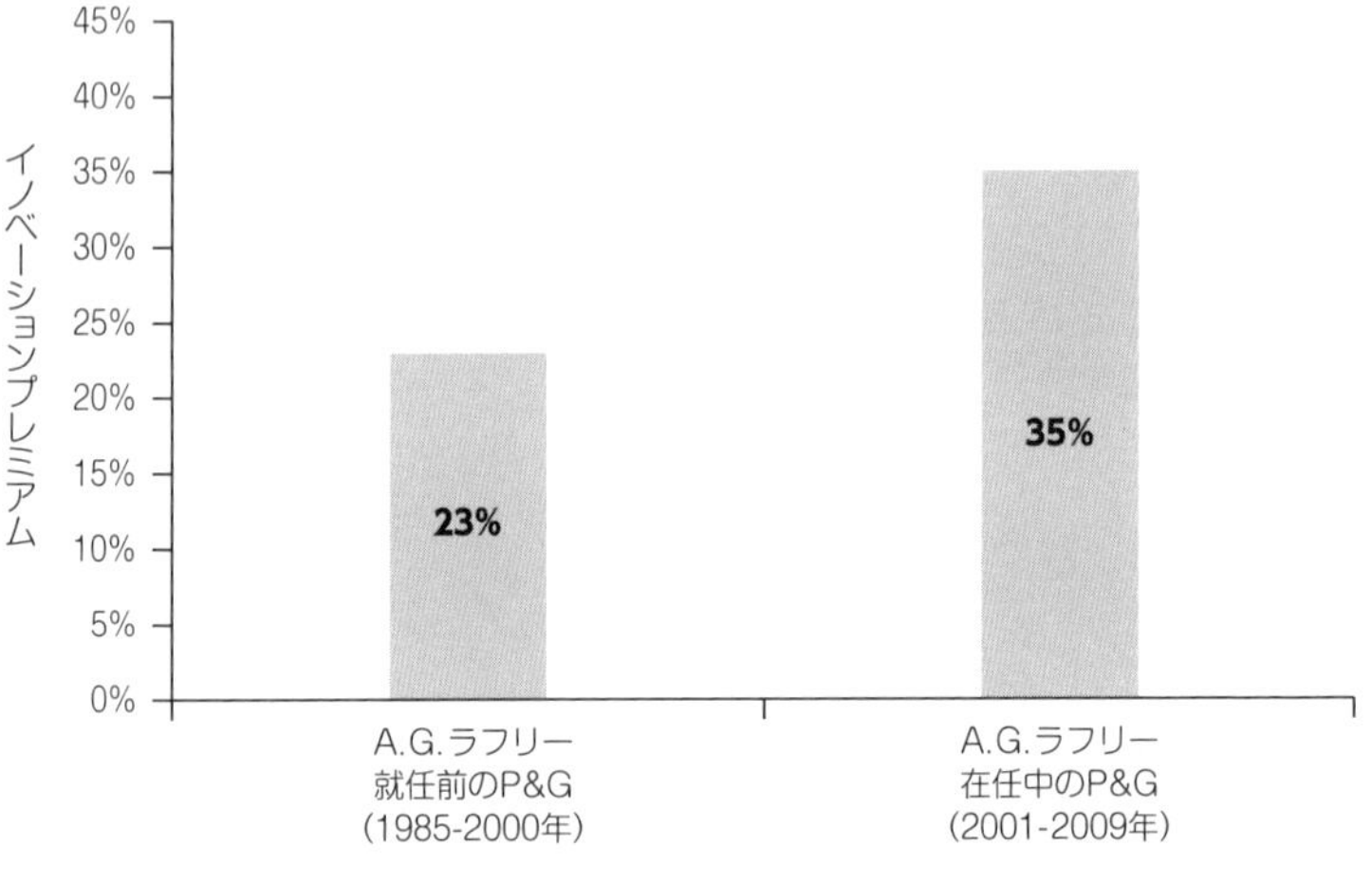

図8-3　P&Gのイノベーションプレミアム

を見たり、彼が新しいアイデアを生み出すために膨大な時間をかけていることを知ったりするだけで、イノベーションの何たるかを「肌で」感じた。またラフリーは、イノベーションがたんなる個人的な取り組みではなく、チームの絶えざる努力でもあることを身をもって示した。「どうしたらいいか誰もわからず行き詰まっているときに、ふと誰も思いつかなかったような方法が浮かんだり、つくれるはずがないと思われたものをつくれることがあります」とラフリーは言う。「うちの会社でこれが起こるときは、誰か1人ではなく、必ずチームが関わっているんです。……全員で目標を共有し、同じ方向に向かって進むことほど楽しいことはありませんよ。特に勝利するときはね」

このアップルとP&GのCEOがイノベーションプレミアムにおよぼした影響は、私たちの研究の主要な発見の1つと一致する。それは、イノベーションを求める経営陣は、イノベーションが行われないことを誰かのせいにするのはやめて、わが身を振り返るべきだということだ。経営陣はイノベーションが生まれる仕組みを理解し、自身の発見力を高め、社員のイノベーションを促す能力を磨いて、イノベーションを主導しなくてはならない。さらに、発見力に優れた人材をチームや組織に積極的に集め、イノベーションを本当の意味でチームの取り組みにする必要がある。

補完的な能力をもつ人材でチームや組織を編成する

5つの発見力に優れた人材を集めるのは大切だが、チームや組織には発見志向の人材さえいればよいという誤解を与えてしまうのは私たちの本意ではない。組織を手っ取り早くダメにする方法は、実行をやめてしまうことだ。発見志向のリーダーには、実行力をもち、結果を出せる人材が必要なのだ。イノベーティブなチームの優れたリーダーは、自分の発見力と実行力のバランスを知り、自分の弱みをほかのメンバーの強みによって積極的に補っている。

たとえばマイケル・デルは、デルコンピュータのCEOとしてめざましい成功を遂げた1990年から2005年までの間、社長だったケビン・ロリンズと、発見力と実行力をめぐってしょっちゅう張り合っていたと言っていた。

ケビンに『知りたがりや』のおさるのジョージのぬいぐるみをあげたんです。もっと質問をしろ、もう少し探求心をもて、というメッセージとしてね。ケビンはお返しに、ニコニコ顔の女の子が運転するブルドーザーのおもちゃをくれました。僕はときどきアイデアに夢中になるあまり、猪突猛進してしまうことがある。ケビンはブルドーザーを僕のデスクに置いて、自分にこう言い聞かせろと諭したんです。「ちょっと待て、このアイデアは確かにすばらしいが、もっとよく考えて落ち着けよ」と。どっちのおもちゃもあまり出番はありませんが、2人の間のちょっとしたジョークなんです。

■補完的な発見力がイノベーションを促す

私たちはきわめてイノベーティブなチームの構成に関して、偶然ある発見をした。あれはマイクロソフトのウィンドウズ・コアセキュリティ担当責任者ロス・スミスと、マイクロソフト欠陥予防（DP）チームのダン・ビーンの2人が、チームのイノベーションについて話し合うために私たちを訪ねてくれたときのことだ。スミスはウィンドウズのセキュリティ関連問題に取り組む70もの（4人から8人編成の）チームを統括していたが、ある6人編成のDPチームが、過去5年間で最もイノベーティブなチームだということに気づいた。このチームは数々のイノベーションを生み出していたが、なかでも特に有益なものが「生産性ゲーム」という、主力製品に関するフィードバックを社員から得るための巧妙な仕組みだった。

一例として、このチームは社員に他言語版のウィンドウズのダイアログを確かめてもらうための気の利いたゲームをつくり、これを中国語からスロバキア語まで、英語以外の言語を話す数千人のマイクロソフト社員に送った。翻訳の間違いを見つけた人は、その箇所を蛍光ペンでチェックして「NGバケツ」にドラッグして捨てると、ポイントを獲得できるというものだ。またバケツに捨てる際に、コメントをつけることもできた。「生産性ゲームはものすごい反響がありました」とスミスは話してくれた。「数百万ドルの節約になったうえ、品質をかつてないほどのレベルに高めることができました」

スミスは、なぜこのDPチームが、同じように優秀なソフトウェア技術者を揃えたほかのチームよりも優れたイノベーションを生み出しているのかを知りたかった。1つの答えは、チームが積極的に集中して仕事に取り組むうちに、強い信頼関係で結ばれるようになったからだろうと、スミスは考えた。チームメンバーのビーンが気づいたもう1つの重要な点は、メンバーが補完的な発見力をもっているように思われたことだ。そこで私たちはイノベータDNAの360度評価を行って、ビーンの仮説を検証し、裏づけることができた。

　具体的に説明すると、このチームのメンバーはそれぞれ異なる発見力に優れていた。スミスは関連づける力、ボブ・マッソンは質問力、ビーンは質問力と観察力、ジョシュア・ウィリアムズは人脈力、ハリー・エミルは実験力が高かった。**メンバーがお互いに補い合う発見力をもっていたおかげで、チームの総合的な発見力はずば抜けて高かった。**つまり、1人ひとりのメンバーが異なる発見力を通して得た斬新なインプットをもち寄った結果、相乗効果が働いて、チーム全体の発見力がより高くなったのだ。ビーンはこう言っていた。「僕にわかるのは、このチームで行う議論が、これまでマイクロソフトで行ったどんな議論よりもクリエイティブで刺激的だということです。だからチームで働くのがとても楽しいんですよね」。またチームを率いるスミスの人となりも、大きな役割を果たしている。メンバーによるスミス評は、「部下を信頼している」、「新しいアイデアを生み出せ、リスクを取れと励ます」、「独自の考えをもつ人を尊重する」、「新しい発想を促し、刺激する」、「人の業績をほめたたえ、自身の貢献は謙遜しがち」など。ひと言でいえば、スミスは安心してイノベーションを生み出せる場をつくるために、優れたリーダーが行うべきことを実践していたのだ（第10章でくわしく取り上げる）。

　マイクロソフトに限らず、ほかのきわめてイノベーティブなチームにも同じパターンが見られた。メンバーがお互いに補い合う発見力をもっていれば、多様な能力がチーム全体のイノベーション能力を底上げする。したがって、チーム全体の新しいアイデアを生み出す力は、どの個人の能力よりも、また1つの発見力だけに優れたチーム（たとえばチームの全員が主に人脈力を通して新しいアイデアを得ている場合など）よりも、一貫して高い。また、メンバーが得意とする発見力が異なると、お互いから学べることが多くなるため、イノベーションの相乗効果がさらに高まる。

ロリンズも、デルと自分が果たした役割の違いを認めた。「マイケルの方が、いわゆる起業家力を多くもっていますね。毎日、毎時間のようにアイデアを思いついているんです。でも会社が大きくなると、毎日1つずつアイデアを実行に移すことはできません。僕はイノベーションエンジンの調速機のようなものなんです」

同様にイーベイ創業者のピエール・オミダイアは、自身が発見力に秀でているが実行力が乏しいことを自覚していた。強力な実行力の必要性を痛感した彼は、スタンフォード大学でMBAを取得したジェフ・スコールを会社に迎えた。「ジェフと僕はとてもうまい具合にお互いを補う能力をもっていました」とオミダイアは言う。「僕は主に製品を開発して製品周りの問題を解決する、創造性が求められる仕事をやり、ジェフはより分析的で実際的なものごとに関わってくれました。僕のアイデアに耳を傾け、『よしわかった、どうしたら実現できるか考えてみよう』と言ってくれる存在でした」。オミダイアはイーベイの経営布陣を敷いたとき、補完的な能力の重要性を実感したという。

これらの物語の教訓は、チームとしてイノベーションを成功させるには、斬新なアイデアを生み出す能力と、そのアイデアを実行する能力の両方がチームには欠かせないということだ。どちらのタイプの能力も必要なのだ。賢明なリーダーはこのことを知っていて、チームの編成を意識して考え、発見力と実行力のバランスを図っている。図8－4はチームの発見力と実行力のバランスが取れた状態を表している。だが、完璧なバランスが完璧な解決策を生むとは限らない。

ときにはチームや組織全体で、発見力をより重視すべき場合がある（特に草創期の組織や、製品開発やマーケティング、事業開発などを担当するチーム）。逆に、実行力の方が重要な場合は、チームに実行力の高い人材を集めなくてはならない（成長期と成熟期の事業や、業務や財務に関連する部署）。図8－5に、優れたチーム（発見力と実行力を平均すると約70パーセンタイル）にとって発見力と実行力のどちらをより重視すべきかを、チームの種類別に示した。

製品開発やマーケティングのチームは、一般に実行力よりも発見力に優れた人材を集めなくてはならない（ただし実行力の高いメンバーも取り混ぜるのがベストかもしれない）。逆に、財務や業務関連のチームは、一般に発見力より実行力が高い人材を集めた方がよい（ここでもやはり、発見力に優れたメンバーも取り混ぜるとよい）。まずは誰がどんな能力をもっているかを知り、続いてインパクトのあるアイデアを生み出すためにチーム内の補完的な能力を組み合わせる方法を考えよう。

発見力と実行力の相対的な重要性は、チームがイノベーションのサイクルで担う役割によっても変わる。たとえば、公開オーディション番組型の

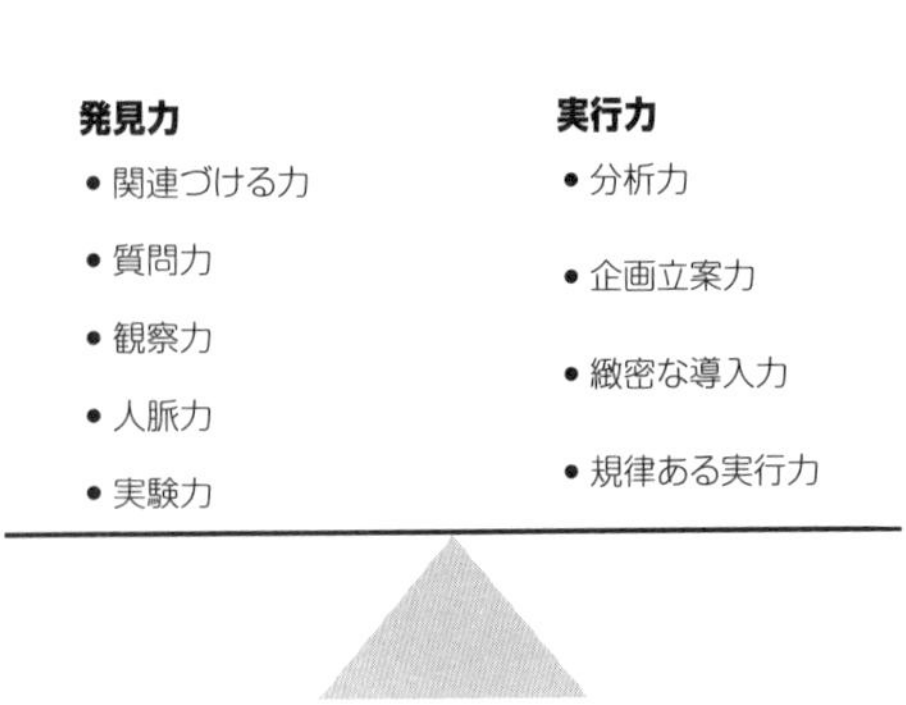

図8-4　チーム／企業における発見力と実行力のバランス

ビジネスモデルで最高の発明家を発掘し、アイデアを商品化している会社、BIGのCEOマイク・コリンズは、イノベーションサイクルの段階に応じて、発見力と実行力の比重を変えているという。

BIGのイノベーションサイクルの第1段階は「アイデア創出」で、世界中の発明家から革新的なアイデアを募集する。世界各地を巡回して行う説明会や、インターネットや会報での募集、プロの発明家集団の人脈などを通じて、「ビッグなアイデア探し」を行う。また長年のうちに築いたプロの発明家の人脈を活用して、自社製品のアイデアのほか、クライアントのためのアイデアも得ている。つまりBIGは発明家のアイデアを自ら商品化するだけでなく、発明家の人脈を利用して、新製品のアイデア自体をクライアントに提供することでも利益を得ている。簡単に言えば、クライアントはちょうど製品のデザインをIDEOに委託するように、新製品の開発をBIGに外注しているのだ。

第2段階の「ふるい分け」では、発見力に秀でた人たちを(有給で)審査員に迎え、発明家の新製品のアイデアを聞いて、

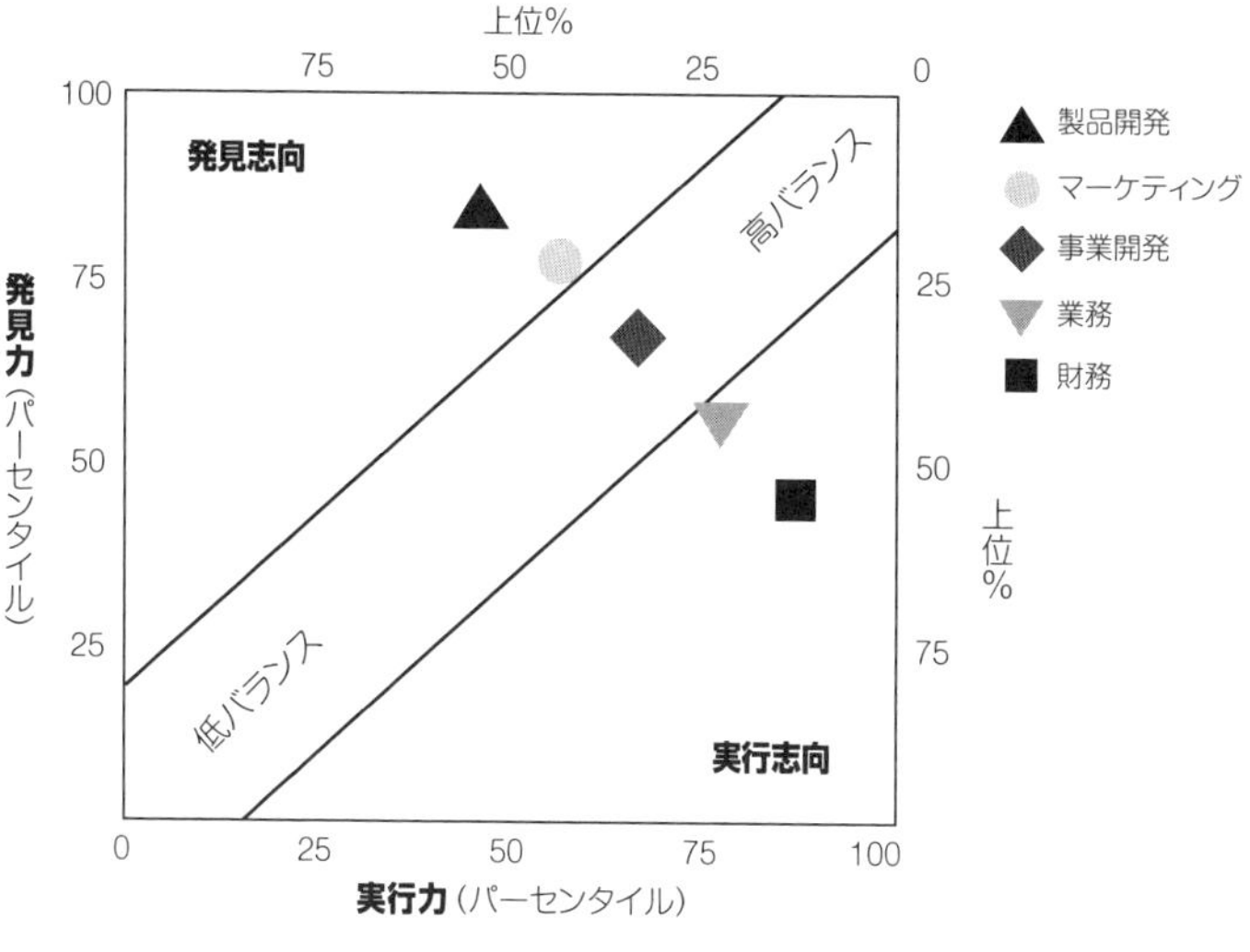

図8-5 チームのタイプ別の望ましいスキル構成

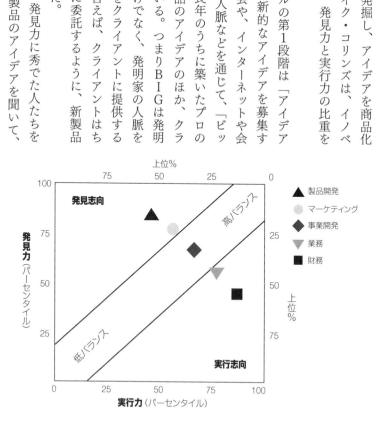

それを受け入れる市場があるかどうかを評価する。コリンズは長年の経験から、審査委員会が最もよい働きをするのは、発見力の高い人たちが参加しているときだと知っている。発見力に優れた人は、当初のアイデアの先にあるものを見通して、よりよくする方法を考えることができるからだ。「あるとき新しいおもちゃのアイデアを評価するために、大手玩具小売店の商品開発担当役員を審査員に迎えたことがあります」とコリンズは言った。「でもまったく役に立ちませんでした。アイデアが失敗するであろう理由を挙げつらうだけでした。彼にとっては実行がすべてだったんです。アイデアの段階には、アイデアを成功させるための独創的な方法を思いつける人材が必要なんです」。このことから、イノベーションサイクルの第1、第2段階では発見力が非常に高い人材が必要だが、第3、4段階では発見力の重要性が薄れることがわかる。

第3段階の「絞り込み」では、アイデアが市場で成功するかどうかを検証する。デザイナーと技術者が試作品を設計、製作し、マーケティング担当者が製品の大きな市場が存在するかどうかを判断する。製造の専門家（多くは中国にいる）が、製造コストが生産量に応じてどう変化するかを調べる。こうした仕事には何をおいても卓越した実行力が必要だ。だがこの段階でも、コリンズなどの発見力に優れた人材が重要な役割を担い、製品を斬新な方法で改良して顧客にさらに望まれる製品をつくる方法を模索している。

第4段階は、製品を市場に投入する「価値獲得」の段階だ。この段階では、製品の製造やマーケティング、流通、販売における実行が中心となるが、それでも革新的な製造やマーケティング（ブランディング）、流通、販売（価格設定）の方法を探す際には、発見力が価値創造のカギになる。「イノベーションプロセスのどの段階にもイノベーションの余地はあります」とコリンズは言う。実際、BIGはイノベーションサイクルの最終段階でも革新的な方法をとり、ふつうの企業よりも多様な流通経路を通じて、発明家の生み出した製品を販売している。

たとえば、BIGは創業まもない頃、おもちゃの分野で新製品のアイデアを探していた。新しいおもちゃのアイデアの調達と開発に関わる最初の3段階を過ぎると、次に「この製品から価値を獲得する最良の方法は何か？（製造か、販売か、売却か）」を考えなくてはならない段階に来た。おもちゃの新製品のなかには、「トイザらス」での販売に適したものがある。おもちゃの新製品を販売する方法といえば、ふつうこの小売チェーンを思い浮かべるだろう。その場合、BIGは製造を中国に委託し、そこから先のことはトイザらスに一任することもあった。だがトイザらスやウォルマートなどのおもちゃ販売大手の小売チェーンに依存する以外に、ほかの流通経路の方が適しているおもちゃがあることにBIGは気がついた。たとえばラーニング・カンパニー（教育ソフトウェア）やベイシック・ファン（大手玩具メーカー）、ナショナルジオグラフィック誌のカタログ通販、QVC（TVショッピング）、ブルックストーン［大人向けおもちゃ］などの経路がある。そのほか、特定のおもちゃを市場に出すのに適した資源や手法をもつ、ハスブロやマテルなどの玩具メーカーにアイデアをライセンスすることもあった。このようにBIGはイノベーションサイクルの最終段階で、すべてのおもちゃを大手小売業者を通じて販売するマテルなどの玩具メーカーよりもずっと革新的な手法をとった。要するに、発見力はイノベーションプロセスの初期段階に特に必要だが、それ以降のイノベーションサイクルのすべての段階でも、組織内のすべてのチームに発見力に優れた人材を配置すること（少なくとも少人数を要所要所に配置すること）が望ましいということだ。

補完的な人間的、技術的、業務的専門知識の重要性

イノベーションを担当するチームにとって、補完的な発見力と実行力をもつ人材を配置することは大切だが、会社のイノベーションにとっても、多様な分野に深く精通した人材でつくる多分野型チームは必要だ。たとえば、世界最高峰のイノベーションデザイン会社（世界的に有名なデザイン賞であるIDEA賞の受賞回数が他社の2倍以上）のIDEOが、イノベーションデザインのチームにどんな人材を配置しているかを見てみよう。これらのチームは、革新的な製品デザインや新しいサービスのコンセプトを生み出すという、明確な任務を与えられたチームだ。

IDEOはたいてい「T型」の専門知識をもつ人材を集めた、多分野型のチームをつくろうとする。T型とは第2章で説明した通り、1つの知識分野に深く精通しつつ、多様な分野の幅広い知識をもつ人材をいう。IDEOはデザイン会社だから、どんなチームにも当然デザインに深く精通したメンバーが1人はいる。だがIDEOのチームは、次の3つの領域の専門知識をもつ人材も、積極的に配置するよう心がけている。それは「人間的な素養」（革新的なアイデアの有用性を判断するため）、「技術の素養」（革新的なアイデアの技術的な実現性を見きわめるため）、「業務の素養」（革新的なアイデアの事業としての存続性と収益性を評価するため）に優れた人材だ。

第1に、IDEOでは人類学や認知心理学などの行動科学系の分野で経験を積んだ、人間行動に関する素養をもつ専門家をチームに入れている。この人材が、ユーザーの視点から見た新しい製品やサービ

スの有用性を判断する。人間行動の知見がある人材は、顧客を徹底的に観察することによって、「片づけたい用事」を理解し、ユーザー目線で考えることができる。一例として、車いすが必要な人のための製品やサービスをデザインする場合、この人材は車いすに乗った人の1日をチームメンバーに体験させるかもしれない。ユーザーの経験を深く理解し、感情移入することを通して、革新的な新しいデザインの有用性を理解するのだ。この視点が特に役に立つのは、新しい製品やサービスのデザインの初期段階である。

■業務イノベーションの欠如が技術イノベーションを妨げる

何年か前にクレイトン・クリステンセンは3Mの技術系幹部の訪問を受けた。幹部らは、業務のイノベーションが進まないせいで、イノベーションの商品化が進まないのだと不満をこぼした。3Mは昔からイノベーションに定評があり、クリステンセンも3Mでのイノベーションを調べるために何度か現場を訪問し、この会社のことをよく知っていた。同社の研究開発部門は、本書で説明するようなイノベーションの原則を実際に導入していた。また豊富で幅広い専門知識をもつ人材を採用し、発見志向の人材と多様な専門的技術をもった人材を組み合わせ、イノベーションを生む行動を促す理念をもっていた。

では3Mのチームがクリステンセンに訴えた問題とは何だったのか？　彼らはクリステンセンが見たこともないラッピング用のギフトバッグをクリステンセンに見せた。正面から見ると美しい紫色だが、斜めから見るとピンク色で、内側は真っ白だ。ポリマーに特定の波長を吸収したり反射したりさせる技術を利用して、文字通り色が変わるギフトバッグを開発したのだ。「会社は商品化に反対しています」と彼らは言った。「市場規模が十分でないと言うんです」

クリステンセンの目には、すばらしいギフトバッグに映った。この種のギフトバッグには大きな市場があるように思えた。実際、ギフトバッグとギフトボックスの世界市場は数十億ドル規模にもなるのだが、利益率は30％でしかない。3Ｍの製品の一般的な利益率は約55％で、それを下回る製品の商品化には財務が資金を出さないという。このことが次の問いにつながった。ギフトバッグの価格を引き上げて、目標とする55％の利益率に届くようにしたらどうだろう？　だが価格を上げるとその分市場が大幅に（小さなニッチにまで）縮小し、3Ｍにとって妙味のある規模ではなくなるという。

この革新的な製品を、利益があがるかたちで商品化する方法を見つける必要があった。だが3Ｍは、業務面では技術面ほど熱心にイノベーションを追求していなかった。商品化に関するルールを決めてしまい、新しい製品の商業化に資金を出すか出さないかを判断する手法などの業務イノベーションは期待しなかった。

この種の問題はどこにでも見られる。企業のイノベーションの責任は、イノベーション担当の研究開発部門にゆだねられ、業務に関わる人たちはただ実務を行うだけで、イノベーションの課題に取り組もうとしない。その結果、3Ｍなどの企業では、業務のイノベーションが行われないせいで、技術イノベーションが阻まれることがある。当然、こうなると研究開発サイドの人材はやる気を失う。何より、企業は製品の製造や流通、販売、価格設定、資源配分に関わるイノベーションを怠ったために、破壊的な機会を逃しかねないのだ。

技術の素養をもつ人材は、新しい製品やサービスの設計に使えそうな技術に関する詳細な専門知識をチームに提供する。こうした人材は工学や科学の分野で経験を積んだ人が多い。彼らの専門知識のおかげで、チームは特定の新製品・サービスの設計に利用できそうな技術の実現性を理解することができる。技術的な専門知識が特に重要なのは、チームがユーザーのニーズ（片づけたい用事）を見きわめ、それを解決するための最適な技術を探索、決定するときだ。

最後に、業務の素養がある人材は、革新的な新製品・サービスの市場での存続性を判断するための専門知識を提供する。こうした人材は経営分野で経験を積み、経営学の学位（MBA）を取得し、業務や営業、財務などに精通している場合が多い。当然ながらこうした専門知識が特に必要になるのは、イノベーションプロセスの後期段階で、利益が出るような製造や流通、販促、価格設定の方法を決定しなくてはならないときだ。

IDEOはお互いに補い合う専門知識をもつ人材をチームに集めることによって、問題を多様な観点からじっくり検討し、有用性、実現性、存続性のある新しい製品やサービスを見きわめている。IDEOがあれほど多くのイノベーションを成功させているのも不思議ではない。イノベーティブな企業が補完的な発見力と実行力をもつ人材を組み合わせるだけでなく、多様な専門知識と経歴をもち、複数のレンズを通して問題をとらえることのできる人材を取り揃えていることが重要なポイントだ。

要約すると、世界で最もイノベーティブな企業には、イノベーションをごく個人的なレベルで理解するリーダーがいるということだ。そうしたリーダーは優れた発見力でイノベーションを指揮し、革新的なアイデアをつねに生み出している。実行志向の上司をもつ社員がこぼしていた。「上司が実行しかしないのに、部下にイノベーションを期待するなんて無理な話ですよ。そういうふうにはいかないんです」。イノベーティブな企業は斬新な方法を用いて、発見志向でイノベーションの実績があり世界を変えたいという強い意欲をもつ人材を採用している。発見志向の人材をより多く抱えることによって、イノベーションの相乗効果を強めることができる。なぜなら発見志向と実行志向の人材が十分なやり取りを通して学び合い、支え合うからだ。イノベーティブなチームや企業が最高の成果を挙げるのは、発見志向の人材と実行志向の人材が、特に補完的な能力をもつ人材を集めたチーム内でお互いの果たす重要な役割を理解するときだ。また、イノベーティブな企業は、問題を非常に幅広い角度からとらえ、解決できるように、多様な（できればT型の）専門知識をもつ人材を採用し、チームに配置している。

第9章

プロセス

イノベータDNAを実践する

「歯ブラシであれ、トラクター、
スペースシャトル、イスであれ、
私たちのプロセスを当てはめて、
イノベーションの方法を見つけ出すのです」

――
デイヴィッド・ケリー
IDEO創業者

世界で最もイノベーティブな企業の調査から、イノベーティブな組織のDNAには、イノベーティブな個人のDNAが組み込まれていることがわかった。創意あふれる人が質問・観察・人脈づくり・実験を体系的に行い、新しいアイデアのきっかけを得ているのと同様、イノベーティブな組織も同様の行動を社員に促すプロセスを開発している。また発見力に優れ、そうした能力が求められる環境で活躍できる人材を、体系的なプロセスを用いて探している企業もある。第7章で説明したように、組織のプロセスとは、組織内で特定の課題を解決するためにくり返し用いられるうちに定番の解決法となったものをいう。だがイノベーション（新しい製品やサービス、事業、プロセスのアイデア）を規則的に生み出すためには、そうしたプロセスがイノベーティブな創業者や少数の社員だけでなく、組織全体で広く理解され、運用されなくてはならない。本章ではまずイノベーティブな組織が発見力に秀でた人材を見つけている方法を説明し、続いて社員に質問・観察・人脈づくり・実験を奨励し、要求するプロセスについて考えよう。

イノベーティブな組織はどうやって発見志向の人材を見つけているのか

きわめてイノベーティブな組織のリーダーは、組織の全階層にイノベータ集団を配置するために、創造性豊かな人材を引きつけることが不可欠だと知っている。スティーブ・ジョブズも言っていた。「人生のほとんどのものごとで、凡庸なものと最高のものの比率はせいぜい2対1だ。だが私が最初に興味をもったハードウェア設計の分野では、平均的な人間にできることと最高の人間にできることの比率は50対1か、100対1にもなった。だから、上澄み中の上澄みの人材を見つけることを強く勧める。私たちがやってきたのはそれだ。少数の超A級の人材は、B級やC級の大きなチームをはるかにしのぐ。それを私はやってきた」[※1]。ではきわめてイノベーティブな企業は超A級のイノベーション能力をもつ人材をどうやって見つけているのだろう？　特に次のような人材を探すのだ。

1　優れた発見力を示す実績がある（何かを発明したなど）

2　少なくとも1つの知識分野に深く精通し、それ以外の複数の分野で幅広い知識をもっている（第2章で説明した、T型の知識をもつイノベータなど）

3　世界に変革を起こし貢献したいという情熱がある

当然だが、企業が社員に革新的なアイデアを求めるなら、新規採用のプロセスでイノベーションの潜在能力がある人材を選別しなくてはならない。ほとんどの企業はしないが、きわめてイノベーティブな企業はそれをしている。つまり、創造力とイノベーション能力のあるなしで応募者を明確に選別しているのだ。たとえばアマゾン（私たちの初代「最もイノベーティブな企業」ランキングで3位、最新版ランキングで5位）の採用担当者は「創り手」を探し、採用面接ではアマゾンの既存の事業部門を活用、促進、改善するためのアイデアを聞くことが多い。そしてそのアイデアは具体的で斬新でなくてはならない。ジェフ・ベゾス自身も、候補者に「あなたがこれまで発明したものについて教えてください」とたずねる。アマゾンは、イノベーションの実績をもち、革新的なアイデアを生み出せる人材を探すことによって、組織の全階層にイノベータを配置できるようにしているのだ。

グーグル（私たちの初代ランキング6位、最新版100位以内）は、優秀で好奇心旺盛な人材を見つけるための革新的な手法をいろいろ開発している。たとえば「グーグルラボ適性検査」（GLAT）と呼ばれる21問のテストを使って、茶目っ気のある方法で新規採用者を選別している。質問には数的能力を測る項目や（「20面体の各面を3色で塗り分ける方法は何通りありますか？」など。答えは58133万55通り）、創造性やユーモアのセンスを測る項目がある（「これまで導かれた数学の方程式のなかで最も美しいと思うものは何ですか？」、「下の欄はわざと空白にしてあります。ここにさらに空虚感を高めるような何かを書き足してください」など）。この手のおふざけに耐えられない人は、お呼びではない。こういう質問を理解し、おもしろみややりがいを感じる人こそ、グーグルの求める人材なのだ。

グーグルが有能で創造性あふれる人材を見つけるために活用しているもう1つの斬新な手法が、「グーグル・コードジャム」だ。これはグーグルが2003年から開催している問題解決コンテストで、全参加者がオンラインで同じ問題を同じ制限時間内に解いて競い合う。優勝者の賞品は？　賞金1万ドルと、グーグルからの仕事のオファーだ。実際、2006年のコードジャムでは、20位までの上位入賞者に仕事がオファーされた。もちろん、世界中の2万1000人以上がコンテストに参加したことを考えれば、上位20位に食い込むのは大変なことだ。グーグルはコンテストをうまく活用して、この年世界中の2万1000人の求職者を、たった数日間で、ほぼ自動化された方式で効率的に選別した。コードジャムの歴代優勝者がロシアやポーランド、中国の出身だということを見れば、グーグルが全世界から有能な人材を引きつけているのがわかる（2017年のコードジャムには、世界125カ国から応募があった）。最初の予選ラウンドでは、主にプログラミングの問題を解く速さが試される。だが最終チャレンジの段階では、

100人の最終候補者がグーグル本社に集められ、より斬新な発想をするよう求められ、ほかの候補者が書いたコードを解読する。グーグルはこのプロセスによって、プログラミングに情熱を注ぎ、グーグルで働くことを切望する、才能豊かなプログラマーを見つけることに成功しているのだ。2017年には2万5000人の応募者から人材を選別した。

最もイノベーティブな企業がつねに心がけているのは、何かを発明した実績があり、特定の知識分野に深く精通し、優れた製品やサービスによって世界を変えたいという情熱をもつ人材を探すことだ。前にも説明したように、アマゾンは求職者に新しいアイデアや発明したものについてたずねることで、「アマゾンは発明を期待し尊重している」という強力なメッセージを送っている。数々の賞に輝くイノベーションデザイン会社のIDEOが、心理学や人類学、デザイン、工学など、何らかの分野に精通した人材を探すのは、そうした専門知識をもっているということが、何かに情熱を注いでいることの表れだからでもある。アップルは優れた業績を挙げた人材を明確に求め、超A級の人材を見つけている。「私たちがアップルで求めていたのは起業家です……自分が何をやってきたかを、肩書きではなく業績で示すことができる、精力的な人材です」とアップルの元採用担当者シャロン・アビは言う。「一番大事な資質は、優れた業績を期待できることです。……これに関しては、私たち採用担当者は一切妥協しませんでした。プロジェクトを進めるために手っ取り早く欠員を埋めたがる責任者に文句を言われましたが、最高の人材を探すのに半年かかるなら、待たせておくしかないんです。新しいものをつくることに喜びを感じる人を探しました。面接ではいつも『私たちを驚かせてください』と言っていました」[※2]

破壊的イノベータの発見力を反映するプロセス

きわめてイノベーティブな企業には、そのリーダーの人格や行動を反映するような文化がある。言い換えれば、イノベーティブなリーダーは、自身の行動を会社のプロセスに刻み込むことが多い。イノベーティブなリーダーが組織全体に質問・観察・人脈づくり・実験を促すようなプロセスをどのように生み出したかを紹介しよう。

■プロセスがB級の人材をA級の人材に変える（逆も同じ）

私たちが話を聞いたリーダーの多くが、つねに超Ａ級の人材を採用することが成功のカギだと言っていた。だが、どんな企業もそうしようと努めているのではないのか？　また、超Ａ級の人材を引きつけられない場合はどうしたらいいのか？　そういう人材を確保できたとしても、彼らが結果を出すという保証はあるのか？　ハーバード大学のボリス・グロイスバーグ、アシシュ・ナンダ、ニティン・ノーリアの興味深い研究が、こうした疑問に示唆に富む答えを出した。[注a]　この研究は株式アナリスト、特に他社に引き抜かれた「花形」アナリストの業績を調査した。花形アナリストとは、インスティテューショナル・インベスター誌のアナリストランキング（業績予想、銘柄選択、執筆したレポートなどの基準に基づくランキング）に載ったアナリストをいう。上位のアナリストほど株価予想が正確で、レポートが株価に与える影響が大きい。研究によれば、同じ花形アナリストでも、有効なプロセスや経営資源をもたない投資銀行に移籍すると、成績が急落し、成績不振は5年間以上におよんだ。一方、**同等の**プロセスと資源をもつ会社間で移籍した花形アナリストは、やはり成績が低下したが、低迷期間は約2年だった。このように、花形アナリストがよい成績を上げるうえで、会社の経営資源とプロセスは重要な役割を果たしているのだ。またこの研究によれば、サンフォード・バーンスタイン（現アライアンス・バーンスタイン）などの一部の企業は、アナリストを訓練、指導、支援するための主要なプロセスが社内に定着していて、スター社員を養成することに成功していた。この研究結果は別の研究とも一致する。投資信託の運用責任者2086人を対象とした研究で、投資信託の運用成績のうち、個人に起因する割合は30％で、残りの70％は所属組織に起因するとされた。

ほとんどの人が才能や天才の力を本能的に信じている。だが個人が組織の業績を高めるだけでなく、組織のプロセスや理念もまた、個人が優れた成績を上げるのを助けているのだ。企業はイノベーションのプロセスと経営資源次第で、B級の人材をA級に変えることもできるし、悪くすればA級の人材をB級に変えてしまうこともある。

注α　Boris Groysberg, Ashish Nanda, and Nitin Nohria, "The Risky Business of Hiring Stars," *Harvard Business Review* (May 2004). ボリス・グロイスバーグ、アシシュ・ナンダ、ニティン・ノーリア「スター・プレーヤーの中途採用は危険である」（DIAMONDハーバード・ビジネス・レビュー、2004年10月号、ダイヤモンド社）

発見プロセスその1――質問

今では製造環境で働くほとんどの人が、リーン生産方式、自動車業界でいう「トヨタ生産方式」(TPS)について聞いたことがあるだろう。かの有名なTPSは、ヘンリー・フォードが導入した大量生産方式を飛び越える、画期的なイノベーションだった。TPSのおかげでトヨタは何十年もの間、売上高と利益で世界一の座に就くことができた。TPSの立役者として知られるトヨタの元技術者大野耐一は、この革新的な生産方式の中心に「5回のなぜ」の質問プロセスを位置づけた。世界で最もイノベーティブな企業の多くが、同様のプロセスを取り入れている。

「5回のなぜ」プロセスとは、問題にぶつかったときに少なくとも5回は「なぜだろう?」と自問することによって、因果関係を解明し、斬新な解決法のひらめきを促す手法だ。一例として、アマゾンのベゾスは2004年に同社の配送センターを経営陣と訪れたとき、従業員がベルトコンベアで指に大怪我をしたという話を聞いた。このできごとを知ると、ベゾスはホワイトボードの前に立ち、「5回のなぜ」の質問を投げかけて、問題の根本原因を突きとめようとした。

質問その1:**なぜ**従業員は親指を怪我したのか?

　答え:親指がコンベアに巻き込まれたから。

質問その2:**なぜ**親指がコンベアに巻き込まれたのか?

　答え:コンベアに載っていたカバンを追いかけたから。

質問その3・4:**なぜ**カバンがコンベアに載っていて、**なぜ**それを追いかけたのか?

答え：テーブル代わりにしていたコンベアにカバンを載せたら、不意にコンベアのスイッチが入ったから。

質問その5：**なぜ**カバンをテーブル代わりにしていたのか？

答え：持ち場の近くにカバンなどの私物を置く場所がなかったから。

ベゾスらは、従業員が親指を怪我した根本原因が、カバンを置く必要があるのに周りに置き場所がなく、コンベアをテーブル代わりに使ったことにあると判断した。そして安全事故の再発防止策として、携帯型の軽いテーブルを持ち場の近くに置き、またベルトコンベア作業の危険性を従業員に警告するための安全訓練を実施することにした。ささやかなイノベーションだが、アマゾン従業員のピート・アビラにとっては「今も忘れられない」、人生を変えるような経験だったという。アビラは次のことを学んだと話してくれた。

1 ベゾスはこの時間給従業員とその家族のことを気にかけ、時間を割いてこの状況について話し合った。

2 ベゾスは「5回のなぜ」の手法を適切に指揮して、根本原因を突きとめた。個人や集団に責任をかぶせなかった（責任転嫁を許さなかった）。

3 大勢の関係者を巻き込み、模範を示して、根本原因と解決策にたどり着いた。

4 創業者CEOでありながら、自ら従業員の問題に取り組んだ。

「根本原因に集中することの大切さを、彼はあの短時間で全員に教えたんです」とアビラは言う。「質問することの大切さを身をもって示していました」。もしもベゾスが、アマゾン社内で「5回のなぜ」の手法を使う唯一の人だったなら、この手法は社内のイノベーションを一貫して促すプロセスになっていなかっただろう。だがアマゾンは「5回のなぜ」の質問プロセスを研修で教え、社員はそれを問題解決の手法としてしょっちゅう活用している。

またアップル（私たちの初代ランキング5位）も、ブレインストーミングを行って顧客をあっといわせるアイデアを考えるとき、形式化されてはいないが「5回のなぜ」に似たプロセスを用いているようだ。もしもジョブズや経営陣が、的確な仮定の質問を投げかけなかったなら、iPadは誕生しなかったかもしれない。たとえば、もし「iPhone用のもっといい電子書籍アプリをつくるにはどうしたらいいだろう？」のような質問を問いかけていたなら、あの革新的なiPadがつくられることはなかっただろう。ジョブズは代わりにこう問いかけた。「なぜラップトップとスマートフォンの中間に位置するデバイスがないんだ？　それをつくったらどうだろう？」[※3]。この仮定の質問をきっかけに、中間の製品とはどんなものかという議論が始まった。その機器は、ウェブを閲覧する、写真を楽しみ共有する、電子書籍を読むなどの重要なタスクを、スマートフォンやラップトップよりもずっとうまく行えなくてはならない。仮定の質問をつねに問いかけることは、きわめてイノベーティブな企業文化の重要な一環をなしている（探求の企業文化を育むくわしい方法は、ハル・グレガーセンの『問いこそが答えだ！――正しく問う力が仕事と人生の視界を開く』を読んでほしい）。

発見プロセスその2――観察

鋭い観察力を金の卵に変えたのは、医療ロボットメーカーのインテュイティブ・サージカルだ（私たちの初代ランキング2位で、現在も50位以内）。外科医から起業家に転身したフレッド・モールは、自身の観察と経験を活かし、またSRIという企業から一部の技術の使用許諾を受けて、手術支援ロボットを開発した。SRIは、国防総省から資金を得て、外科医が危険な目に遭わずに戦場で手術を行えるようにするプロジェクトを進めていた。この技術のカギは、外科医が行う動作を、できるだけ正確にロボットに模倣させることにあった。

ダヴィンチロボットの試作機の完成度を高めるために、モールは電気技師で超音波診断装置製造会社アキュソンの創業者ロバート・ヤングの力を借りて、外科医が操作する「メイン（コントロール）」側の柔軟なジョイスティックの接合部に沿って、40個のセンサーを取りつけた。外科医の手の動きはセンサーに記録され、電子情報化されてコンピュータに送信され、コンピュータで手首と肩、肘の位置が毎秒1300回再計算される。これらの情報がまず電気機械的にロボットアームに伝えられ、次に手術器具を実際に操作する「レプリカ（リモート）」側のハンドルに伝えられる。モールがめざしていたのはロボットに精密な動作をさせることだったが、外科医は人間である以上、自分の手を完全に制御できるわけではない。そこでコンピュータで手の震えを取り除くことによって、ダヴィンチロボットにきわめて精密な動作をさせている。さらに重要なこととして、インテュイティブ・サージカルの製品開発者は外科医を継続的に観察することによって、医療ロボットでより多くの多様な手術を支援できるよう、ダヴィンチシステムの新しいツールを開発し続けている。

キーエンス（私たちの初代ランキング23位で、現在も50位以内）は、電子センサーなどのFA（工場自動化）機器の製造を行う日本企業である。同社は業界最先端の新製品が売上高の25％以上になるよう心がけている。同社の新製品のアイデアのほとんどが、5万社を超える取引企業の製造現場に積極的に足を運ぶ、7000人の営業担当者の実地の経験から生まれるという。営業担当者は顧客が抱える問題を理解するために、顧客の製造ラインを時間をかけてじっくり観察するよう求められる。一例として、同社は即席麺の製造ラインの観察を通して、麺の太さにムラがあるせいで品質が損なわれていることに気づき、麺の太さを100分の1ミリ単位で測定できるレーザーセンサーを開発した。現在、即席麺メーカーはこのセンサーを利用して、麺の太さを一定に保っている。営業担当者が行うこうした数千の観察をもとに、キーエンスは毎年顧客のために数百種類の新しいFA機器を開発している。

最もイノベーティブな企業は、顧客だけでなく、他社の慣行を観察することによっても新しいひらめきを得る方法を見つけている。たとえば2008年にグーグルとP&Gは、まったく異なる企業なのにもかかわらず（またはまったく異なる企業だからこそ）、イノベーションを促進するために社員交換を行った（P&Gは消費者製品大手で、年間の広告費は90億ドルにも上るがインターネット広告費はごく少額なのに対し、グーグルはインターネット検索大手で、インターネット広告を主な収入源とする）。人事とマーケティングの担当者約20人が、数週間お互いの会社で研修を受け、事業計画の会議に参加した。この取り組みを通じてお互いの会社の慣行を間近に観察し、それが興味深い成果につながった。

たとえばグーグルのマーケティング担当者は、P&Gが紙おむつのパンパースのために大胆な（女優のサルマ・ハエックを起用した）新しい販促キャンペーンを企画するのを観察したとき、P&Gが記者会見に「ママブロガー」（人気子育てサイトの運営者）を1人も招待していないのを知って驚いた。「ブロガーはどこだい？」と、あるグーグル社員は目を丸くして聞いたほどだ。そこでP&Gは十数人のママブロガーをP&Gのベビー用品部門に招待し、施設を案内して、おむつ担当社員を紹介し、おむつのデザインの基礎講座を行った。ブロガーたちによれば、この訪問を報告したブログには10万人から600万人が訪問したという。

社員交換のもう1つの成果が、インターネット広告キャンペーンだ。P&Gはタイド・トゥー・ゴー（携帯用シミ抜きペン）のテレビCM、「おしゃべりなシミ」のパロディ版をユーチューブに投稿するよう呼びかけた。もとのCMはスーパーボウル開催中に放映されたもので、採用面接中の求職者が何か話そうとするたびに、シャツについたシミが無意味なおしゃべりでその声をかき消してしまう、というものだ。だがパロディ広告には、たとえば製品をけなされたり、投稿がまったく集まらない、といったリスクがついて回る。P&Gはグーグルのアドバイスをもとに、投稿希望者に公式ロゴのツールキットを提供した。最終的に227本のパロディ広告が集まり、そのうちの数本はとてもできがよくテレビで放映された。キャンペーンは大きな成果を挙げ、この製品では今後も消費者発信型コンテンツの活用を増やす計画である。

IDEOのデイビッド・ケリーは、観察プロセスの重要性をこんなふうに総括する。「現場を見て実状を知っているはずの人に質問するだけではダメなことが多い。どんなに利口な人や、どんなに製品や機会を知り尽くしている人に聞いてもダメだ。鋭い質問をいくらしたって、ダメなものはダメだ。ジャングルに行かなければ、トラを知ることはできない」

発見プロセスその3――「アイデア人脈」を利用する

当然だが、イノベーティブな企業はイノベーティブな人と同様、アイデア人脈をうまく活用する。こうした企業には、社内外での知識交流を促すための公式、非公式の人脈づくりのプロセスがある。

社内の人脈づくり

ほとんどの企業には社員間のアイデア共有のプロセスがあるが、イノベーティブな企業はさらに上をいく。イノベーティブな企業によく見られる社内の人脈づくりのプロセスに、オーディション番組方式で新しいアイデアを発掘する方法がある。つまり、社員に革新的なアイデアを創造し提案するよう呼びかけ、集まったアイデアを審査団が選別する方式である。たとえばグーグルは年に4回「イノベータズチャレンジ」というコンテストを開催している。社員が提出したアイデアを経営陣が審査し、選ばれたアイデアには活動を継続するための資金が与えられる。またグーグルには、新しいアイデアを社内で共有し、人脈づくりを促すプロセスもある。同社の元消費者製品担当役員でイノベーションの推進役だったマリッサ・メイヤーは、定期的にブレインストーミングを開催していた。技術者が10分間で新しいアイデアを売り込み、メイヤーを含む100人の集団でそのアイデアを吟味する。ブレインストーミングでは、当初のアイデアを肉づけするような新しいアイデアを、1分に1つ以上出し合う。こうしてメイヤーたちは、創業者に発表しても恥ずかしくないほど完成度の高いアイデアを選別するための確立したプロセスを開発した（このプロセスの詳細は明らかにされていない）。

グーグルのイノベーションは非常に民主的で、どのアイデアを推進するかしないかを市場原理で決めている。プロジェクトやアイデアが社内のアイデア用の電子掲示板に投稿されると、社内の全員がそれを評価し、意見を書き込むことができる。また社員は勤務時間の20%を利用して、好きなプロジェクトに取り組むことを許されている。ちょうどアイデアが実際に開発され市場に投入された場合に「本物の」市場がやるように、社内の市場原理にも優れたアイデアとそうでないアイデアをふるい分ける力があると、グーグルの幹部は考えているのだ。またグーグルは無料の食事を通して、社内の人脈づくりを後押ししている。社内のカフェテリアでは、（伝説のロックバンド、グレイトフルデッドの元お抱えシェフ、チャーリー・エアーズが用意した）おいしくて体によい昼食と夕食が無料で食べられる。「グーグルの無料の食事は、ただおいしくて健康的な食事を社員に提供するにとどまらない、重要な役割を果たしています」と、グーグルの元ソフトウェア技術者、ガガン・サクセナは言う。「カフェテリアでは、まったく興味のない分野で働く人と隣り合わせることがよくあります。そんな人との会話がきっかけで、お互い新しいアイデアがふと浮かんだりするんです」

社外の人脈づくり

最近の企業は新しいアイデアをますます社外に求めるようになっている。この現象を表す「オープンマーケット・イノベーション」という言葉もあるほどだ。P&Gはラフリーの2000年のCEO就任当時、新製品のアイデアのうちの10%を社外から得ていたが、これを50%にまで高めるという目標を掲げた。2006年に比率は45%になり、社外のアイデアから生まれた数百の製品を開発することによって、売上高に占める研究開発費の割合を4・8%から3・4%に抑えることができた。社外からアイデアを得ることが増えたのは、「コネクト＋デベロップ（C&D）」戦略のおかげだった。P&GのチームはC&Dの取り組みを通じて、個人の研究者や他社、ときには競合企業とも協力してアイデアを生み出している。

P&Gは社外からアイデアを集める際、いくつかのプロセスを活用する。1つはナインシグマやイノセンティブなどの第三者の仲介企業に社外の技術を紹介してもらう方法だ。仲介企業はP&Gが解決を望んでいる問題を説明する技術資料を作成し、P&Gの名を伏せて提携している世界中の数千人の研究者に送り、解決策をもっている研究者と連絡を取り、契約を結ぶ。C&D戦略を通じて開発された新製品には、たとえばスウィファー・ウェットジェット（掃除用品）やオーレイ・デイリーフェイシャルズ（洗顔シート）、クレスト・ホワイトストリップス（歯の美白シート）、アイムス・デンタルディフェンス（歯磨き粉）、ミスタークリーン・オートドライ（洗車ワックス）、マックスファクター・リップフィニティ（リップカラー）などがある。

消費者製品大手レキット・ベンキーザー（RB）（私たちの初代ランキング8位、最新版56位）も、アイデアリンクというウェブサイトを利用して、同様の成果を上げている。RBはアイデアリンクに最も重要な問題を掲載して、解決策を募集する。この方法で開発された製品の1つが、食器をピカピカに洗い上げる新しい食器洗浄機用洗剤、フィニッシュクォンタムだ。クォンタムの「すっきりピカピカ」効果を支えているのが、通常では分離して混ざり合わない3種類の高活性の薬剤である。これらを混ざらないようにしながら1つの製品にまとめるのが難題だった。RBは社外の専門家と密に協力して開発した革新的なポリマーシステムと処理技術を使って、溶けるカプセルをつくった。カプセルは3室に仕切られ、それぞれの薬剤を必要なときに放出することができる。

ＲＢは起業家との人脈を利用して、こうした特定の技術的問題の解決策を得ているほか、ＲＢのブランドの下で斬新な製品を発売している。ＲＢのブランド価値を高めるような販売経路や製品開発能力をもつ起業家や企業に対し、ブランドの使用許諾を積極的に与える。優れた新製品のアイデアをもつ起業家がいれば、３カ月以内にそのアイデアを審査し、使用許諾を与えるかどうかを決定する。こうしたプロセスを通じてイノベーションを次々と生み出し、新しい製品や製法を8時間に１つのペースで投入している。同社のＣＥＯバート・ベヒトがＣＮＢＣテレビの２００９年ヨーロッパ優秀経営者賞を受賞したのもうなずける。

発見プロセスその4――実験

イノベーションプレミアムが高い企業は、実験のためのプロセスももっている。たとえばモンサント（私たちのランキングの9位、２０１８年にバイエルに買収された）は、乾燥や除草剤、害虫に耐性をもつ遺伝子組み換え種子の開発によってイノベーションプレミアムを得ている。またアイスバーグレタスの歯ごたえとロメインレタスの栄養を併せもつレタスや、（魚油に含まれる）オメガ3脂肪酸を生成する心臓によい大豆などの開発などにも取り組んでいる。同社のバイオテクノロジー作物は、ジェネンテックやアムジェンなどのバイオ企業を生み出したのと同じ、遺伝子技術革命から生まれたものだ。

モンサントはこうしたイノベーションをどうやって生み出しているのだろう？　その秘訣の1つは、革新的なソフトウェアを使った種子遺伝学のデジタル実験にある。「分子育種プラットフォーム」と呼ぶソフトウェアを使って生産を加速させ、作物の収穫を増やし除草剤への耐性を高める実験を行っている。この独自のソフトウェアで、ロボット工学とデータ可視化技術を利用して、作物に関する情報、それも1つひとつの種子の遺伝子型に至る数テラバイトもの情報を追跡する。こうしたデジタル栽培実験を通して、長年の計画や試行錯誤も行わずに作物の良し悪しを予測し、研究者に迅速に情報を提供している。モンサントが革新的な種子によってアメリカの大豆収穫高の90％、トウモロコシと綿花の収穫高の80％のシェアを占めているのも、これらの実験によるところが大きい。

モンサントと同様、スキンケア製品メーカーのバイヤスドルフ（私たちの初代ランキング14位）も１９１１年のニベアクリーム発売以来、新製品の実験に多大な資源を費やしてきた。バイヤスドルフの製品の大半は、ドイツ最大（おそらく世界でも最大）かつ最先端のハンブルグの研究センターで開発している。研究センターの風変わりな建物は、そこで行われている研究を象徴している。建物のホールは皮膚細胞の構造を模していて、研究員に「賢者の石」の名で親しまれている。

研究センターの試験場では、毎年約６０００人の協力者を対象に、新しいスキンケア製品の効果と皮膚耐性のテストが行われる。試験場には数十の浴室と、皮膚細胞構造のわずかな変化も測定できる機器を備えた検査室があり、被験者に実際の生活環境でさまざまな製品を試してもらい、その有効性を注意深く観察し記録している。あるときは、ユーザーの日焼け止めのつけ方が悪く、つける量が少なすぎるせいで、必要な紫外線保護効果が得られていないことがわかった。研究者はユーザーが実際に日焼け止めを使っている様子を観察し、革新的な手法で肌の紫外線保護剤の量を可視化し測定して、ユーザーが最適な保護を得られるように消費者教育を見直し、製品自体にも改良を加えた。

もちろん、ユーザーを対象とする実験は、バイヤスドルフが独自実験を完了してから行われる。各原料と、物質の各組み合わせ、配合全体を特別な方法で試験して、製品が健康を損なわず肌になじむことを確認している。また他社のように動物実験は行わず、培養細胞で試験を行う。バイヤスドルフはこの実験プロセスを通して、毎年150から200の新製品を発売し、120から150件の特許を申請している。

アマゾンのベゾスも自らの実験好きを会社に刻み込んでいる。「できるだけ速いペースで実験することが必要です」とベゾスは言う。「イノベーションと袋小路は切っても切れない関係にあります。どちらかが欠けていたら、どちらも存在しません。でも袋小路に入ったとき、突然壁が開いて広い大通りに出ることがあります。……だからどんな袋小路にも価値があるんです」。アマゾンは小さな実験を行うとき、被験者の半数に試験的な製品やサービスを提供し、その反応を残りの半数の被験者の基本的な満足度と比較する。グーグルも同様に、実験手法を組織に組み込んでいて、製品の正式公開前に「ベータ」版を多くの人に試してもらい、顧客から迅速に直接フィードバックを得る。またグーグルではイノベーションを追求するために、数百の小さなチームが新規プロジェクトを同時に推進し、試験導入する。グーグルが数々の革新的な新しい製品やサービスを生み出しているのも不思議ではない。

発見プロセスを組み合わせてイノベーションを生み出す

イノベータDNAの4つの能力は、独立したプロセスとしてチームや組織内で新しいアイデアを促すこともできるが、すべての能力を組み合わせて体系的に用いることもできる。イノベーションデザイン会社のIDEOは、チームでこれを行う。ケリーによれば、IDEOがイノベーションで成功を収めているのは、チームのプロセスのおかげだという。「私たちはモノをデザインするプロセスの専門家です」とケリーは言う。「歯ブラシであれ、トラクター、スペースシャトル、イスであれ、私たちのプロセスを当てはめて、イノベーションの方法を見つけ出すのです[※4]」。具体的にどんなプロセスでイノベーションを生み出しているのだろう？ IDEOのチームはまず質問のプロセスから始め、続いて観察と人脈づくりのプロセスで当初の質問に答えるためのデータを収集し、最後に実験のプロセスで革新的なアイデアを生み出し、迅速な試作でそれを発展させる。1999年にABCテレビの深夜の報道番組『ナイトライン』で、IDEOが実際にこれらのプロセスを利用して、狂騒の5日間で買い物カートを再デザインする様子が放映された。今日IDEOは同じ手法を用いて、多様なクライアントとともに革新的な製品やサービスを生み出している。IDEOが最近キッチン用品メーカー、チリスと組んで、これらのプロセスを軸にチーズおろし器からピザカッターやスライサーまでのキッチン用品のデザインを一新した取り組みを紹介しよう。

プロセスその1――質問

IDEOのプロジェクトチームは、革新的なチーズおろし器（やピザカッター、スライサーなど）をつくるという課題に取り組むにあたり、まずいろいろな質問を投げかけることによって、従来型のチーズおろし器を使う際の問題を理解しようとした。チーズおろし器の問題とは何だろう？　ユーザーは今あるチーズおろし器のどこが不満なのか？　安全性はどのくらい重要か？　チーズおろし器の「極端なユーザー」（玄人と初心者）とはどういう人たちで、どんなニーズをもっているのだろう？　キッチン用品の極端なユーザーとは、毎日何時間もキッチン用品を使う料理家やシェフなど、そしてキッチン用品を初めて使うかめったに使わない大学生や子ども、高齢者などだ。

IDEOのチームは、本書の質問ストーミングの手法（第3章で説明した）をそのまま使っていたわけではないが、それによく似たプロセスによって質問を出し合い、次の観察と人脈づくりのプロセスで何に注目すべきかを明らかにした。その際、質問を小さな付箋に書いていき、簡単に並べ替えて優先順位をつけやすくした。プロジェクトリーダーのマット・アダムズは、「正しい質問があれば、どうやって答えを出せばいいかがわかってきます」と言う。このステップを踏むことによって、続く観察と人脈づくりのプロセスで「何を、どうやって、どんな人に聞けばよいか」がよりはっきりする。

プロセスその2――観察

この段階ではデザインチームが現場に足を運び、顧客が製品を使う様子を直接観察し、記録した。「現場に実際に足を運んで、デザインを使う人たちのことをよく知ろうとします」とケリーは言う。「潜在的なニーズ、これまで誰も気づかなかったニーズや口に出さなかったニーズを探すんです」[※5]。チリスのチームはドイツとフランス、アメリカのさまざまな製品のユーザー、特に「極端なユーザー」を長時間観察して、彼らが何を考え、感じているのかを直感でとらえようとした。ユーザーがキッチン用品を使う様子を写真やビデオに記録し、気づいたことを書き留めた。

チームは観察を通じて、従来型のキッチン用品の使用上の問題点を数多くとらえた。たとえば昔ながらのチーズおろし器は、目詰まりしやすく、洗いにくく、安全に取り回すのにかなりの熟練が必要なものが多かった。また料理上手な人が好むスライサーは、鋭い刃がむき出しで、安全上重大な問題があった。これらを踏まえて、チームは使いやすさと洗いやすさ、機能性を最適化する方法を考えた。たとえば手や腕の動きを注意深く観察して、持ち手の形状や器具の角度を微妙に調整し、使いやすさを大幅に改善した。

プロセスその3――人脈づくり

IDEOのチームは観察を行う際、できるだけ多くのユーザーからキッチン用品の話を聞いた。とくにユーザーがキッチン用品を使っている最中に質問した。ユーザーは使用中に製品のよいところやわるいところについてアイデアやひらめきを与えてくれることが多い。特にプロのシェフや料理上手な人などの「専門家」の話が参考になった。専門家は最も要求が厳しく、なかなか満足しないが、優れた製品改良のアイデアをもっていることが多いのだ。

IDEOのチームはユーザーとの自由な対話を通して、革新的なキッチン用品を開発する手がかりを得た。ユーザーを深く知ったことで、特定のユーザー、たとえばシェフの立場に立って考えられるようになった。ユーザーは何が好きで、どんな問題を抱えていて、何を重視しているかを理解するよう努め、ほかのメンバーにもそれを伝えた。IDEOのプロジェクトリーダー、ピーター・キルマンによれば、IDEOのチームは観察と人脈づくりの段階で「世界の果てまで行って、イノベーションの黄金のカギを持ち帰る」のだという。※6 観察と人脈づくりは、革新的なアイデアへの扉を開く「カギ」なのだ。

プロセスその4――解決策のブレインストーミングと関連づけ：掘り下げ

次の段階では、観察と聞き取り調査で得たすべてのひらめきを会社に持ち帰り、「掘り下げ」と呼ぶブレインストーミングを行う。掘り下げのブレインストーミングでは、データ収集段階で得た知識を全員で率直に共有する（IDEOではこれを「ダウンロード」と呼ぶ）。こうしてユーザーの生活に関するくわしい情報を提供し合う。メンバーはひらめきや観察、発言などの情報を報告し、写真やビデオ、メモなどを見せ合う。

チームリーダーは話し合いの進行役を務めるが、IDEOにはこれといった肩書きや階層というものがない。社内での地位は最高のアイデアを生み出した人に与えられ、発言の機会は全員に平等に与えられる。アイデアを共有したら、続いて問題をデザインで解決する方法を出し合う。このブレインストーミング段階で関連づけ思考を積極的に促すために、IDEOのどのオフィスにも、模型飛行機からバネのおもちゃまでの半端で関連性のない、おもしろいものが詰めこまれた「ガラクタ箱」が置かれている。革新的な製品デザインを出し合う際に、リーダーはガラクタ箱の中身をチームの前に広げ、関連づけ思考を刺激する。

プロセスその5――試作（実験）

最後が「迅速な試作」の段階で、ブレインストーミングから生まれた最高のキッチン用品のアイデアをもとに、デザイナーがきちんと機能する試作品をつくる。ケリーは試作品の重要性をこんなふうに力説した。「『1枚の絵は千の言葉に値する』と言いますが、絵が千の言葉なら、試作品は百万の言葉にも値します。……試作品をつくり、フィードバックを得て、デザインを反復的に改良していきます。試作品をつくれば、誰かが改良を手伝ってくれる」※7

IDEOはキッチン用品の試作品を、シェフから大学生までの幅広いユーザーに使ってもらい、意見を求めた。たとえば新しくデザインしたチーズおろし器は、大きな円筒型の容器にチーズを入れて取っ手を回すもので、少ない動作でチーズを（チョコレートやナッツも）おろすことができる。目詰まりしないおろし金により、高齢者や手の小さな人でも力を入れずにたくさんの量をおろすことができる。手回しハンドルは折りたたみ式で付け替え可能なので、引き出しに収納でき、右利き、左利きどちらでも使用できる。こうしたイノベーションが、試作品をつくるごとに磨きをかけられていく。なぜならIDEOは、プロジェクトリーダーのマット・アダムズが言うように、「考えるためにつくり、つくるために考える」からだ。新製品のアイデアにすばらしいフィードバックを手っ取り早く得るには、試作品を外に持ち出して「テスト走行」するのが一番なのだ。

IDEOは質問・観察・人脈づくり・実験の反復プロセスを体系的に活用して、新しい革新的なデザインを続けざまに生み出している。IDEOのプロセスは、チームの全員によるイノベーションを促し、支え、また全員のイノベーションで成り立っている。IDEOの元人材・組織責任者のジョン・フォスターが、「リーダーシップ、特にイノベーションのリーダーシップは集団が生み出すものだ」と言うのもうなずける。

イノベーティブな組織のDNAがイノベーティブな個人のDNAを反映していることを、私たちの研究は示している。発明好きの人が質問・観察・人脈づくり・実験を体系的に行うのと同じように、イノベーティブな組織やチームもこうした能力を社員に促し育むためのプロセスを体系的に開発している。さらに、IDEOの例が示す通り、こうしたプロセスを体系的に組み合わせて、斬新な解決策を生み出すための包括的なプロセスをつくっている。イノベーティブなリーダーは、自らの発見行動を組み込んだプロセスをつくることによって、自らのイノベータDNA能力を組織に植えつけることができるのだ。

第10章

理念

イノベータDNAを実践する

「アマゾンは大企業の事業の範囲と規模をもちながら、
中小企業の心と精神を失わずにいたい。
……創造性あふれる環境がほしいなら、
『イエス』に至る道をいくつもつくらなくてはならない」

——

ジェフ・ベゾス
アマゾン創業者

世界の最もイノベーティブな企業にはどんな創業理念が浸透しているのだろう？　この問いに答えるために、私たちはまずこうした企業の創業者と経営陣の内面に切り込んだ。彼らは個人としてどんな理念や信念に突き動かされて、イノベータDNA能力を絶え間なく働かせているのだろう？「さあ、それが私のやり方なんです」という答えが返ってくることが一番多かった。彼らはイノベーションが誰かほかの人ではなく自分の仕事だと、あたりまえのように考えていた。イノベーションは彼らの人となりの中核をなしていた。彼らは新しいアイデアを追求することに膨大な時間と精力を費やしていた。漸進的イノベーションから破壊的イノベーションまでのさまざまなイノベーションを追求しつつも、極端なリスクを取っているとは感じていなかった。

またイノベータは（ベゾスがアマゾンでやったように）、自分が当然のように信奉している理念を企業文化の隅々にまで浸透させることにも、同じくらい熱心に取り組んでいた。最も強力な文化とは、社内に広く受け入れられ、深く信奉される文化だということを知っているからだ。では具体的にどうやって浸透させているのか？　イノベータは自分が示すイノベーションの模範が、きわめてイノベーティブな企業をつくるための重要な第一歩になることを知っていた。また、社内のすべてのチームでみずから指導したり活動したりできないことも、（特に会社が成長すると）大半の社員との直接の交流がごく限られていることも知っていた。だから彼らは、会社全体にイノベーションへの強い決意をたたき込もうとしていた。創意あふれる人材を採用してイノベーションのプロセスを導入するだけでなく、イノベーションの基本理念を自ら実践していた。

イノベーティブな起業家や経営幹部が語ってくれたイノベーションの理念は、次のようなものだ。イノベーションは全員の仕事である。破壊的イノベーションにも果敢に取り組む。小人数の適切な構造をもったたくさんのプロジェクトチームに、アイデアを市場化するうえで中心的な役割を担わせる。イノベーションを追求するにあたり、ほかの企業より大きなリスクを取りつつ、リスクを軽減するための行動を取ることによって、「賢いリスク」に変換する。世界で最もイノベーティブな企業は、これらの4つの理念を文化に浸透させ、ただ言葉で表すだけでなく、それらを補強するような行動を通して強力に打ち出している。

理念その1――イノベーションは研究開発部だけでなく全員の仕事だ

イノベーションは明らかに研究開発部門の仕事だ。これに疑問をもつ企業など見たことがない。だがイノベーションが**全員の**仕事かどうかについては、世界中の企業で相当な議論が行われている。ある企業では、会長とCEOがこの問題をめぐって対立していた。会長は全社員がイノベーションに関わるべきだと言い、CEOは反対の立場をとって、研究開発と消費者マーケティングの部門だけがイノベーションに労力を費やすべきだと主張した。この会社は、上層部が激しく議論を戦わせているその最中に、全社員に新しい製品やサービス、プロセスの発見に毎週勤務時間の一部を費やすよう命じる新方針を導入した。当然だが、経営陣の議論が決着するまでは、イノベーションに取り組もうとした社員はほとんどいなかった。

ジェフ・ベゾスやイーロン・マスク、マーク・ベニオフなど、きわめてイノベーティブな企業のリーダーは、イノベーションが研究開発部門だけの仕事だという思い込みを打破するために、「イノベーションが全員の仕事」という理念を組織の行動指針として植えつけようとしている。ジョブズは追放から12年間を経てアップルに復帰したとき、「シンク・ディファレント」の広告キャンペーンを行った。この広告はさまざまなイノベータを、こんな言葉で称えた。「クレイジーな人たちに乾杯。はみ出し者。反逆者。厄介者。……人と違う見方をする人たち。彼らはルールを嫌う。現状を肯定しない。……ものごとを変える。人類を前進させる人たちだ」

エミー賞を受賞したこの「シンク・ディファレント」キャンペーンが、史上最も革新的なCMと賞賛されたのは、主に人々に勇気を与えたからだろう。だがほとんどの人は気づいていないが、このキャンペーンの対象は顧客だけでなく、アップルの社員でもあった。「『シンク・ディファレント』キャンペーンをそもそも思い立ったのは、**社員をはじめ**誰もがアップルの本質を忘れてしまったからだ」とジョブズは語っている。「私たちの本質がどこにあるのか、価値観は何かを伝えるにはどうしたらいいだろうと頭を絞り、思い当たった。誰かをよく知りたいときは、『尊敬する人は誰か?』とたずねればいい。どんな人をヒーローと崇めているかで、その人のことがよくわかる。だからこう考えた。『よし、私たちのヒーローについて語ろう』と」。アップルの革新性を取り戻すには、このメッセージを全社員に伝えなくてはならないと、ジョブズは思った。「私たちのヒーローはイノベータだ。私たちの本質はイノベーションだ。アップルで働く以上、世界を変えたいと願うイノベータにならなくてはいけない」[※1]

マリオット・インターナショナル（私たちの2018年版最もイノベーティブな企業ランキング20位）のCEOアーン・ソレンソンは、CEOの仕事を成功させるには、社員が自由にイノベーションを起こしてもいいと思える文化を生み出さなくてはならないと考えている。「社員にこんなメッセージを送ることがとても大事なんです。『君たちにイノベーションを起こす許可を与える。イノベーションには見返りを与える。失敗しても罰しない』と」。ソレンソンは続けてこう語った。「今日私たちは全世界に6700のホテルをもっています。これらは6700の生きた実験室です。その1つひとつが、リーダーとやる気あふれる社員によって運営されています。彼らが自分の持ち場でイノベーションを起こす許可を与えられたと感じれば、1人ひとりが有意義なことを学び、そこから得られる最高のアイデアを活かすことができるんです」

言うまでもないことだが、こうした大胆なメッセージの後にはそれを裏付ける、大胆な行動が必要だ。P&GのA・G・ラフリーは、「革新を起こそう」という理念を追求することについて、こう語っている。「5、6年前のP&Gは、ほとんどのイノベーションを8000人の科学者と技術者に任せきりにしていました。今私たちが解き放とうとしている新生P&Gは、10万人を超える社員の1人ひとりに、イノベータになれと訴えています」。組織ぐるみでイノベーションを起こすという決意を強調するために、ラフリーは社内全体からアイデアを募集し、有望なものは開発に回した。彼が後押ししたイノベーションの1つに、ヒット商品になった有色人種の女性用ヘアケア製品がある。アフリカ系アメリカ人の社員から、既存製品にはよいものがなく、「うちならもっとよい製品がつくれるはず」だという意見を聞いたのがきっかけだった。事実、P&Gはよりよい製品をつくった。「パンテーンプロVリラックス&ナチュラル」という新しい製品ラインを発売し、成功を収めたのだ。ラフリーの行動がP&Gの基本方針となり、「革新を起こそう」の理念が定着した。とはいえ、重要なリーダー1人の行動だけでは不十分だ。きわめてイノベーティブな企業は、一般的な企業と比べて、イノベーションに取り組む時間と資源を社員により多く与えることで、この理念を周知徹底していた。

■安心してイノベーションを起こせる場を設ける

「イノベーションは全員の仕事」の理念を定着させるには、社員が安心して現状に挑戦できる場を設ける必要がある。研究者はこれを「心理的安全性」と呼ぶ。すなわちチームの誰もが進んで意見を述べ、リスクを取り、実験を行い、罰されることなく過ちを認めることができる状態だ。アズール航空とジェットブルー航空の創業者デイビッド・ニールマンはこう語る。「誰もが意見を出し、それを聞いてもらうことができる環境をつくれば、アイデアは自然と生まれるんです」

多くのリーダーが、発見力を伸ばし活用するよう部下を促していると自負しているが、傍目からはそう見られていない。私たちの調査したチームリーダーはおしなべて、自分は周りの上司や同僚、部下よりも、人に発見行動を促す能力がずっと高いと考えていた（これはいわゆる「平均以上」効果を思わせる。実際私たちの調査でも、7割以上の人が自分の指導力は平均より上だと考え、平均より下だと思っている人はたった2％だった。このデータから、改善の余地がまだまだあることがはっきりわかる。図10－1を参照）。

リーダーは社員が安心してイノベーションに取り組める場をどうやって設けているのか？　安全な場を設けるための最も重要な第一歩は、質問を促すことだ。リジェネロン（私たちの2018年版ランキング16位）のCEOレン・シュライファーとCSO（最高科学責任者）ジョージ・ヤンコプロスは、厳しい質問をするようお互いや部下を促すことによって、安全な場をつくっている。「質問をして、あらゆるものごとに疑問を投げかけています」とヤンコプロスは言う。「どんな考えにも、科学的原理にも、疑問を投げかける。それをみんなで話し合うんです。レンと僕は1日5回ぐらい議論していますよ。疑えないものは何もない、どんなことも当然とは考えない、という文化をつくったんです」。別のイノベーティブなリーダーは、ベテラン社員を含む全員に、「なぜ」と日常的に自問するよう促していた。「頭を使うことをやめ、質問などせずただ実行するだけのモードに入りがち」だからだという。

イノベーションの取り組みを促すためのもう1つの秘訣は、発見力を活用する社員を応援することだ。新しいアイデアを生み出す能力が高いある企業幹部は、部下がアイデアを出さないことに不満をもっていた。だがこの幹部はイノベータDNAの360度評価を受けると、状況をよりよく理解できるようになった。幹部は部下が安心してイノベーションに取り組めるような場をつ

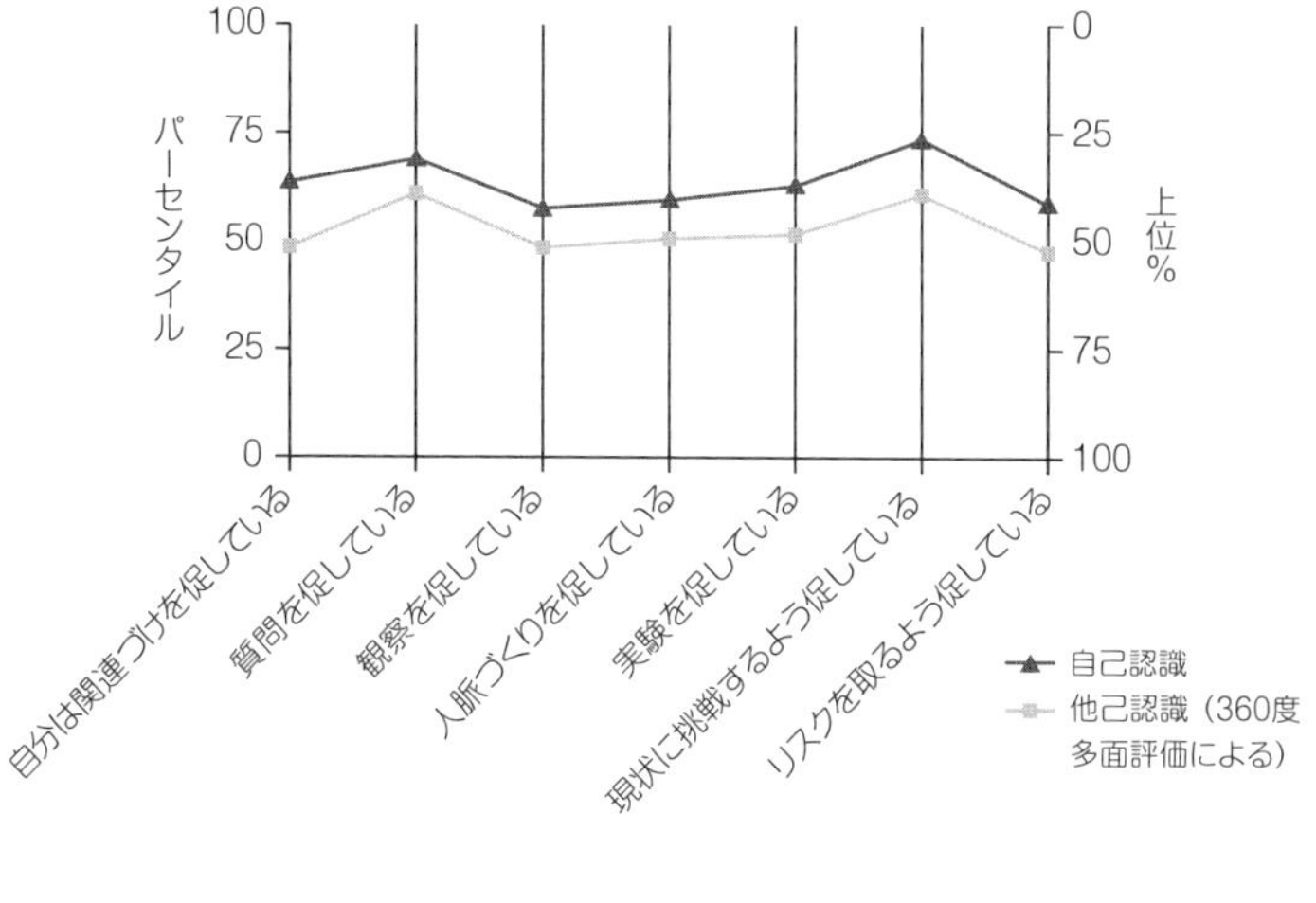

図10-1 イノベーションの指導力：自己認識と他己認識のズレ

くっていなかったことが明らかになったのだ。この幹部はほかの評価者に比べて、部下に一貫して低い評価を与えていた（この幹部が直属の部下の発見力につけた評価が約35パーセンタイルだったのに対し、部下同士がお互いに与えた評価は約65パーセンタイルだった）。

なぜこの幹部は部下にそんなに低い評価をつけたのだろう？　私たちが行ったチーム構築の研修中に、2つの理由が明らかになった。第1に、幹部は他人のアイデアより自分のアイデアの方が優れていると感じ、他人の独創的なアイデアを低く評価しがちだった。第2に、幹部は創造性が大切だと口では言いながら、日頃からとかく実行力を賞賛し、評価していた。この実行重視と他人のアイデアを聞き入れない姿勢のせいで、部下たちは幹部がそばにいるときは行動を変えた。ふだんはイノベーションの能力を発揮しているのに、幹部のそばではそのスイッチを切っていたのだ。

こうしたリーダーが抱える問題は珍しくない。行動経済学者のダン・アリエリーが著書『不合理だからうまくいく』で示した研究によれば、「自前主義」と呼ばれる単純な認知バイアスのせいで、誰もがつねにこのような行動を取りがちだという。私たちは自分以外の人が考案したアイデアを、得てしてうさん臭く感じる。なぜなら私たちは知らない人や信用していない人が出した情報を軽視したり、無視したりする傾向があるからだ。特に、自分がすでにもっている信念や支持している考えと矛盾する情報ならなおさらだ。このバイアスが突きつける問題を克服するために、イノベーティブなリーダーは他人のアイデアに真摯に耳を傾け、後押しする姿勢を見せる。このような行動を通して、「イノベーションは全員の仕事だ」という信念を組織全体に深く根づかせているのだ。

イノベーションに専念する時間を与える

第1章で述べたように、私たちが調査した最もイノベーティブな企業の創業者CEOは、ふつうの企業のCEOに比べて、発見行動に1・5倍の時間を費やしていた。イノベーティブなリーダーは、イノベーションが突然降って湧くわけではなく、かなりの時間をかける必要があることを知っている。だからふつうの企業がやらないことをやっている。イノベーション行動により多くの人的、財務資源を割り当てているのだ。たとえばグーグルは、一部の技術グループに勤務時間の20％（1週間のうちの1日）までを好きなプロジェクトに費やすことを奨励する「20％ルール」によって、「イノベーションは全員の仕事」の理念を強化している。創業者のセルゲイ・ブリンとラリー・ペイジまでもが、20％ルールを忠実に守ろうとしている。上層部は時間の使い方に口を出さないが、プロジェクトは上層部の承認を得る必要があり、社員は費やした時間と得られた成果を説明しなくてはならない。またプロジェクトは報告、記録され、社内のアイデア共有サイトで公開され、会社全体の意見を得て審査されるから、社員の協力を得やすい。アイデアを知ったほかの社員が、20％ルールの時間の一部を費やして、そのアイデアを育てようとするかもしれない。20％ルールから生まれて大成功を収めたプロジェクトには、Gメールやグーグルニュース、アドセンス（広告収入をもたらすコンテンツ連動型広告）などがある。近年ではグーグルの新規プロジェクトのほぼ半数が、20％ルールから生まれている。20％ルールは、誰もがイノベーションを起こすことができるし、起こすべきだという、経営陣の信念の目に見える象徴なのだ。

グーグルと同様、3Mも15％ルールを運用していることが昔からよく知られているし、P&Gも一部の社員に勤務時間の75％を「システム内の仕事」（与えられた任務を遂行すること）に費やし、25％を「システムに関する仕事」(仕事の新しくよりよい方法を考案すること)に費やすよう求めている。そのほかアップルやアマゾンも、はっきりとした時間配分のルールはないが、実験を行いイノベーションのプロジェクトに取り組むよう、折あるごとに社員に求めている。アトラシアン・ラブズ(ソフトウェア開発・共同開発ツールを開発するオーストラリアのイノベーティブな企業)には、独自の20%ルールがある。同社は年に一度、ソフトウェア開発者全員が24時間ノンストップで新製品のアイデアを生み出す催し、その名も「フェデックスデー」を開催する。開発者は審査を受けるために、新しいアイデアを実行可能な「フェデックス出荷指図書」にまとめる。24時間後の「フェデックス配達デー」で、開発者は新しいソフトウェアのアイデアを迅速に試作し、社員に向けてデモを行う。この毎年恒例のイノベーション大会は大きな成果を挙げている。開発者は楽しく仕事しながら成長し、最終的には新しい製品を導入して、製品ラインの拡充に一役買うことができるのだ。

あなたの会社にこのイノベーション理念がどの程度浸透しているかを考えよう。私たちは企業がイノベーション理念を文化に根づかせているかどうかを測るために、企業を訪問して100人の(すべての階層、事業分野、地域から選ばれた)代表的な集団に次の質問をしている。

1　あなたは今の職務でイノベーションを起こすことを期待されていますか?

2　イノベーションは人事考課の対象としてはっきり示されていますか?

きわめてイノベーティブな組織では、70%以上の社員がどちらの質問にもはっきり「イエス」と答える。イノベーションが日々の仕事の明確であたりまえの一部になっているのだ。

■「イノベーションは全員の仕事」の理念を定着させる

世界で最もイノベーティブな企業を調査した結果、「イノベーションが全員の仕事」の理念が組織に浸透しやすいのは、次のようなときだとわかった。

1　トップリーダーが積極的にイノベーションを起こし、その様子を全員が見聞きしている。
2　すべての社員に革新的なアイデアを創出するための時間と資源が（口だけではなく実際に）与えられている。
3　イノベーションが人事考課の対象として一貫して明示されている。
4　会社の人的資源と財務資源の25％以上が、製品プラットフォームのイノベーションや飛躍的イノベーションのプロジェクトに投入されている（後述）。
5　イノベーションと創造性、好奇心を、口先だけでなく行動においても、会社の基本理念に取り入れている。

理念その2——破壊的イノベーションにも果敢に取り組む

きわめてイノベーティブな企業は、イノベーションの課題に時間を割くよう全社員に促すだけでなく、イノベーションプロジェクトにより大きな割合の人的資源、財務資源を配分している。同業の同規模の企業に比べて、研究開発により多額の投資を行い、より多くのイノベーションプロジェクトを始動させている。こうした具体的な投資は、イノベーションに本気だというメッセージになる。

もちろん、ほとんどの企業は新製品・サービスの研究開発投資を行っている。だが私たちの見るところ、こうしたイノベーションプロジェクトの90％以上が、「派生的」なプロジェクトである。つまり、その企業が（またたいてい顧客も）よく知っている既存技術をもとに、既存製品にわずかな改良を加えたもの（次世代の製品やサービスなど）にすぎない。[※2] たとえばソニーのゲーム機プレイステーション3（PS3）は、派生プロジェクトだ。PS3はグラフィック性能に優れ、ブルーレイプレーヤーとして使用でき、インターネットに接続できるという点で、PS2をしのいだ。ソニーはこうした新機能を追加することによって既存製品の魅力を高めたが、新しい製品プラットフォームを開発して、まったく新しい顧客セグメントやまったく新しい市場を生み出したのではなかった。

これに対し、より急進的な技術をもとに顧客に独自の価値提案を行うことによって、まったく新しい市場をつくり出そうとする、破壊的イノベーションプロジェクトを計画する企業もある（既存製品にないまったく新しい要素を組み入れ、それらを新しい製品アーキテクチャ（製品の基本的な設計方法）内で新しい方法で連携させるとき、技術はより急進的になる)。ひと昔前のソニーのウォークマンが破壊的だったのは、ほかのどんな音楽機器よりも携帯性に優れた設計によってまったく新しい市場を切り開いたからだ。ウォークマンは新しい小型化された部品と、それらの間の新しい連携(インターフェース)をもとにつくられた。アップルもiPodとiTunesで、同様の飛躍的進歩を遂げた。これらはウォークマンとはまったく違う部品と製品アーキテクチャをもち、ずっと多くの人々が音楽を持ち運びできるようにした。iPod購入者の95%以上がアップル製コンピュータを使ったことがなく、80%以上が携帯音楽機器を使ったことがなかった。だからアップルはまったく新しい市場への扉を開くことができた。同様にiPhoneが破壊的だったのは、用いられた技術がまったく異質だったというよりも(異質な技術もあったが)、まったく異なるアーキテクチャ(ワンボタンとタッチスクリーン)をもち、またApp Storeにより一般的な携帯電話にはできない多くのことを可能にしたからだ。アマゾンの電子書籍端末Kindleと、仮想デジタルアシスタントAlexaも、まったく新しい市場をアマゾンに切り開いたという点で、やはり破壊的なイノベーションである。

最後に、派生的イノベーションと破壊的イノベーションの中間に位置するのが、スティーブン・ウィールライトとキム・クラークが「プラットフォーム」プロジェクトと名づけたものだ(図10-2を参照。ウィールライトとクラークは、私たちが「破壊的」と呼ぶものを指して、「飛躍的《ブレークスルー》」という用語を使ったことに注意)。[※3] たとえばアップルのノートパソコンMacBook Airは、新しい製品カテゴリーとみなされる程度には異質だが、iPodのようにまったく新しい市場を開拓しているわけではないので、プラットフォームプロジェクトにあたる。MacBook Airのユーザーのほとんどが、すでに小型のノートパソコンや、アップル製のほかのコンピュータを使っていた。さらに、MacBook Airを支える技術は、iPodやiTunesのような画期的な製品の技術ほど急進的ではない（もちろんどんな製品に関しても、急進的な技術［新しい構成要素や、構成要素間の新しい連携］を基盤としているかどうかや、ほかの製品とはっきり異なる価値を提供することによって新市場を切り開いたかどうかには、つねに議論の余地がある）。

イノベーティブな企業が、プラットフォームイノベーションと飛躍的（破壊的）イノベーションのプロジェクトに、著しく高い割合の人材と資源を意識的に配分していることが、図10－2の枠組みからもわかる。たとえばグーグルは、エンジニアリング資源を配分する際に「70：20：10」のルールを用いている（技術者に許されている20％ルールの時間を含む）。すなわち、グーグルのエンジニアリング時間の70％が主力事業（ウェブ検索と有料リスティング広告）の派生的製品を拡張、開発するために費やされ、20％が「主力事業を拡張する」ためのプロジェクト、たとえばGメールやGoogle Documentなどに、そして残りの10％が「まったく新しい事業」、たとえばスマートフォンのGoogle Pixelや、新しい共同作業支援ツールのWave、サンフランシスコでの無料Wi-Fiサービス、自動運転車（子会社のウェイモ）などの開発にあてられている。私たちの見ると

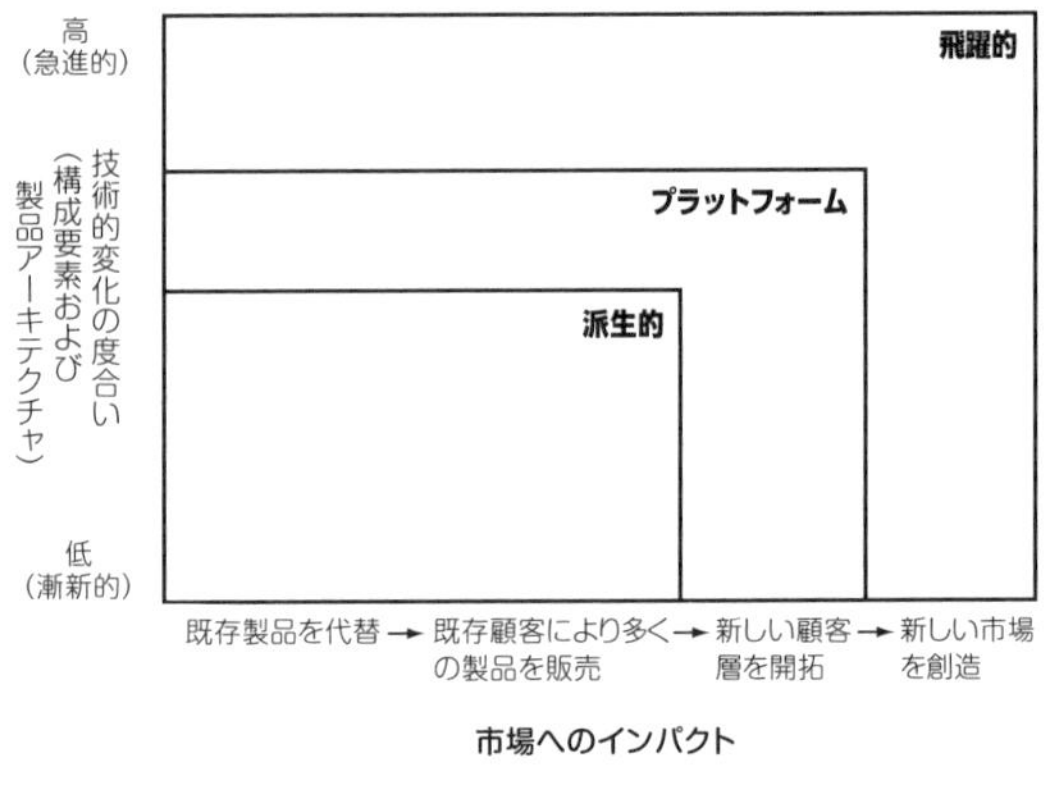

図10-2　総プロジェクト計画：企業のイノベーションプロジェクトに優先順位をつけるための枠組み
出所：Steven C. Wheelright and Kim B. Clark, "Creating Project Plans to Focus Product Development," *Harvard Business Review*, March-April 1992, 10-82.

ころ、グーグルの70：20：10の優先度は、ウィールライトとクラークの言う派生的、プラットフォーム、飛躍的イノベーションの分類と一致する。グーグルの優先順位づけには、プラットフォームおよび飛躍的イノベーションのプロジェクトへの投資意欲がはっきり表れている。「私たちは短期的収益を求める圧力のせいで、ハイリスク・ハイリターンのプロジェクトに尻込みするようなことはありません」と、ラリー・ペイジは新規株式公開時に株主への手紙に書いている。「たとえば、長期にわたって10億ドルを稼ぐ可能性が10％でもあるなら、私たちはそのプロジェクトに投資するでしょう。また私たちがきわめて投機的で不可解にも思える分野に少額の投資をしたとしても、驚かないでほしいのです※4」

同様にアップルとアマゾンも、プラットフォームおよび飛躍的イノベーションに多大な資源を配分している（ただし決まった資源配分の指針に従ってはいないようだ）。私たちの見る限り、コンピュータメーカーで音楽事業や携帯電話事業、デジタルカメラ事業（失敗に終わったApple QuickTake）にまとまった投資を行っているのは、アップルだけだ。これらの事業はもちろん、コンピュータから直接派生したものではなかった。またオンライン小売業者のアマゾンは、電子書籍端末Kindleとデジタルアシスタントの Alexaの開発に多くの資源をつぎこんでいる。このどちらもが、新しい製品分類を生み出した。アマゾンはクラウドコンピューティング・サービスにもいち早く参入して主導的地位を確立した。これらの製品はアマゾンにまったく新しい市場の扉を開いたが、つねに激しい反発を招いた。ベゾスはこう説明する。「これまで新しい事業に取り組むたび、最初は社外や社内からも、本業がおろそかになると言われました。『なぜ書籍以外に手を広げるのか？　なぜ出品者と手を組んでマーケットプレイス事業に参入するのか？』などと言われました。まさに今も新しいウェブインフラサービスへの参入で、『なぜ新しいウェブ開発者サービスを始めるのか？』という質問を浴びせられているところです」[※5]。それでもベゾスとアマゾンは革新的な事業のアイデアをつねに追求している。

要約すると、イノベーティブな企業は、プラットフォームおよび飛躍的イノベーションに費やす時間と資源の絶対量が多い。派生的イノベーション以外のイノベーションプロジェクトにも果敢に取り組む、という理念を組織が実践しているかどうかを知るには、「この企業のイノベーションプロジェクトのうち、プラットフォームおよび飛躍的イノベーションが占める割合は？」と問えばいい。この割合が5％未満の企業は、きわめてイノベーティブとは言いがたいし、当然投資家にもイノベーティブとはみなされていない。他方この割合が25％以上の企業は、破壊的イノベーションを積極的に追求して、「もっと大きな夢をもとう」の助言を受け入れていることが確かにわかる。アマゾンが大躍進を続けているのは、ジェフ・ベゾスが社員に大きな考えをもつよう促しているからでもある。アマゾンウェブサービスのCEOアンディ・ジャシーはこう言った。「社員がとても優れた独創的なアイデアをジェフのところにもっていきます。するとジェフはそれを見て、『そうだね、これは本当におもしろくてわくわくする。でも、このアイデアをこうやってああやって広げる方法は考えたのかい？』とたずねる。それはチームが考えてもいなかった方法だったりするんです。ジェフはこうやって、アイデアをさらに膨らませるよう社員にハッパをかけ、できるだけ大きな考えをもつという文化を促し、後押ししています」

理念その3──少人数の適切な構造をもつイノベーションプロジェクトのチームを配置する

どんな新しい製品やサービスのアイデアも、誰かが構想から市場投入までの責任を担わなくてはならない。イノベーティブな企業はそれを少人数のプロジェクトチーム（飛躍的、プラットフォームまたは派生的イノベーションのプロジェクトチーム）に任せることが多い。社内の1人ひとりにイノベーションを促すには、ごく少人数の作業班を編成し、**大きな目標**を与え、個人とチームの成績を可視化すればよいことを、賢明なリーダーは知っている。アマゾンは「ピザ2枚のチーム」の方針を設け、どんなチームもピザ2枚を分け合えるほどの少人数、つまり6人から10人にとどめている。チームを小さくすることによって、アマゾンはより多くのプロジェクトを推進することができるし、チームは新しい製品やサービスを求めてより多くの袋小路に入っていける。

同様に、グーグルの技術者はふつう3人から6人のチームで働く。元会長エリック・シュミットは、その意図をこう説明した。「うちではは少人数を心がけています。大きい集団は生産性が低いんです」[※6]。グーグルはその結果、小さなチームが数百のプロジェクトを進める、権限委譲が進んだ柔軟な組織になっている。シュミットはこれを「千輪の花を咲かせる」手法と呼ぶ。[※7] 数百の小さなプロジェクトチームが新しいアイデアを開発していることを考えれば、グーグルがあれほど多くの新しいプロダクトを提供できるのも不思議ではない。

やはり大切なのが、そうしたプロジェクトチームに適切な構造と適切な能力の組み合わせをもたせることだ。多くの企業がイノベーション、特に飛躍的イノベーションのプロジェクトに失敗するのは、組織化の基本原則がわかっていないからだ。すなわち、イノベーションが急進的であればあるほど、プロジェクトチームは既存の事業分野や組織体制から独立する必要がある。説明しよう。企業のプロジェクトのなかで最も急進的でないものは派生的イノベーション、一般には構成要素や機能の段階的改良に関わるプロジェクトだ。たとえばソニーでは、ＰＳ４の構成部品とアーキテクチャに精通した設計者や技術者が、おそらくＰＳ４の次世代機（ここではＰＳ５と呼ぼう）を開発するだろう（原書執筆時はＰＳ５は未発売）。おそらく既存の構成部品を修正または改良して、たとえばグラフィックス性能を強化したり、ストレージ容量を増やしたり、オンライン対戦をやりやすくするだろう。もしかしたらテレビ録画などの新しい機能を追加するかもしれない。この種の派生的イノベーションにうってつけのチームが、**機能別チーム**だ。機能別チームでは、１つひとつの構成部品を専門とする技術者が、部品レベルのイノベーションに取り組む。あるいはゲーム機部門の人材を主軸に、ソニー社内のほかの事業分野の技術者を少数配分した、**軽量級チーム**を用いることもできる。

だが仮にソニーがiPadの機能をはるかに超えたiPad型機器（sPadと呼ぼう）を開発するとしたらどうだろう。もしもソニーがsPadをＰＳ４の技術部門内で開発するならば、sPadはソニーがもつ既存ゲーム機の知識と技術を組み込んだものになるだろう。また、ソニーのコンピュータ技術部門やテレビ部門がこの機器を開発したとしても同じことが起こるだろう。もっと急進的な機器を開発するには、これらの分野から（またほかの分野からも）人材を引き抜いて機能別組織の枠を越える**重量級チーム**、すなわち自律的な事業部門を編成した方がずっといい。こうした重量級チームを同じ場所に集め、有力な幹部に統括させる。重量級チームのメンバーはそれぞれの専門分野の知識をチームに提供するが、帰属意識とイノベーションに対する考え方は機能集団の狭い利益にとらわれない。それゆえ、重量級チームはたまたま集められた集団ではなく、プロジェクトの目標を達成するためのよりよい方法（新しいプロセス、知識など）を探求する、という共同責任に駆り立てられた本物のチームになる。

ときには、イノベーションが企業の従来製品と根本的に異なるために、まったく異なるビジネスモデルが必要になることがある（たとえば異なる技術を使って異なる顧客のニーズに応えるなど）。このような場合は、飛躍的イノベーションの機会を追求するために、完全に自律的な事業部門を設けるのがよい。たとえばアマゾンがクラウドコンピューティング事業を追求し、その後事業の開始を決定した際、自律的な事業部門を設置したのは、新しい事業機会が本業のオンラインディスカウント小売業とはまったく異なるビジネスモデルを必要としたからだ。

要するに、たとえ多くのプラットフォームまたは飛躍的イノベーションのプロジェクトに資源を配分したとしても、それを追求するチームにその仕事に見合った自律性を与えなければ十分な成果は上がらないということだ。イノベーションプロジェクトが急進的であればあるほど、チームには自律性と多様性が必要になる。破壊的イノベーションのために革新的なアイデアを生み出すには、多様で幅広い知識をもつ人材を集める必要があることを忘れてはいけない。

理念その4——「賢く」リスクを取りながらイノベーションを追求する

ほとんどの企業が、プラットフォームおよび飛躍的イノベーションのプロジェクトを、戦略的優先順位から外している。それはなぜかと言えば、派生的なプロジェクトの方が、既存の能力をより効果的に活用できるからだ。こうした企業は、派生的プロジェクトの方が確実でリスクが少ないと考える。この偏った資源配分法を是正するために、きわめてイノベーティブな企業は4つめの理念「賢くリスクを取りながらイノベーションを追求する」によって、ここまでの3つの理念をしっかり支えている。

飛躍的イノベーションを実現するにはリスクを取らざるを得ない。失敗を恐れていたら限界を押し広げることはできない——あらゆるリスクが注意深く考慮され、誰かがすでに通った道を行くことが安全とされるビジネスの世界で、こうした精神を取り入れる企業はごくまれだ。リスクと失敗を恐れない文化を育む企業は、実験をたくさん行う。アマゾンは賢くリスクを取るのが特にうまい企業だ。そしてその分、失敗もたくさんしている。あの大失敗に終わったスマートフォンのFire Phoneもそうだ。「アマゾンの際立った特徴は、失敗についての考え方だと思います」と、ジェフ・ベゾスは毎年恒例の株主への手紙に書いている。「アマゾンは失敗することにかけては世界最高の場所です（実績をたっぷり積んでいますから！）。失敗と発明は、切っても切れない双子のようなものです。発明するには実験が必要ですが、もしも事前にうまくいくとわかっていたら、それは実験ではありません」[※8]。イノベータにとって、またイノベーティブな企業にとっても、失敗は恥ずかしいことではない。ビジネスをやっていくうえで、失敗は想定内だ。「新しいことをたくさんやっていれば、間違った賭けをすることもあります」とベゾスは言う。「でも、アマゾンの経営陣が大きな間違いをしないのなら、それはホームランを狙って打っていないことになるから、株主のためによい仕事をしているとはいえません」

■あなたの会社やプロジェクトチームはどれくらい「賢く」リスクを取っているか？

あなたの会社がリスクを取り失敗から学ぶことにどの程度前向きかを診断するために、次の質問に答えてほしい。

□あなたの会社は学習するためにリスクを取るよう、社員を促しているか？
□あなたの会社は失敗から学習した社員を評価しているか？　それとも罰するのが規定の対応か？
□あなたの会社が失敗から学習したおかげでイノベーションを成功させた事例を1つでも挙げることができるか？
□イノベーションを起こすためには果敢にリスクを取り頻繁に失敗する必要があることを、上層部は理解しているか？

IDEOのモットー「早く失敗して早く成功する」には、この世界有数のイノベーションデザイン会社の成功を支える基本理念がよく表れている。ＩＤＥＯはこの言葉を社内のあちこちに掲げて、失敗しないのはイノベーションを起こしていないことだと社員を戒めている（ＩＤＥＯの人材とプロセスについては第8、9章を参照）。ヴァージンのリチャード・ブランソンも、「失敗できる力」を基本理念に掲げる。「リスクを取らずにビジネスはできない」と彼は言う。「もし僕らがこれまでリスクを取ってこなかったなら、ヴァージンは今の姿になっていないだろう」[※9]

もちろん、ＩＤＥＯやアマゾンのようなイノベーティブな企業は、**わざと**失敗しているわけではない。多くの新しいアイデアを試せば、うまくいかないこともあるというだけだ。それこそが「限界を押し広げる」ということの本質である。とはいえ、彼らにはよい失敗と悪い失敗を区別する賢さがある。グーグルは、よい失敗には2つのはっきりした特徴があると考える。（1）失敗した原因がわかっていて、次のプロジェクトに活かせる知識が得られること、（2）手遅れになる前に発覚し、グーグルのブランドを損なうほど深刻ではないこと。グーグルのリーダーもこう言う。「いろんなことを試すから、うまくいかないこともある。それでいいんだ。うまくいかなければ、次に移ればいい」[※10]

アップルも同じ理念をもっている。「アップルのチームの特徴の1つが、間違うことを厭わない気持ちだと思う」と、iMacの主要デザイナーで工業デザイン担当上級副社長のジョナサン・アイブは語っている。「大事なのは知ろうとする気持ちであり、探求心だ。間違うことを喜ぶ気持ちだ。間違えば新しい気づきが得られる」[※11]。イノベーティブな企業は、失敗を学習の手段として受け入れることによって、新しいことに挑戦する勇気を社員に与える。創造性の研究者で作家のサー・ケン・ロビンソンが説くイノベーションの理念を、企業もモットーとして受け入れるといい。「間違ってもいいという気持ちがな

かったら、オリジナルなものは何も生まれない」[※12]

とはいえ、私たちの調査したイノベーティブな企業は、間違うことが少なかった。なぜだろう？　それは、(第8、9章で勧めたように)発見志向の人材を採用、育成し、社員の質問・観察・人脈づくり・実験・関連づけを後押しするプロセスを制度化することによって、より「賢く」リスクを取っていたからだ。

たとえばあなたの会社が新しい破壊的イノベーションのプロジェクトに投資するとしよう。このプロジェクトを推進するために、ジェフ・ベゾス(アマゾン)やイーロン・マスク(テスラ)、マーク・ベニオフ(セールスフォース)、デイビッド・ケリー(IDEO)、インドラ・ヌーイ(元ペプシコ)、マーク・パーカー(ナイキ)などのそうそうたるイノベータを集めて、ドリームチームを結成したとする。あなたはこのプロジェクトにお金を出したいと思うか？　もちろん思うだろう。こういうチームが破壊的イノベーションのプロジェクトを推進するのは、(一般的な実行志向の経営陣が担当する場合に比べて)なんとなくリスクが低いような気がする。なぜならこれらのイノベータは発見力に優れ、破壊的イノベーションを成功させるために必要な行動やプロセスを熟知し、仮説を検証するためにすばやい実験を設計する方法を知っているからだ。彼らが取るリスクは計算ずくに感じられ、実際に低い。適切な人材と適切なイノベーションのプロセスを活用すると、成功確率が高まる(取り返しのつかないことをする確率も低くなる)からだ。

私たちの調査では、経済的に成功したイノベータは、発見力指数(発見力)が相対的に高かった。同じことが、世界で最もイノベーティブな企業についてもいえる。イノベーションが経済的に失敗するのは、すべての発見力を継続的に活用しなかった場合が多い。つまり、適切な質問を投げかけ、必要な観察を行い、多様な人々と話し、適切な実験を行うことを怠ったために、イノベーションにつきもののリスクを軽減できなかったのだ。だが理想のチームならそんなことはない。彼らは経験上、イノベータDNAをフルに活用すれば失敗する確率を下げられることを知っている。企業も同様に、適切な人材とプロセス、理念を揃えることによって、イノベーションにつきもののリスクを確実に軽減することができる。

きわめてイノベーティブな企業は、イノベーションの基本理念を実践して、イノベーションを起こすという強い意思を社内全体に浸透させる。第1に、イノベーションは全員の仕事だということをはっきり打ち出す。第2に、破壊的イノベーションが会社全体のイノベーションの重要な一角を占めるようにする。第3に、少人数のプロジェクトチームを多数つくり、適切な人材と構造、資源を与えて、新しいアイデアを市場化する。最後に、イノベーションを追求するためにあえてリスクを取る。ただし、チームに適切な人材とプロセス、適切な構造をもたせ、適切な度合いの自律性を与えることによって、イノベーションにつきもののリスクを軽減する。イノベーティブな企業はこうした理念を通して、ただ新しいアイデアを触発するにとどまらず、アイデアを製品やサービスとして確実に市場に送り出せる文化を生み出している。これが実現するとき、その企業で働く社員は、次の4つの質問に「イエス」ときっぱり答えることができる。

理念その1：あなたの会社ではイノベーションは全員の責任か？

理念その2：あなたの会社は破壊的イノベーションにも果敢に取り組んでいるか？

理念その3：あなたの会社では少人数のプロジェクトチームが中心となって革新的なアイデアを市場に送り出しているか？

理念その4：あなたの会社は賢くリスクを取ってイノベーションを追求しているか？

結論

行動を変え、発想を変え、世界を変えよ

「何とかしなければと思えるほど
世界のことを気にかけろ」

――リチャード・ブランソン
ヴァージングループ創業者

私たちは8年間におよぶ、世界で最もイノベーティブな人や企業の研究プロジェクトを経て、個人やチーム、組織が違う発想をするためには違う行動を取ることが必須だという結論に至った。本書を読み終えようとしているあなたはどう考えているだろう？　**あなた**も違う行動を取れば違う発想ができると思うだろうか？　あなたの**組織**も違う行動を取れば違う発想ができると考えているだろうか？　そう思ってくれることを願っている。イノベータの旅は、1人であれ、誰かと一緒であれ、「人の歩まぬ道」を進むように感じられることも多い。それでもこの道には進む価値がある。なぜならあなたや多くの人の人生に大きな違いをもたらすかもしれないからだ。

破壊的イノベータがもつ5つの発見力を身につけて、イノベーションを起こす勇気を示そう――これが本書のメッセージだ。これを実践するには、個人で、仕事で、組織で練習を積まなくてはならない（5つの発見力を身につけ、そして次世代に引き継ぐための手引きを付録Cに示した）。たゆみない練習は熟達につながり、熟達は新しい習慣になり、組織の新しい能力につながる。ゆるぎない発見力を身につければ、人と違う存在になれる。人と違う行動を取り、人と違う発想をすることで、本当の違いを生み出せるのだ。

もちろん、発見力を活用して違いを生み出す方法にはいろいろある。できるなら壮大で革新的なアイデアを見出して、多くの人の生活に意味のある変化を起こしたい。ベゾスやマスク、ベニオフなどのイノベーティブな起業家は、世界に実際に大きな影響をおよぼしている。彼らの企業は数十万人を雇用し、その製品は数億人の生活を、主によい方向に変えている。これら企業のイノベータの多くが、業界を破壊するにとどまらず、世界が抱える貧困や教育、病気などの手強い問題に関心と資源を振り向け、さらに大きな影響をおよぼそうとしているのも不思議ではない。

たとえばセールスフォースのベニオフが起業した目的は、企業向けソフトウェア業界全体を破壊するためだけでなく、セールスフォースが事業を行う地域に貢献するためでもあった。ベニオフは「1：1：1モデル」を通じてこれを実践している。全社員の勤務時間の1％と、全製品の1％、全株式の1％を社会貢献に充て、思いやりのある資本主義をめざそうという取り組みだ。ベニオフは「世界を変えるビジネス」に携わっているのだと言う。社員の数十万時間の勤務時間と数百万ドルの資金を投じて、公衆衛生からホームレスまでのあらゆる問題に取り組んでいる。こういった困難な問題に挑もうとするのは、ベニオフだけではない。ビルとメリンダのゲイツ夫妻やリチャード・ブランソンなどの多くの人が、それぞれのやり方で同じことを行っている。

私たちはまた、これらと比べれば規模は小さいがとてもよく似た方法でイノベータDNA能力を駆使して社会の手強い問題を解決しようと奮闘する、世界中の社会イノベータについても調べた（貧困を取り除くよりも繁栄をもたらすことに目を向ければ、どんな分野のリーダーもよりよい世界を構築できると論じた、クレイトン・クリステンセン、エフォサ・オジョモ、カレン・ディロン著『繁栄のパラドクス』も参照）。たとえばアンドレアス・ハイネッケは、ドイツで記者として働くかたわら、営利社会事業のダイアログ・イン・ザ・ダークを始めた。ハイネッケはあるとき上司に頼まれて、目の不自由な社員を一人前の記者に育てることになった。ハイネッケは最初途方に暮れたが、彼自身耳が悪かったこともあり、とにかくやってみようと決めた。そしてこの同僚を記者に育てながら、イノベータDNA能力を活用してダイアログ・イン・ザ・ダークを立ち上げた（私たちの評価では、ハイネッケはアイデア人脈力と質問力がずば抜けて高かった）。盲目の人を案内人として雇い、目の見える訪問者に1時間から3時間かけて真っ暗闇の世界を体験してもらう催しである。盲目の人たちをよりよく理解し尊重するには、彼らと同じ方法で世界を感じることが欠かせないと、ハイネッケは考えたのだ。

これまでに30カ国の600万人を超える訪問者が催しを体験している。真っ暗闇のなかで公園を通り抜け、道路を渡り、食事をする。また企業や会議、たとえば世界経済フォーラムの年次総会「ダボス会議」などで開催するリーダーシップ研修も好評を博している（私たち著者もハイネッケと協力して「イノベータDNAイン・ザ・ダーク」の催しを定期開催し、中東の大手物流企業アラメックスや、世界的な美術品競売会社クリスティーズなどのさまざまな企業に、イノベータDNA能力を培うためのユニークで有意義な学習機会を提供している）。現在ダイアログ・イン・ザ・ダークは世界で最も多くの視覚障害者を雇う企業の1つである（これまで数千人を雇用、育成している）。すべての始まりは、粘り強い質問と対話を通して、視覚障害者の雇用を生み出し、さまざまな障壁を乗り越える手助けをするための新しい方法を探そうという、ハイネッケの決意だった。

どんな人も多くの小さな派生的イノベーションを通して世のなかを変えていける。世界に影響を与えるアイデアは、優れた人材を見つけるための新しい採用プロセスかもしれないし（第9章で見たグーグルのコードジャム大会など）、自社製品の新しいマーケティング手法かもしれない（第9章で見たP&Gの消費者発信型コンテンツの新しい利用法など）。または靴を1足販売するたびに1足寄付するというアイデアをもとにビジネスモデルを構築することかもしれない。ブレイク・ミコスキーはそうやってトムスシューズを起業した。2006年にアルゼンチンを旅行したとき、靴を買えずに裸足でいるせいで、多くの子どもたちが病気に感染するのを目の当たりにしたのがきっかけだった。

創造的発見までの道のりは険しいが、困難をはるかに超える見返りが得られるはずだ。ものを生み出すことは刺激的だし、新しい製品やサービス、プロセス、事業につながるようなアイデアを1人で、また誰かと一緒に生み出すのはとても楽しい。成功したイノベーションの経済的見返りは大きいが、イノベーションを起こすことには心理的、感情的な満足感が伴う。マイクロクレジット事業会社マイクロ・ベンチャーズの共同創業者で、2010年度フィリピン最優秀起業家賞の最終候補に選ばれたマーク・ルイズもこう言う。「僕は起業家だが、僕を動かしている原動力はお金ではありません。深い使命感と目的意識です。新しい革新的な解決策を今すぐ必要とする問題があるという切迫感です」。ルイズは母国フィリピンの諸問題に取り組むべく、新しいベンチャーを次々と立ち上げている。

ルイズをはじめ、私たちが本書執筆中に出会った破壊的イノベータ全員が、「自分がやらずに誰がやる?」、「今やらずにいつやる?」と真剣に自問している。彼らはただ傍観したりはしない。積極的に体を動かし、つねに質問・観察・人脈づくり・実験を行っている。パッと見ただけで、彼らが発見力を働かせているのがわかる。イノベーションを生み出す仕事は、じっと座っているだけとはほど遠いのだ。ブランソン起業支援センターCEOのジュディ・サンドロックは、「今これをするにはどうしたらいいか?」をモットーに、南アフリカの新興起業家を支援するためにたゆまぬ努力を続けている。経済学者フランク・ナイトはリスクと不確実性に関する先駆的研究のなかで、イノベーティブな起業家とは不確実な環境に負けずに「行動を起こそうとする気質」をもった人たちだと言った。私たちはさまざまなイノベータの口から、このことをくり返し聞いた。たとえばヴァージンのブランソンの「どうにでもなれ、とにかくやっちまえ!」もそうだ。またスカイプとカザーの共同創業者ニクラス・ゼンストロームは、行動と起業家の成功の関係について、こんなことを語った。

たとえばテレビのリアリティ番組か何かで、無人島の真んなかに数人を置き去りにして、誰が沖に一番早く着けるかを競わせるとしましょう。何人かは、今自分がどこにいて、どの方角に進めばいいのかを考えようとするでしょう。また、「木や岩や丘に登って辺りを見渡せば、どっちに行けばいいかがわかるかもしれない」と言う人もいるでしょう。時間をかけて計画を立て、分析して、進むべき方向を見つけようとするんです。でもなかには、ただ辺りを見回して、直感の命じるまま走り出す人たちもいます。島に置き去りにされた人が大勢いる場合、木に登って自分がどこにいるのか、どこへ行くべきかを考えるような人は、絶対勝てないと断言していいでしょう。なぜか？　それは、直感だけに頼って走り出すバカ者がいるからです。そういう人たちは岸に早く着く可能性がずっと高い。つまり僕が言いたいのは、大体こっちの方に行くべきだという確かな直感があるなら、全速力で走り出すべきだということなんです。

ゼンストロームの信条は、「とにかく動き出せ、やっているうちにわかる」だ。行動を起こせば貴重なフィードバックが得られるし、その間イノベータDNA能力をフルに活用すれば、さらによいフィードバックが得られる。今行動を起こさなければ手遅れになるかもしれない。どんなに革新的な新規事業のアイデアでも、それを最大限に活かせる時期は限られている。だからこそ成功するイノベータは、そのときを逃さないよう、すばやく動いてアイデアを実行するのだ。

イノベーションとは突き詰めれば自分や他人への投資であり、企業幹部や新興起業家にとっては会社への投資である。イーベイにいたメグ・ホイットマンは、組織のトップであれ、平の技術者であれ、誰もが「樫の木が必要になる前にどんぐりを植える勇気をもつ」べきだと諭す。イノベーションとは、立派に育つかどうか確信がもてないまま、どんぐり（アイデア）を植えることにほかならない。だが植えてみなければ樫の木は育たず、企業の成長は見込めない。イノベーティブなチームや組織のなかで1人ひとりのイノベータのDNAを理解し、伸ばしていけば、苗木を、そして将来の成長をもたらす立派な樫の木を育てることができる。イノベーションの旅を続けながら、アップルの「シンク・ディファレント」広告キャンペーンの最後のセリフを実践する人生を送ろう。「世界を変えられると本気で信じるクレイジーな人こそが、実際に世界を変える人なのだ」。とにかくやってみよう。やるなら今しかない！

付録

A　聞き取り調査をしたイノベータの例
B　イノベータDNA研究手法
C　発見力を磨く

付録A　聞き取り調査をしたイノベータの例

名前	企業名	企業のイノベーション※
ネイト・オルダー	クライミット	希ガス（アルゴンガス）を注入して保温性を高めたベストとジャケットをいち早く提供
マーク・ベニオフ	セールスフォース	オンライン／オンデマンドの顧客関係管理／営業支援ソフトウェアをいち早く提供
ジェフ・ベゾス	アマゾン	オンライン書店の草分け。オンラインフルフィルメント機能、電子機器、ウェブサービスを開発
マイク・コリンズ	ビッグ・アイデア・グループ	商品の発明家と斬新な商品を求める企業／流通チャネルとの橋渡し
スコット・クック	インテュイット	パソコン用の個人資産管理ソフトウェアと税務ソフトウェアをいち早く開発

名前	企業名	企業のイノベーション※
ゲイリー・クロッカー	リサーチ・メディカル	心拍動下手術での過剰な出血と可視性の問題を軽減する、外科医向けの使い捨て医療用品を発売
マイケル・デル、ケビン・ロリンズ	デル・コンピュータ	パソコンの直販方式を開発し、マスカスタマイゼーションを実現
オリット・ガディッシュ	ベイン・アンド・カンパニー	ベイン・アンド・カンパニーの創業者はビル・ベインだが、ガディッシュはCEOとして、クライアントに革新的なアイデアを提案
アーロン・ギャリティ、ジョー・モートン	ザンゴ	マンゴスチンを使ったジュースや栄養食品の販売に、ネットワークマーケティングの手法をいち早く導入
ダイアン・グリーン	ヴイエムウェア	仮想サーバと仮想デスクトップ上で複数のオペレーティングシステムとアプリケーションをローカル／リモートで動作させる、仮想化ソフトウェア技術をいち早く開発
アンドレアス・ハイネッケ	ダイアログ・イン・ザ・ダーク	視覚障害者を案内人として雇用し、「目の見える」訪問者に真っ暗闇の世界を体験させ、各種研修や教育を行う社会事業
ジェニファー・ハイマン、ジェニファー・フライス	レント・ザ・ランウェイ	デザイナーズドレスのオンラインレンタルをいち早く開始
エリオット・ジェイコブセン	フリーポート・ドットコム、ルミポート	地域の小売店との独自の提携関係を利用して無料インターネット接続サービスをいち早く提供。ニキビの光治療機器「ルミポート」の導入に携わる

名前	企業名	企業のイノベーション※
ジョシュ・ジェームズ、ジョン・ペンスターナ	オムニチュア、ドモ	ウェブ解析ソフトウェアをいち早く開発、導入。オムニチュアをアドビに20億ドルで売却
ジェフ・ジョーンズ	N×ライト、キャンパス・パイプライン	データへのリモートアクセスを可能にするソフトウェアを大学にいち早く提供
A・G・ラフリー	プロクター&ギャンブル	イノベーションに注力するために主要な組織プロセスをP&Gに導入。たとえば多くの新製品のアイデアを生み出した「コネクト+デベロップ」プロセスなど
マイケル・ラザリディス	リサーチ・イン・モーション	携帯型無線情報端末ブラックベリーを開発し、新技術を次々と導入
フレデリック・マゼラ	ブラブラカー	世界初の成功した相乗りアプリを導入
クリステン・マードック	カウパイクロックスと挨拶カード	ニスを塗った牛糞に埋め込んだ時計におかしな言葉（「ハッピーバースデイ、クソったれ」など）を添えた「カウパイ時計」を発明
デイビッド・ニールマン	モリスエア、ジェットブルー航空、アズール航空	モリスエアで電子航空券システム、ジェットブルーでテレビの生放送受信、アズール航空でブラジルの空港への無料送迎バスをいち早く提供
インドラ・ヌーイ	ペプシコ	ペプシコでメガトレンド・グループを立ち上げ、パフォーマンス・ウィズ・パーパス計画を始動
ピエール・オミダイア、メグ・ホイットマン	イーベイ	個人間オークションのオンラインオークション・サイトを立ち上げる

名前	企業名	企業のイノベーション※
マーク・パーカー	ナイキ	ナイキのフライニットレーサー・シューズを共同でデザイン、CEOとして多くの新しい計画を主導（ブレイキング2など）
アーン・ソレンソン	マリオット	CEOとしてACホテルズなどの革新的な新しいブランドを含む30を超えるブランドを展開
ラタン・タタ	タタグループ	タタの創業者はラタンの父だが、ラタンはタタ・ナノ計画を立ち上げ、世界最安の自動車の発売を導いた
ピーター・ティール	ペイパル	インターネット決済サービスをいち早く提供。マックス・レブチンとともに、電子メールで送金できるソフトウェアを開発
コーリー・ライド	ムービーマウス	ムービーマウスは映画を見て語学を学べる双方向プラットフォームを提供
ニクラス・ゼンストローム	スカイプ、カザー	「スーパーノード」技術を用いてインターネット経由で電話をかけるシステムを開発し、独自のバイラルマーケティング手法を導入

※ここで「いち早く」製品やサービスを導入、という言い方をしているのは、各企業が実際にその製品やサービスを最初に導入したかどうかを確認していないため。私たちが聞き取り調査をしたイノベータによれば、これらは独自のアイデアであって、他社製品やサービスの模倣ではないとのことである。

付録B　イノベータDNA研究手法

この研究プロジェクトは、2段階に分かれている。まず（1）イノベータと非イノベータを比較する帰納的研究を行い、続いて（2）約80人のイノベータと約400人の非イノベータの企業幹部の大規模サンプルを比較する研究を行った（その後サンプルをさらに拡大した）。約30人のイノベーティブな起業家のサンプルと、ほぼ同数の大企業の経営幹部に対し、探索的な聞き取り調査を行った（聞き取り調査をしたイノベータの例は付録A参照）。イノベータへの聞き取り調査の目的は、革新的な新規事業のもとになった独創的なアイデアをいつどうやって思いついたかを理解することにあった。たとえば次のような質問をした。

1　あなたがこれまでのキャリアで生み出した、最も価値ある戦略的なひらめきや、斬新な事業のアイデアは何ですか？　アイデアをくわしく説明してください（たとえばアイデアはどんな点が斬新で、あなたはどうやって思いついたのですか？）

2　あなたは斬新な事業のアイデアを生み出すのに役立つ、特別な能力をもっていると思いますか？　その能力は、あなたが戦略的なひらめきや斬新な事業のアイデアを生み出す際に、どんなふうに役立ちましたか？

第三者の視点を得るために、イノベーティブな起業家をよく知る経営幹部にもできる限り聞き取り調査を行った。たとえばジェフ・ベゾスについてはアマゾンの経営幹部ジェフ・ウィルクとアンディ・ジャシーに、マイケル・デルについてはデルのCEOケビン・ロリンズに、イーベイ創業者のピエール・オミダイアとスカイプの創業者ニクラス・ゼンストローム、ペイパル創業者のピーター・ティールとイーロン・マスクについてはイーベイ前CEOのメグ・ホイットマンに話を聞いた。

聞き取り調査から、イノベータにより顕著に見られ、関連づけの思考を誘発するように思われる、4つの行動パターン、すなわち質問・観察・人脈づくり・実験が明らかになった。これらの4つの行動的能力と、1つの認知的能力（関連づけ）が、本書で説明する5つの発見力を構成する。

続いて、対象者が質問・観察・実験・人脈づくりを行う頻度と熱意を測定するための質問項目を開発した。質問（6項目）、観察（4項目）、実験（5項目）、人脈づくり（4項目）に関する質問項目からなるアンケートを行った。回答は、1の「まったくそう思わない」から7の「強くそう思う」までの7段階とした。また行動を測定するこれら計19項目の背後にある因子構造を明らかにするために、探索的因子分析（EFA）と検証的因子分析（CFA）を行った。

次に負の二項回帰を行い、4つの発見行動と、革新的な新規事業を立ち上げることの関連性を調べた。その結果、観察・人脈づくり・実験は、革新的な新規事業の立ち上げと有意に相関していた（質問は、上記のいずれかの行動と組み合わさった場合に、有意な相関があった）。また４つの行動パターンはお互いに有意に相関しており、相関係数はおしなべて０・５０を上回った。このことから、４つの行動のどれかを行う人は、残りの行動もある程度行うことがわかった。それぞれの行動は別の行動と組み合わさった場合に、より大きな成果が見られた。当初の研究の詳細については、以下を参照。Jeffrey H. Dyer, Hal B. Gregersen, and Clayton M. Christensen, "Entrepreneur Behaviors, Opportunity Recognition, and the Origins of Innovative Ventures," *Strategic Entrepreneurship Journal* 2 (2008): 317.

付録C　発見力を磨く

かつて起業家でユーモア作家のアーノルド・グラソーは、「改善（Improvement）は自分（I）から始まる」と言った。私たちも同感だ。この付録は、あなたが個人として発見力、すなわち関連づける力・質問力・観察力・人脈力・実験力を高める方法を示すために書いた。

発見力を磨こう

第2章から第6章で、発見力を磨くのに役に立つさまざまなヒントを紹介した。あなたがどのヒントを最も実践すべきかを判断するために、次の5つのステップを実行してほしい。（1）自分の時間の使い方を調べて、優先順位を見直す、（2）自分の発見力を体系的に評価する、（3）イノベーションに関わる重要で切実な課題を選ぶ、（4）発見力を地道に実践する、（5）訓練を継続的に手伝ってくれるコーチを探す。すべてのステップを実行すれば、あなたは、それにあなたのチーム全体が、必要なイノベーションの能力を身につけ、仕事やそれ以外の世界により大きくよりよい影響をおよぼすことができるだろう（チームの発見力を磨くには、これら5つのステップをチーム全体の能力を伸ばすことを念頭に行う）。

ステップ1――優先順位を見直す

あなたがふだん職場でどうやって時間を過ごしているかを考えよう。お勧めのやり方として、まずあなたが取り組んでいる重要な仕事を、「発見」、「実行」、「能力開発」の3つに大きく分類しよう。「発見」は、イノベーションを中心とする仕事で、5つの発見力を積極的に活用して、新しい製品やサービス、プロセス、ビジネスモデルを考案することをいう。「実行」は、成果を上げることや、分析、計画、実行、戦略の導入に関するすべてにあたる。「能力開発」は、自分や周りの人（管理職の場合は主に直属の部下）の能力を高める仕事で、チームに適切な人材を選び、彼らのイノベータDNA能力をしっかり訓練することが含まれる。

次に、あなたの典型的な1週間の仕事を考えてみよう。あなた自身は勤務時間のどれだけの割合を、発見・実行・能力開発に関わる仕事に費やしているか？　次の簡単な手順で、表C－1に記入してみよう。最初に、今のあなたの時間配分を振り返り（「今日」の欄に記入）、次にチームの目標と会社の戦略を念頭に、理想の時間配分を記入し（「明日」の欄）、最後に今日と明日の差、つまり「ギャップ」を各分類ごとに計算して記入する。

続いて、ギャップに注目しよう。ギャップは大きいのか？　マイナス、それともプラスなのか？　ギャップがゼロなら、発見に理想的な時間を配分している。だがマイナスの場合は、発見行動にもっと時間をかけて、発見志向のリーダーの能力を伸ばさなくてはならない。

イノベーティブなCEOと創業者起業家は、イノベーティブでないCEOと起業家に比べて、典型的な1週間で発見行動に費やす時間が約1・5倍も多かった。もしあなたが総時間の30%以上を発見行動に費やしていないのなら、おそらくイノベーションを指揮する責任をきちんと果たしていないことになる。創造的な問題解決は一朝一夕ではできないから、発見行動に費やす時間を増やして、イノベーション能力を高めよう。

ステップ2——発見力を評価する

時間の使い方（発見と実行にどれだけ配分しているか）を振り返ったら、次はあなたの発見力と実行力の強みと弱みをくわしく具体的に分析しよう。あなたの発見力と実行力を知るために、第1章の簡単な自己評価をやってみよう。また本書の特設ウェブサイト http://www.InnovatorsDNA.com では、より包括的な自己評価と360度評価（上司や同僚、直属の部下からフィードバックが得られる）をオンラインで受けることができる。[※1] これらの評価

リーダーとしての仕事	今日	明日	ギャップ
発見			
実行			
能力開発			
合計	100%	100%	—

表C-1　時間の使い方を調べよう

は、次の問いを考える際に参考になる。ふだんの自分は発見志向なのか、実行志向なのか？　どの発見力が一番優れているか？　どの発見力を伸ばすべきか？　どの実行力が一番優れているか？　どの実行力を伸ばすべきか？

ステップ3――イノベーションに関わる切実な課題を選ぶ

発見力と実行力の強みと弱みを評価したら、次に発見力の訓練のたたき台として、あなたが今抱えているイノベーション関連の具体的な課題や機会を1つ選ぼう。たとえば新しい製品やサービスを開発する、社員の離職率を下げる、あなたの部署の経費を5％削減する新しいプロセスを考案する、など。イノベーションの課題を具体的に念頭に置きながら、創造的な解決策を見つけるために発見力を訓練する計画を立てよう。

ステップ4――発見力を実践する

まず最初に質問力に取り組むことをお勧めする。なぜならイノベーションは切実な疑問から始まることが多く、またイノベーティブなチームは質問を後押しする文化をもっているからだ。ステップ3で選んだイノベーションの課題について、最低でも25個の質問を書き出して、第3章の最後で説明した質問ストーミング（や質問力を高めるためのその他のヒント）をチームと実践しよう。あなたが習慣的に質問をすれば、ほかのチームメンバーが安心して質問できる場ができる。

質問力を強化したら、イノベーションの課題をたたき台に、観察力・人脈力・実験力のうちあなたが一番得意なものを実践しよう（ただし、その能力がすでにとても高く、それ以上訓練しても伸びしろが少ない場合は、苦手な能力に取り組んだ方がいい）。能力を伸ばすヒントは、第4章から第6章までの説明を参照してほしい。どの発見力（観察力・人脈力・実験力）を実践する場合でも、できるだけチームを巻き込んで一緒にやろう。最後に、ブレインストーミングを1人でも、チームでも頻繁に行い、関連づける力を鍛えよう（関連づける力を伸ばすヒントは、第2章を参照）。

ステップ5――コーチを見つける

イノベーションには習慣性がある。というよりは、イノベーションを起こすには5つの発見力を新しい習慣にする必要がある。私たちの友人で大ベストセラー『7つの習慣―成功には原則があった！』の著者スティーブン・コヴィーなら、きっと本書に『イノベーションのDNA―創造には5つの習慣があった！』のタイトルをつけたことだろう。これらの新しい能力を訓練しながら新しい習慣にするにはどうしたらいいだろう？　手始めとして、誰かに創造性の指南役やコーチになってもらうといい。新しい行動パターンの習得に取り組むときに、あなたのやる気を高め、指導してくれる人を探そう。自分を変えることはとても難しいから、変わろうとする努力を尊敬できる人にあと押ししてもらえば重要な一歩を踏み出せる（誰かに協力してもらうと、成功確率は15％から20％高まる）。コーチは上司でもいいし、同僚や教授、同級生、同居している人でもいい（家庭での問題を創造的に解決するために、家族と一緒に能力を訓練してもいい）。だが誰を選ぶのであれ、信頼が置け、率直な意見や助言をくれる人にしよう。うまく選べば、創造力を高めたいときとても大きな力になってくれる。

破壊的イノベータの5つの能力を習得する

どんな能力を習得するのにも、その能力の特定の要素を訓練する必要がある。たとえば世界トップクラスのスポーツ選手や音楽家、経営者は、能力を自分の課題の具体的な要素に分解して、そうした細かい要素をたゆみなく練習する。ゴルファーなら、何日もグリーンでショートパットの練習をくり返し、ようやくスイングのごく小さな一部分をマスターする。コンサートピアニストも同様に、楽曲のごく一部分をくり返し練習する。何週間、何カ月、何年と練習を重ねて、1つの要素だけでなく能力全体を習得する。

私たちが調査した破壊的イノベータは、意識的にであれ無意識にであれ、まさにこれを行っていた。あらゆる人やものを練習台に、能力を徹底的に磨いていた。イノベーションは謎めいているが、イノベータDNA能力をくり返し練習し、それが新しい習慣になれば、イノベーションは謎でなくなる。この境地に達するには時間と自律心が必要だ。だから最初はあまり期待しすぎずに、発見力を高めることに積極的に時間を配分しよう。最も重要なこととして、あなたの能力開発の取り組みは、あなたがイノベーションに高い優先順位を与えていて、チームにとってもイノベーションが非常に重要になる、という真剣なメッセージをチームと組織に発信していることを忘れないでほしい。

次世代の発見力を育む

私たちがイノベーションに関して行うべき最も重要な仕事は、家庭や地域社会、地元の学校の教室などで行う仕事だ。なぜ？ 私たちが聞き取り調査をしたほぼすべての破壊的イノベータが、子ども時代に自分のイノベーション能力に個人的な関心を払い、伸ばすのを手伝ってくれた大人の存在を挙げていた。世界中の若者の発見力を尊重し、伸ばすことは、大人のとても重要な仕事だと、私たちは考える。

スティーブ・ジョブズの人生を考えてみよう。幼い頃、父親の作業ベンチの端っこで機械いじりをしていた。大きくなると、隣人のヒューレット・パッカードの技術者ラリー・ラングが、近所の興味のある子どもたちを集めて、ヒースキット（トランジスタラジオなどの自作キット）を組み立てながら、電子機器の仕組みについて多くのことを教えてくれた。ジョブズはあとになって振り返り、近所の大人とヒースキットを組み立てたり、父親の作業台でものいじりをしたりしたことが、製品の仕組みを理解するのに役立ったと語っている。それに何より、「ものは謎ではない」という意識をもつようになり、機械や電化製品に関して「相当な自信」をもつようにもなったという。

次世代の破壊的イノベータを育んだのは、ジョブズの父親だけではない。ジェフ・ベゾスの祖父母も、テキサスの農場に孫を毎夏迎え、実験力を育む手伝いをした。リチャード・ブランソンの母親も、新境地を拓くというブランソン家の伝統を息子に伝えた。オリット・ガディッシュの両親と教師も、彼女の質問好きを見守り、その真価を見抜いた。つまり、破壊的イノベータが**天性の**イノベータDNAを幼年期以降も失わずにいられたのは、周りの大人によるところが大きい。そしてあなたも次世代のイノベータのために、同じ重要な役割を担うことができるのだ。

家庭や地域で発見力を育む

破壊的イノベータの5つの能力を育む何よりの場所は、家庭や近所だ。アリアドネ・キャピタルの創業者で起業家のジュリー・マイヤーの言うように、子どもたちのために「エレベータを下に降ろし」、新世代の破壊的イノベータを育てるうえで役立つ具体的なヒントを紹介しよう。

関連づける力

1　特に車での旅行中にお勧めなのが、「つながり探し」のゲームだ。2人がそれぞれ好きな言葉を言い、3人めが創造力を働かせて、2つの言葉を論理的に結びつける。たとえば「ピクルス」と「手当て」なら、「病院で怪我の手当てを受けるときも、ピクルスを食べるときも、渋い顔になる」というふうに。同様に、ボードゲームの「トライボンド」（マッテルが発売）は、3つの単語のヒントから共通点を探す遊びだ（http://www.TriBond.com のサイトで、このゲームのお試し版として、毎日新しい組み合わせの3つの単語をつないで遊ぶことができる）。

2　関連づけの思考を伸ばす本を探そう。私たちのお気に入りはアントワネット・ポーティスの『はこはこ？』だ。主人公のうさぎが、箱がただの箱ではなく、いろいろなものになることを紹介していく。想像力を働かせれば、箱はスポーツカーから宇宙船まで、何にでもなる。私たち著者の1人が3歳になる孫息子に『はこははこ？』を読み聞かせたときのことだ。あとでふと見ると、孫が箱のなかに座っていた。箱ではなく、海賊船なのだそうだ！　ほかにお薦めの本は、『はろるどとむらさきのくれよん』（クロケット・ジョンソン）、『つぽい』（ピーター・レイノルズ）、AntiColoring Book（『塗り絵反対ブック』、未邦訳、スーザン・ストライカー、エドワード・キメル）など。

質問力

1　学校から帰ってきた子どもは、親にこう聞かれることが多い。「今日はどうだった？」、「何かおもしろいこと学んだ？」。何を学んだかを聞いているという点で、2つめの質問の方が1つめのよりもいいが、代わりにわが子（や近所の子ども）にいつもこんな質問をしたらどうだろう？「今日はどんな質問をしたの？」、「みんなはどんな質問をした？」、「時間がなくてできなかった質問はある？」。そしてじっくり、真剣に耳を傾けよう。あなた自身、ものすごい発見に驚かされるかもしれない（また少し時間を取って、ムービーテラー・フィルムズが制作した短い動画『あれは何？』（What is That?）を見てほしい。父親と息子がお互いに質問を投げかけ、それぞれが大きく心を揺さぶられるという物語だ）。

2　家庭や学校、地域社会で、解決を必要とする問題や課題に気づいたら、子どもと簡単な質問ストーミングをしてみよう。子どもは50個も質問を考えるほど辛抱強くないが、10個ならたいていできる。たとえば子どもが手伝いや宿題をしないという問題があったとする。この「問題」について10個の質問を一緒に考えるだけで、おもしろい発見が得られることが多い。たとえばあなたが「どうして理科はつまらないの？」、「何か手伝えることある？」と聞けば、子どもは「どうして理科を勉強しなくちゃいけないの？」、「なんで理科にそうこだわるの？」と聞き返すかもしれない。問題に関する質問をする過程で、アイデアやひらめきが促され、斬新な解決策が生まれることが多い。[※2]

観察力

1 あなたが仕事をしている姿を子どもに見せよう。子どもは職場で1日を過ごすと、いろいろな驚きを感じる。子どもがあなたの世界の何に目をとめるかに注目しよう。壁にとまったハエになったつもりで、子どもがおそらく初めて体験する大人の仕事の世界を、彼らの目を通して観察しよう。ジョン・ハンツマン・ジュニアは、11歳のとき父親の職場に行ったことで人生が変わった。ニクソン大統領の特別顧問を務めていた父親をホワイトハウスに訪ねたとき、中国での秘密会談に向かおうとするヘンリー・キッシンジャーに出会った。若きジョンがどこへ行くのとたずねると、キッシンジャーは「中国だよ」と答えた。そのときまでジョンにとって中国は、現実の人が暮らす現実の場所ではなかった。しかし実際に中国を訪れようとしている人から聞いたそのひと言が、中国への生涯の関心を呼び覚ました。ハンツマンはのちに大学でアジアの歴史と言語を学び、15年かけて北京語を習得し、流ちょうな言葉で駐中米国大使を務めた。

2 なじみのある場所やない場所を頻繁に散歩しよう。子どもを散歩に連れ出して、子どもの目を通して周りを見よう。子どもは何を見、聞き、味わい、触れ、嗅ぐだろう？　これまで気づかなかった物事にあなたはきっと驚くはずだ。子どもがどんなことに驚くかを注意深く観察すれば、あなたも同じように驚かされるだろう。新しい場所に旅したり暮らしたりするときも同じことをやろう。特に切り替わりの瞬間（着いた直後や離れる直前）は、ふつうでは気づかないことに気づくものだ。観察したことを子どもと一緒に日記に記そう。ケリ・スミスのHow to Be an Explorer of the World（『世界の冒険家になる方法』、未邦訳）は、世界をもっとよく観察したい大人と子どものためのよい手引きになる。

人脈力

1 子どもの人脈力を育むよい方法として、まずあなたが仕事（や家庭）で抱えている問題を子どもに相談して、彼らの意見を求めてみよう。いろいろな人が多角的な視点から問題を考えると、よい解決策が見つかるのだと教えよう。問題に興味を示した子を誘って、違った背景をもつ別の人たちに相談してみよう。アイデア人脈の大切さを示し、その方法を実際に見せるよい機会になる。

2 家庭や学校、地域社会で問題や課題が生じたら、多様な背景をもつ3、4人にどうやって解決すべきか相談しよう。話し合いながら夕食を取ったり、飲み物や軽食をつまむのもいい。

3 家庭に子どもがいるなら、多様な人と交流して一緒にアイデア人脈を活用しよう。たとえば異なる国や民族集団、宗教、年齢、職業の人たちを選んで、家族の食事に招待する。ほかの人がどんな暮らしをし、どんなふうに世界を見ているのかを一緒に学ぼう。

実験力

1 家庭や地域で実験を行い、子どもと話し合おう。たとえば私たち著者の1人ジェフ・ダイアーの父親で社会学者のビル・ダイアーは、家の中央の廊下の床にアイロンのかかった白いシャツを置き、子どもたちがそれを拾おうとせず、踏まないよう気をつけながら廊下を歩く様子を、2日間観察した。それから子どもたちと一緒に、なぜ拾おうと思わなかったのか、またより大きな問題として、家事の分担についてどう考えているのかを話し合った。またあるときは隣家と10代の息子を預け合い、1週間後に両家で集まって、それぞれの息子と家族が学んだことを話し合った。

2 子どもと廃品置き場や蚤の市に行って、一緒に分解できるものを探そう。家に持ち帰り一緒にバラバラにして、ものの仕組みに関する新しいひらめきを得よう。ある父子が古い航空機のエンジンを2人で分解した。息子はこの経験をきっかけに航空の道に進み、パイロットになった。

3 子どもを試作品の製作作業に参加させよう。改良したい製品を選び（または新しい製品を考案し）、簡単な試作品を一緒につくってみよう。子どもは、特にカラーねんどを使って新しいものをつくるのが大好きだ。革新的な機能を考えてくれるかもしれない。

4 新しいものをすべて試すという明確な目的をもって、子どもを海外旅行や地元の「異国」が感じられる場所に連れて行こう。新しい食べ物や習慣、現地の製品やサービスを試してみよう。可能であれば、ホームステイをして現地の人の生活を体験してみよう。できるだけ多くの新しい双方向の体験をしよう。

最後の行動の呼びかけ

私たちが最後に呼びかけたいのは、「若いイノベータの育ての親になろう!」ということだ。子ども(わが子や親戚、隣人の子)を1人以上選び、その子たちのイノベーション能力を理解し、伸ばそう。どんな子どもにも、その子のイノベーション能力を大事にしてくれる大人や、少なくとも素朴な疑問に耳を傾けてくれる大人が1人は必要だ。絵本作家のドクター・スースもこのことをよくわかっていた。「君に似た人が、君のことを本気で気にかけてくれない限り、何事も改善しない。絶対に」。私たちが力を合わせて次世代の破壊的イノベータを育てなければ、いったい誰が育てるというのか? 次世代イノベータの育成に関する限り、手助けを必要としている子どもはたくさんいるから、大人は怠けている暇などない。私たち大人が協力してこれに取り組めば、多くの若い人が大人になってから人と違う行動や発想をし、やがて複雑で厄介な多くの問題を抱える世界を変えてゆくだろう。甘いといわれるかもしれないが、私たちは1人ひとりがもつ力を信じている。1人の大人が1人の子どものイノベーション能力を尊重することが、次世代の破壊的イノベータを育む大きな助けになるはずだ。そうなることを願ってやまない。

謝辞

イノベータＤＮＡ研究プロジェクトが始動してから10年近くになる。その間、プロジェクトは世界中の数百人、数千人の協力を得て発展してきた。このアイデアを推進するのに大きな役割を果たしてくれた研究仲間に深く感謝している。みなさんの尽力がなければ、アイデアがここまで発展することはなかっただろう。ここに名前を挙げる人のほかにも多くの人から、このプロジェクトを前進させ最終結論を導くのに大きな力添えをいただいた。

多くの破壊的イノベータが多忙な時間を割いて、イノベーションに役立った個人的特性を語ってくれなければ、本書は実現しなかった。１００人近くのイノベータの話を聞かせていただいたが、次に挙げる人たちに特別な感謝を捧げたい。ネイト・オルダー（クライミット）、マーク・ベニオフ（セールスフォース）、ジェイ・ビーン（アーハ・ドットコム、オレンジソーダ・インク）、ジェフ・ベゾス（アマゾン）、マイク・コリンズ（ビッグ・アイデア・グループ）、スコット・クック（インテュイット）、ゲイリー・クロッカー（リサーチ・メディカル）、マイケル・デルとケビン・ロリンズ（デル・コンピュータ）、オリット・ガディッシュ（ベイン・アンド・カンパニー）、アーロン・ギャリティとジョー・モートン（ザンゴ）、ダイアン・グリーン（ヴイエムウェア）、アンドレアス・ハイネッケ（ダイアログ・イン・ザ・ダーク）、ジェニファー・ハイマンとジェニファー・フライス（レント・ザ・ランウェイ）、エリオット・ジェイコブセン（フリーポート、ルミポート）、ジョシュ・ジェームズとジョン・ペスターナ（オムニチュア）、ジェフ・ジョーンズ（N×ライト、キャンパス・パイプライン）、A・G・ラフリー（プロクター&ギャンブル）、マイケル・ラザリディス（RIM）、クリスティン・マードック（カウパイクロックスとグリーティング・カード）、デイビッド・ニールマン（ジェット・ブルー、アズール）、ピエール・オミダイアとメグ・ホイットマン（イーベイ）、マーク・ルイーズ（ハピノイ）、ラタン・タタ（タタグループ）、ピーター・ティール（ペイパル）、コーリー・ライド（ムービーマウス）、カート・ワークマン（アウレット・ベビーケア）、フレデリック・マゼラ（ブラブラカー）、インドラ・ヌーイ（ペプシコ）、マーク・パーカー（ナイキ）、アーン・ソレンソン（マリオット）、イーロン・マスク（テスラ）、ニクラス・ゼンストローム（スカイプ）のみなさんに感謝している。

　クレイトン・クリステンセンのアシスタント、リサ・ストーンは、プロジェクトの多くの側面に気を配り、特に著名イノベータとのインタビューの手配に骨を折ってくれた。簡単なことのように聞こえるかもしれないが、ときには３大陸に散らばる多忙な４人のスケジュールを調整するなどの超人的手腕を発揮してくれた。リサ、奇跡を起こしてくれてありがとう。

　またクレディ・スイスの一部門ＨＯＬＴのマイケル・マッコーネルにも、特別に感謝したい。本書で分析した企業のイノベーションプレミアムの計算は、彼の研究を土台としている。私たちの世界で最もイノベーティブな企業ランキングが完成したのは、ひとえにマイケルの思慮深い指導と慎重な分析のおかげである。マイケルとHOLTの専門知識と知見には、いくら感謝しても感謝しきれない。

私たちは執筆を終えると、親しいイノベータやベストセラー作家に協力を求めた。貴重な時間を割いて注意深く原稿を読み、意見をくれたマーク・ベニオフ、A・G・ラフリー、スティーブン・コヴィー、スコット・クックのみなさんに、この場をお借りして御礼申し上げる。

ハーバード・ビジネス・レビュー・プレスの多くの人が、本書をよりよくするためにプロジェクトを通して骨を折ってくれた。担当編集者のメリンダ・メリーノは、私たちの最初の構想に熱心に耳を傾け、ビジョンと責任感をもってプロジェクトを進めてくれた。本書の構成と内容に関する賢明な指導と、ゆるぎない支援と励ましに感謝している。彼女の前向きな考え方と朗らかな声、温かな笑顔に励まされて、創造的なアイデアが浮かび、筆が進んだ。ハーバード・ビジネス・レビュー（HBR）のサラ・クリフからは、本書のもとになった論文The Innovator's DNA（「5つの『発見力』を開発する法　イノベーターのDNA」、DIAMONDハーバード・ビジネス・レビュー、2010年4月号、ダイヤモンド社）に貴重な意見と指導をいただいた。HBRの担当編集者でのちにフリーの編集者になったブロンウィン・フライヤーは、本書に一貫性をもたせようと手を尽くしてくれた。各章のアイデアをより興味深く、説得力に富み、わかりやすいものにするよう、絶えず私たちを励まし、しかも並外れたスピードとプロ意識で仕事を進めてくれた。制作と宣伝の段階に進んでからも、私たちがアイデアへの熱意を失わず、重要な期日に神経を集中できたのは、そのほかの多くの人たちが節目節目でやるべきことをやってくれたおかげだ。特にジェン・ウェアリング、コートニー・キャッシュマン、ジュリー・デボル、アレックス・マーセロンは、専門的技術を総動員して原稿のさまざまな問題に当たってくれた。

本書を実現するうえで、HBR出版以外にも、2つの組織が特に力になってくれた。イノサイトのスコット・アンソニー、マーク・ジョンソン、マット・アイリングは、本書のアイデアを世界中のリーダーに実際に役立ててもらえるよう仕立て直してくれた。おかげで地に足が着いたアイデアになり、実際に多くの人の役に立っている。またスターン+アソシエイツのダニー・スターンたちがすばらしい手腕を発揮して、アイデアがさらに幅広い層に受け入れられ最大限のインパクトを与えられるよう手直ししてくれた。

ジェフ・ダイアーより

このプロジェクトを始めた10年近く前には、自分が出かけようとしている旅がこれほど喜ばしく、そして困難なものになるとは予想もしなかった。イノベータDNA研究は、誰もが創造的なイノベータとしてよりよい世界をめざせるという事実に、私の目を開いてくれた。まずはじめに思慮深く洞察にあふれた共著者のハル・グレガーセンとクレイトン・クリステンセンに感謝の言葉を捧げたい。本書を実現できたのは、2人から多くのことを教わったおかげだ。ハルは優れた質問を投げかけ、一歩うしろに引いて全体像を見るのに長けている。クレイは理論を立てる達人で、「ケース」を用いて理論を興味深く、実用化するコツを心得ている。そのうえ2人は私の親友で、人間としてもすばらしい。

本書では膨大なデータを収集する必要があり、原稿を完成させるために多くのアシスタントが計り知れない時間を費やしてくれた。ネイサン・ファアー、ミハエラ・スタン、ライアン・クィンラン、ジェフ・ウェーラング、ニック・プリンス、ブランドン・オースマン、ジョン・ルイス、スティーブン・ジョーンズ、アンドリュー・チェケッツ、ジェイムズ・コアに特別な感謝を捧げる。またイノベータDNAの特設ウェブサイト（http://innovatorsdna.com/）で評価テストを行った個人のデータを収集するためのツールを開発してくれたスペンサー・クックに感謝したい。データがなければ研究は成り立たない。グレッグ・アダムズには、私たちが『ストラテジック・アントレプレナーシップ・ジャーナル』に発表した論文、Opportunity Recognition, Entrepreneur Behaviors, and Origins of Innovative Venturesで仮説の検証に用いたデータを、巧みに分析してくれたことに謝意を表する。私がブリガム・ヤング大学で受け持つ「創造的戦略思考」の講義で、クラス・プロジェクトの一環として起業家にインタビューしてくれた大勢のMBA学生の努力を、ここに称え感謝したい。イノベータが新しいビジネスアイデアを発見するプロセスを理解するうえで、彼らの作業とインタビュー記録がとても役に立った。MBA学生のコーリー・ライドは、原稿を読んで実に有益な意見を与えてくれるなど、特に力になってくれた。イノベータのインタビュー（ハル、クレイ、私が行ったものを含む）は、ニーナ・ホワイトヘッドとスタッフがすべて書き起こしてくれた。ニーナは私の「できるだけ早く」の締め切りを必ず守ってくれた。実際、ブリガム・ヤング大学で私を支えてくれるスタッフの1人ひとりがすばらしく、ここで改めてお礼を言いたい。なかでも私のアシスタントのホリー・ジェンキンス、ステファニー・グレイアム、スティーブン・パウエルに敬意を表したい。またブリガム・ヤング大学では、マリオット・スクールの学部長ゲイリー・コーニアをはじめすべての学部長に、本プロジェクトに研究資金を与え、10年にわたって支えて下さったことに厚く感謝申し上げる。私の両親のビルとボニーのダイアー夫妻にも、力添えを感謝する。母は生涯を通じてつねに愛と支援を与えてくれた。父は人生のあらゆる側面でいつも偉大な手本だったが、特に本書に関していえば、進んで質問することを教えてくれてありがとうと言いたい。

最後に妻のロナリーと、子どもたちのアーロン、マシュー、マッケンジーには感謝に堪えない。私がかかりきりになっていたこのプロジェクトを、いつも変わらず支えてくれた。特にロナリーには、子どもたちと私をいつも本当によく見てくれたことに、改めて感謝の気持ちを捧げたい。彼女の愛のおかげで、家族全員が幸せでいられる。ありがとうロニー、とうとう本が完成したよ。

ハル・グレガーセンより

イノベータDNA研究は、影響力のあるアイデアが生まれる起源について多くを明らかにした。プロジェクトが終わろうとしている今、私自身のイノベーションの旅に影響を与えてくれた人たちのアイデアや行動を振り返ってみたい。まずは両親から始めよう。

父はいろいろなことの名人だった。機械と名のつくものなら何でも修理できたし、クラリネット、サキソフォン、ベースまで、楽器演奏もお手のものだった。熱心に練習に励み、寝ているときも足がリズムを刻んでいるほどだった。母もフルートとピアノがうまかったが、それより何より、話を聞くときはつねに語られないことにも注意を払ってくれた。彼女の探求心にあふれる耳と目には、満たされない必要を探り当て、奉仕しようとする精神が表れていた。母さん、父さん、いつも異なる角度から世界に疑問を投げかけ、その資質を子に伝えてくれたことに感謝している。

家庭から学校に目を移すと、とどまるところを知らない好奇心をもった恩師のJ・ボナー・リッチーを忘れることはできない。ボナーは私の修士課程の担当教授で、私の世界観に絶えず異議を唱え、私の脳内地図をたった1人ですっかり書き替えてくれた。つまりボナーは私たちが本書のアイデアを書き表すはるか以前に、イノベータDNAを実践していたのだ。彼は人を当惑させる質問や鋭い観察、並外れて巧みな比喩によって、私の探求心を新たな高みに引き上げてくれた。ボナー教授の天賦の才に対して、謝意を表したい。

博士課程修了後、世界のリーダーたちを偉大にしているものを理解するため、20年にわたる探求を始めた。だがこの探求はもちろん1人の努力ではなく、学術界の同僚や実業界の経営幹部が重要な役割を担ってくれた。なかでもスチュワート・ブラックとマーク・メンデンホール、アレン・モリソン、ゲイリー・オッドウは、私たちの研究にあふれるような探求心（と友情）を示してくれた。それは世界のリーダーたちが仕事にもっているのと同じ探求心だった。公私ともに助けてくれたことに、心からの感謝を捧げたい。

1990年代から2000年代前半まで、私はブリガム・ヤング大学で、イノベータDNAの発端となったアイデアを発見し、温めるのにうってつけの環境にいた。特に質問と好奇心に関わるアイデアである。アイデアの萌芽は、学内の同僚たちと議論するなかで根を下ろし花開いた。特にゲイリー・コーニア、マット・ホランド、カーティス・ルバロン、リー・ペリー、ジェリー・サンダーズ、マイケル・トンプソン、グレッグ・スチュワート、マーク・ウィドマー、デイブ・ウェッテン、アラン・ウィルキンスのおかげである。また非凡な研究助手のシンディ・バラス、クリス・ビンガム、ブルース・カードン、ジャレッド・クリステンセン、ベン・フォーク、メリッサ・ヒューム・キャンベル、スペンサー・ハリソン、マーク・ハンバーリン、ジュリー・ハイト、マーシー・ホロマン、ロブ・ジェンセン、ジェイン・ポーガ、アレックス・ロムニー、ローラ・スタンワース、スペンサー・ウィールライトにも礼を言いたい。事務方のホリー・ジェンキンスは、いつも優れた能力でこの研究を支え、空気が重苦しく感じられたときの一服の清涼剤になってくれた。

大西洋を渡り、ロンドン・ビジネス・スクール、続いてINSEADで教えることになってからは、まさに世界をまたにかけてイノベータＤＮＡプロジェクトに取り組むようになった。INSEADのキャッチフレーズ、「世界のためのビジネス・スクール」は誇大広告などではない。同僚、職員、経営幹部教育プログラムの参加者たちは、世界の隅々から集まっている。INSEADのキャンパス（フォンテーヌブロー、シンガポール、アブ・ダビ）でイノベーションや起業家に関する研究に取り組む同僚たち、フィル・アンダーソン、ヘンリク・ブレスマン、スティーブ・シック、イブ・ドズ、スミトラ・ドゥッタ、チャーリー・ガラニック、モーテン・ハンセン、マーク・ハンター、クイ・フィ、ロジャー・レーマン、ウィル・マダックス、スティーブ・メジアス、ユルゲン・ミーム、マイク・ピッチ、スビ・ランガン、ゴードン・レディング、ロイク・サドゥレ、フィリペ・サントス、マニュエル・ソーサ、ジェイムズ・テブール、ルード・ヴァン・ダー・ハイデン、ハンス・ワール、リュク・ヴァン・ヴァッセンホーヴとは、すばらしい洞察に富む会話をさせてもらった。学部長のフランク・ブラウン、アニル・ガバ、ディパック・ジェイン、ピーター・ゼムスキー、そして組織行動論の権威であるポール・エバンズ、マーティン・ガージウロ、ハーミニア・イバーラも、イノベータＤＮＡ研究に惜しみない支援を与えてくれた。加えてINSEADの研究助成金のおかげで、重要な段階で研究を進めることができた。INSEADグローバル・リーダーシップ・センターのコーチは、いつも変わらぬプロ意識をもってイノベータＤＮＡ３６０度評価を報告してくれた。INSEADの支援スタッフも、プロジェクトを大いに助けてくれた。個人助手のジョスリン・ブル、メラニー・カメンジンド、スミ・マノイは、ここ数年私の仕事が（そして生活が）軌道を外れないよう取り計らってくれた。最後にINSEADの幹部教育プログラムの2000人を超える参加者（企業幹部、起業家、社会起業家）たちに、この数年でイノベータDNAに多くの重要な洞察と重要な研究データを与えてくれたことに謝意を表する。

政官財界と社会事業の世界でも、多くの要人が時間と才能を惜しみなく分け与えてくれたおかげで、イノベーションに関するさまざまな仮説を温めることができた。イーライイリリーのステファン・バウアーは、イノベーションとは何であり、どのようにして起こすかを理解しようとする私に、献身的に力を貸し、知恵と洞察を授けてくれた。彼の思想と人生に触れたことで、私自身も変わった。また研究者であり、コンサルタントであり、管理職指導コーチでもあるショーン・ビーチラーも、アメリカ経営学会での質問に関する職業開発ワークショップから、教育NPOティーチ・フォー・アメリカでの教師のイノベーション能力に関する継続研究まで、数々のイノベーション関連プロジェクトで、同じように力を貸してくれた。そのほか映画制作者、写真家、冒険家のデイビッド・ブリーシャーズ、ADIAのラリー・ケルヒャー、アラメックスのファディ・ガンドゥール、クリスティーズ・インターナショナルのエドワード・ドルマンとスティーブン・マーフィー、リサ・キング、カレン・ディーキン、ジリアン・ホールデン、ナオミ・グレイアム、コカ・コーラのアーメット・ボザーとスティーブンズ・J・サント・ローズ、ダイアログ・イン・ザ・ダークのアンドレアス・ハイネッケとオーナ・コーエン、ミーナ・バイディアナサン、ハピノイのマーク・ルイーズ、マリオットのパット・ストッカー、ニュースキンのデイビッド・デインズとデニース・ジョーンズ、ＲＢＬ（Results-Based Leadership）のデイブ・ウールリッチ、ウェイン・ブロックバンク、ノーム・スモールウッドにも、この場を借りて感謝申し上げる。

ここからは、たぐいまれな共著者のジェフとクレイに対し、本書と私の人生に多くを与えてくれたことに感謝の言葉を捧げたい。ジェフはブリガム・ヤング大学に、父親譲りの「制度構築者」の気質をもってやってきた。ジェフは戦略グループの同僚の創造的な取り組みを、根気強く支えてくれた。また戦略にとどまらず、私がＭＢＡ向けに行っている創造的戦略思考法の実験的授業にも力を貸してくれた。授業の狙いは、企業のイノベーションに対する戦略的視点と、個人のイノベーションの心理的側面を融合することにあった。この融合によって、授業の参加者はものの見方が一変する体験をし、ジェフの先導で今も続いている。この授業には、イノベーションのアイデアの起源と発展経路について、ますます密接に協力して取り組むようになったという、思わぬ収穫があった。私たちは仕事でもプライベートでも、ゆるぎない協力関係にある。ジェフは明快なアイデアを考案し、流されがちなプロジェクトに規律を課すという、非凡な能力をもっている。この天賦の才能は、ジェフがグレガーセン一家をおそった多くの思いがけない困難な問題を乗り越えるうえで、大きな助けになったはずだ。ジェフはその間プロジェクトを予定通り進めたばかりか、人生の難しい問題に立ち向かいながらも、いつも私を支えてくれた。優れた専門家として与えてくれた助力と、そして彼の友情に、これからも感謝の気持ちを忘れない。

クレイ・クリステンセンと出会ったのは、かれこれ10年ほど前になる。あのときの会話を、まるで昨日のことのようにはっきりと覚えている。質問にはプライベートでも仕事でも、人生を変えてしまうほどの力があるということを深く話し合った。洞察に満ちた会話で、また後にクレイがプロジェクトに投げかけた、（よい意味で）破壊的な質問の先触れにもなった。だがクレイ（と家族）が、数年後に健康を深刻に脅かされるとは知るよしもなかった。心臓発作、ガン、そして脳卒中がクレイの健康をむしばみ、そのたびに彼は健康を取り戻そうと必死に努力した。闘病の間も、持ち前の思いやりを忘れずに、仕事に取り組み続けたクレイの包容力に畏敬の念を抱かずにいられない。イノベータDNAのアイデアを話し合うと、クレイは体の調子がよいときも、回復しようとして奮闘しているときも、本や章全体の理論的枠組みを一新し、確実によくしてくれた。彼の理論にかける情熱と、優れた理論を構築する能力は、本書に消えることのない足跡を残した。クレイが破壊的イノベーションを見出した本人であるのもうなずける。そして何よりも、クレイが健康上の問題に苦しむ間も労をとって私の家族の浮き沈みに力強い支援と助言を与えてくれたことに、心からの感謝を捧げたい。

最後に再び家族に感謝したい。孫たちのエリザベス、マディセン、カシュ、ブルックリン、ステラは、暮らしのなかのかすかな、目に見えないことも多い無邪気な洞察で、私を絶えず驚かせてくれる。子どもたちのキャンシー、マット（とエミリー）、エミリー（とウェス）、ライアン、コートニー、アンバー、ジョーダン、ブルックは、理念や行動で社会に影響をおよぼそうとして、今も世界を（物理的にも象徴的にも）飛び回っている。彼らの全体としての、また1人ひとりの困難に立ち向かう力は、私に明るい未来への希望を呼び起こし促してくれる。そしてその希望にはしっかりした根拠がある。10年ほど前、妻のアンが乳ガンという恐ろしい困難に見舞われた。悲しいことにその2年後、自分の頭で考えようとしない医師たちがガンの早期再発を見逃し、妻は急に、またおそらくはその必要もないのに、帰らぬ人となってしまった。妻の死は、この世にははっきりした答えが見つからない、深遠な質問を投げかけた。だがこの悲劇のなかから、私の人生に新しい奇跡が現れた。スージーが私の手と心をつかみ、世界旅行に出てくれたのだ。どちらにとっても予想外の展開だった。その後2人は結婚し、世界が与えてくれるとは思わなかった多くの文化や人々に触れるために、アメリカを離れた。スージーと暮らし旅をすると、いつも予想外の脱線があり、それは驚きと畏れをもたらし、奥深いところで心を回復させてくれる。彼女が旅行中鋭い観察眼でとらえた世界を全身全霊こめてスケッチし描いている様子を見ると、心を揺さぶられる。スージーの型破りな人生観と、実に直感的な方向感覚は、混乱しがちな私の世界のしっかりとした錨になっている。実際、この世の喜びや悲しみ（スージー自身の乳ガンとの闘いを含む）に向き合ううちに、「いつも、そしていつまでも」という言葉がますます深い意味をもつようになった。親友と結婚できるとは、なんとありがたいことだろう。これに勝るものはない――特に本書にこれほどの時間と精力をつぎこんだときには。スージー、私の旅につきあい、こんなにも楽しいものにしてくれてありがとう。あんなに青い空を見たのは初めてだ。

クレイトン・M・クリステンセンより

ジェフとハルが挙げてくれた人たちの多くに、私も同じ感謝の念を感じている。そして生活が本の執筆一色に染まったとき、さまざまなことを一手に引き受けてくれた妻のクリスティンにも感謝の言葉を捧げたい。

そのほか何千人もの管理職のみなさん――経営幹部もいるが、ほとんどが中間管理職――にも感謝したい。彼らはイノベータになる方法について、奥深い教訓を与えてくれた。彼ら自身が幾度となくイノベータになろうと試み、失敗してきたからだ。彼らは私たちの考えを方向づけてくれたにもかかわらず、本書にはほとんど名前が載らない。数が多いがために、残念ながら1人ひとりに謝意を捧げることはできないが、本書のページに彼らの声は活かされている。優れた理論は、研究者が理論で説明できないアノマリーを見つけようとしてくり返す研究のなかから生まれる。だからこそ、物事が予想通りうまくいかない理由を進んで説明してくれた人たちに、大きな感謝を捧げたい。

ジェフとハルがチームに加わる機会を与えてくれたことに感謝している。ハルは適切な質問をすることの大切さを教えてくれた。ジェフは正しい答えを出す方法を教えてくれた。このチームで私が果たした役割は、3塁側のコーチスボックスに立って、ハルとジェフを毎章毎章ホームベースに送りこむことだった。また一緒にプレーできることを願っている。

訳者あとがき

本書の著者クレイトン・クリステンセン教授が長い闘病生活の末、２０２０年1月に亡くなられた。まだ67歳だった。訃報を受けて世界中から追悼の声が相次いだ。学術界、ビジネス界への多大な功績を称える声も多かったが、それとともに教授の薫陶を受けた世界中の人たちから哀しみの言葉が続々と寄せられた。研究者としてだけでなく、指導者、教育者としても、本当に多くの人たちに影響を与え、愛された方だった。

教授の研究や活動の根底には、人に対する温かい目と、人を助けたいという強い思いがつねに流れていたように感じる。『イノベーションのジレンマ』で展開された破壊的イノベーション理論は、あれほど優秀な経営者がなぜ失敗してしまうのかという疑問から始まり、『イノベーション・オブ・ライフ』で説かれた人生への指針は、あれほど賢い友人や学生たちがなぜ道を誤るのかという疑問から始まった。そして本書『イノベーションのＤＮＡ』は、「イノベーションを起こすにはどうしたらいいだろう？」という、教授に寄せられることの多かった疑問に答え、手をさしのべた著書である。

　クリステンセン教授らは10年近くにおよぶ研究から、イノベーションを起こすうえで最も大切な能力は、一見無関係に思える物事を「関連づける力」だという結論に至った。そしてそれはひと握りの天才に与えられた天賦の才ではなく、どんな人でも身につけられるものだという発見をした。「質問」、「観察」、「人脈づくり」、「実験」の4つの行動を、意識的に、地道に実践することによって、誰でも「人と違う発想」をする能力を手に入れ、イノベーションを起こすことができるという、パワフルかつ温かいメッセージが本書には込められている。

　本書、新版『イノベーションのDNA』は、2012年1月に刊行された旧版『イノベーションのDNA』の増補・改訂版である。ますます競争が激化し、不確実性が増している昨今のビジネス環境に合わせるために、旧版刊行後も進められてきた研究の最新の成果と、新しいイノベータたちのインタビューやエピソードが盛り込まれた。イノベーションを起こし、未来のイノベータを育てるためにも、ただ読むだけでなく、実践していただけることを願っている。

　クリステンセン教授は、日本企業が1990年代以降、破壊的イノベーションよりも持続的イノベーションに注力したことで、日本経済が持っていた競争力とダイナミズムが失われてしまったと、かねがね指摘していた。旧版刊行の際に、クリステンセン教授らから日本の読者に特別に寄せられたメッセージをここに再掲させていただく。


　日本企業が、能力増強に余念のない低コスト競合企業につねに一歩先んずるには、もっと効果的にイノベーションを起こす方法を学ばなくてはならない。幸いイノベーション能力は筋肉のようなもので、鍛え、矯正することができる。ただ、「人と違う発想」をするために「人と違う行動」を取ろうとするとき、国民性や文化によってそれが促されたり、阻まれたりすることが、私たちの研究からわかっている。

これまで日本企業と接し、日本人の企業幹部を対象に「イノベータDNAテスト」を行った経験から言うと、日本企業は現状に挑戦し、実験を行い、リスクを取ることを社員に奨励するにあたり、日本文化に特有の問題に悩まされているように思われる。それでも、日本の個人や企業が世界レベルのイノベータとして競争に打ち勝とうとするならば、これらの重要なスキルを何としても身につけ、駆使していかなくてはならない。

イノベーション、とくに破壊的イノベーションは、チームプレーにほかならない。1人の力では、新しいアイデアを生み出し、それを実現させることはできない。リーダーや企業、国家が率先して、イノベーション能力を自由に発揮できる環境を整えれば、物事はおのずとよい方向に向かうだろう。日本国民には、今日の問題を明日の解に変えるイノベーション能力がある。日本の最盛期はまだこれからだと、私たちは固く信じている。

最後に、新版刊行にあたり大変お世話になった翔泳社編集部の秦和宏氏と本田麻湖氏にこの場を借りて感謝申し上げたい。

2021年10月　櫻井祐子

本書内容に関するお問い合わせについて

このたびは翔泳社の書籍をお買い上げいただき、誠にありがとうございます。弊社では、読者の皆様からのお問い合わせに適切に対応させていただくため、以下のガイドラインへのご協力をお願い致しております。下記項目をお読みいただき、手順に従ってお問い合わせください。

●ご質問される前に
弊社Web サイトの「正誤表」をご参照ください。これまでに判明した正誤や追加情報を掲載しています。

正誤表　https://www.shoeisha.co.jp/book/errata/

●ご質問方法
弊社Web サイトの「刊行物Q&A」をご利用ください。

出版物Q&A　https://www.shoeisha.co.jp/book/qa/

インターネットをご利用でない場合は、FAX または郵便にて、下記“翔泳社 愛読者サービスセンター”までお問い合わせください。
電話でのご質問は、お受けしておりません。

●回答について
回答は、ご質問いただいた手段によってお返事申し上げます。ご質問の内容によっては、回答に数日ないしはそれ以上の期間を要する場合があります。

●ご質問に際してのご注意
本書の対象を越えるもの、記述個所を特定されないもの、また読者固有の環境に起因するご質問等にはお答えできませんので、予めご了承ください。

●郵便物送付先およびFAX 番号

送付先住所　〒160-0006　東京都新宿区舟町5
FAX 番号　03-5362-3818
宛先　（株）翔泳社 愛読者サービスセンター

※本書に記載されたURL 等は予告なく変更される場合があります。
※本書の出版にあたっては正確な記述につとめましたが、著者や出版社などのいずれも、本書の内容に対してなんらかの保証をするものではありません。
※本書に記載されている会社名、製品名はそれぞれ各社の商標および登録商標です。

索引

英数字

あ

か

さ

た

な

は

ま

原註

はじめに

1. Markus Baer, Jeffrey Dyer, and Zachariah Rodgers, “Career Benefits of Entrepreneurial Activity for Individuals in Paid Employment: An Application of Signaling Theory,” working paper presented at Academy of Management conference, 2017.

イントロダクション

1. IBM, “Capitalizing on Complexity: Insights from the Global Chief Executive Officer Study,” May 18, 2010, https://www.ibm.com/downloads/cas/1VZV5X8J .
2. Jeffrey H. Dyer, Hal B. Gregersen, and Clayton Christensen, “Entrepreneur Behaviors, Opportunity Recognition, and the Origins of Innovative Ventures,” *Strategic Entrepreneurship Journal* 2 (2008): 317.
3. Todd Kashdan, *Curious?: Discover the Missing Ingredient to a Fulfilling Life* (New York: Harper Collins, 2009).

第1章

1. Morten T. Hansen, Herminia Ibarra, and Urs Peyer, “The Best Performing CEOs in the World,” *Harvard Business Review,* January-February 2010.（モルテン・T・ハンセン、ハーミニア・イバーラ「世界の優れたCEO」、DIAMONDハーバード・ビジネス・レビュー、2010年5月号）
2. Jeffrey S. Young and William L. Simon, *iCon: Steve Jobs, The Second Greatest Act in the History of Business* (Hoboken, NJ: John Wiley & Sons, 2005), 37.『スティーブ・ジョブズ — 偶像復活』（ジェフリー・S・ヤング、ウィリアム・L・サイモン著、井口耕二訳、2005年、東洋経済新報社）
3. 同前、38.
4. Interview with Steve Jobs, *Rolling Stone,* June 16, 1994.
5. スティーブ・ジョブズ、2005年6月12日スタンフォード大学卒業式でのスピーチ。
6. Marvin Reznikoff, George Domino, Carolyn Bridges, and Merton Honeyman, “Creative Abilities in Identical and Fraternal Twins,” *Behavior Genetics* 3, no. 4 (1973): 365. この研究では、たとえば双子に遠隔連想テスト（RAT）として、3つの単語を見せ、それらを結びつける4つめの単語を考えさせた。また代替用途テスト（AUT）として、モノ（たとえばレンガなど）の用途をできるだけたくさん考えさせ、回答の数と多様性を評価した。
7. 以下を参照。Kathleen McCartney, Monica J. Harris, and Frank Bernieri, “Growing Up and Growing Apart: A Developmental Meta- Analysis of Twin Studies,” *Psychological Bulletin* 107, no. 2 (1990): 226.

8. 創造性に関する限り、生まれより育ちの方が重要であることを裏づける研究には、そのほか以下がある。Frank Barron, *Artists in the Making* (New York: Seminar Press, 1972); Steven G. Vandenberg, ed., *Progress in Human Behavior Genetics* (Baltimore: Johns Hopkins Press, 1968); R. C. Nichols, "Twin Studies of Ability, Personality, and Interests," *Homo* 29 (1978), 158; Niels G. Waller et al., "Creativity, Heritability, Familiality: Which Word Does Not Belong?" *Psychological Inquiry* 4 (1993): 235; Niels G. Waller et al., "Why Creativity Does Not Run in Families: A Study of Twins Reared Apart," unpublished manuscript, 1992. また以下に、この分野の研究の概要がまとめられている。R. Keith Sawyer, *Explaining Creativity: The Science of Human Innovation*, 2nd ed. (New York: Oxford University Press, 2012).
9. Frans Johansson, *The Medici Effect: What Elephants and Epidemics Can Teach Us about Innovation* (Boston: Harvard Business School Press, 2006).
10. Bao Pham, "Reach for and Realize Your Vision," LinkedIn, https://www.linkedin.com/pulse/reach-realize-your-vision-bao-pham/.
11. A. G. Lafley and Ram Charan, *The Game Changer* (New York: Crown Business, 2008). 『ゲームの変革者―イノベーションで収益を伸ばす』(A・G・ラフリー、ラム・チャラン著、斎藤聖美訳、2009年、日本経済新聞出版社)
12. 「遺伝子治療」の狙いは、細胞に新しい遺伝子を組み込み、欠陥遺伝子と正常に機能する遺伝子とを交換することにある。
13. Lowell W. Busenitz and Jay B. Barney, "Differences between Entrepreneurs and Managers in Large Organizations: Biases and Heuristics in Strategic Decision- Making," *Journal of Business Venturing* 12, no. 1 (1997): 9.
14. Ronald C. Anderson and David M. Reeb, "Founding-Family Ownership and Firm Performance: Evidence from the S&P 500," *The Journal of Finance* 58, no. 3 (2003): 1301. この研究では、創業者CEOが率いる企業はそうでない企業に比べて、収益率(総資産収益率)が29%高く、時価総額は21%高いとされた。この結果は、創業者の率いる企業の規模が小さいために成長の余地が大きいことによるものではなく(規模と年齢で調整済み)、魅力的な産業であることによるものでもない(産業で調整済み)。同研究は次のように結論づけた。「創業者は価値向上に寄与する独自の能力を企業に与え、それが企業の優れた財務成績と高い時価総額をもたらしている」。

第2章

1. Albert Einstein, *Ideas and Opinions*, ed. Carl Seelig, trans. Sonja Bargmann (New York: Three Rivers Press, 2012), 25-26; "Why Einstein Used Combinatory Play and How You Can Too," Aly Juma (個人のブログ), https://alyjuma.com/combinatory-play/.
2. Walt Disney Company, 1965 Annual Report.
3. 私たちが「パターン認識」よりも「関連づけ思考」という用語を好む理由は、前者はイノベーティブな起業家が認識する、何らかの特定可能なパターンが存在することを暗に示唆しているように思われるからだ。イノベータが画期的な新規事業のアイデア

を発見または認識したときの様子を聞くと、バラバラのアイデアを結びつける際に、必ずしもパターンを認識していたわけでも、有望な事業機会になると判断していたわけでもなかった。むしろ試行錯誤や工夫を通して物事の結びつきを発見することが多かった。

4. フランス・ヨハンソンは著書（*The Medici Effect: What Elephants and Epidemics Can Teach Us about Innovation* [Boston: Harvard Business School Press, 2006]）『アイデアは交差点から生まれる』で「メディチ効果」という造語を用いたが、私たちはもう少し時間と場所にとらわれない用語がほしかった。そこで、多様なアイデアが一極集中して大きなイノベーションの成果を生み出す、過去、現在、将来の場所を表す、「イノベーション効果」という造語をつくった。昔はこのような場所といえば、異なる背景や知識をもつ人たちの交流を促す地理上の地域だった。今日ではそうした地域のほか、多様な知識をもつ人たちのネットワークづくりを促す目的でつくられた仮想空間がある。

5. つまり、メディチ効果はメディチ家とルネサンス期のイタリア、フィレンツェに限定されるものではなかった。むしろメディチ効果とは、学問分野などの異なる領域が交わり合う場所でイノベーションが起こりやすいという、よくある経験の具体例の1つにすぎない。

6. Francis Crick, “The Impact of Linus Pauling on Molecular Biology,” (video), Oregon State University, March 2, 1995, http://scarc.library.oregonstate.edu/events/1995paulingconference/video-s1-2-crick.html.

7. Mihaly Csikszentmihalyi, *Creativity* （New York: Harper Perennial 1996)『クリエイティヴィティ』.（ミハイ・チクセントミハイ著、浅川希洋志、須藤祐二、石村郁夫訳、2016年、世界思想社）

8. Leslie Berlin, “We'll Fill This Space, but First a Nap,” *New York Times*, September 28, 2008.

9. Gary Wolf, “Steve Jobs: The Next Insanely Great Thing,” *Wired*, February 1, 1996.

10. アイデアをより創造的に結びつける方法を紹介した本として、マイケル・マハルコの『すばらしい思考法　だれも思いつかないアイデアを生む』（花田知恵訳、2005年、PHP研究所）または『アイデア・バイブル』（齊藤勇監訳、塩屋幸子、小沢奈美恵訳、1997年、ダイヤモンド社）のどちらかを読んでほしい。どちらも非常に優れた本である。

11. Bill Taylor, “Trading Places: A Smart Way to Change Your Mind,” *Harvard Business Review* Blog, March 1, 2010.

第3章

1. Quinn Spitzer and Ron Evans, *Heads You Win: How the Best Companies Think*（New York: Simon and Schuster, 1997), 41.『問題解決と意思決定 —— ケプナー・トリゴーの思考技術』（クイン・スピッツァ、ロン・エバンス著、小林薫訳、1998年、ダイヤモンド社）

2. Peter Drucker, *The Practice of Management* (New York: Wiley, 1954), 352-353.『現代の経営』(ピーター・ドラッカー著、上田惇生訳、2006年、ドラッカー名著集、ダイヤモンド社)

3. Mihaly Csikszentmihalyi, *Creativity*.『クリエイティヴィティ』(ミハイ・チクセントミハイ著、浅川希洋志、須藤祐二、石村郁夫訳、2016年、世界思想社)

4. Karen Dillon, "Peter Drucker and A.G. Lafley want you to be curious," October 8, 2010, http://blogs.hbr.org/hbr/hbreditors/2010/10/what_will_you_be_curious_about.html

5. ランドはポラロイドカメラを開発しただけでなく、さまざまな科学、商業目的の特許を532件も保有していた(特許件数でトーマス・エジソンに次ぐ第2位)。

6. Marissa Ann Mayer, "Creativity Loves Constraints," *Bloomberg Businessweek*, February 13, 2006.

7. Rekha Balu, "Strategic Innovation: Hindustan Lever Ltd.," *Fast Company*, May 31, 2001.

8. Alan Deutschman, "The Once and Future Steve Jobs," *Salon*, October 11, 2000.

9. Brooks Barnes, "Disney's Retail Plan Is a Theme Park in Its Stores," *New York Times*, October 13, 2009.

10. Jonas Salk, interview by Bill Moyers, February 18, 1990, https://billmoyers.com/content/jonas-salk/.

11. 私たちは質問ストーミングの手法を偶然考案したあとで、ほかの研究者も同じような手法を偶然から発見していることを知った。たとえば、以下の研究がある。Jon Roland, "Questorming" (http://www.pynthan.com/vri/questorm.htm), and Marilee C. Goldberg, *The Art of the Question* (New York: Wiley, 1998).

第4章

1. "Design Thinking . . . Starting with Empathy" : Doug Dietz speech at TEDxSanJoseCA 2012, https://www.youtube.com/watch?v=jajduxPD6H4.

2. 同前。

3. 同前。

4. 同前。

5. 同前。

6. Tom Kelley, *The Art of Innovation* (New York:Doubleday, 2005), 16.『発想する会社!—世界最高のデザイン・ファームIDEOに学ぶイノベーションの技法』(トム・ケリー、ジョナサン・リットマン著、鈴木主税、秀岡尚子訳、2002年、早川書房)

7. OpenTable, "Products," https://restaurant.opentable.com/products/connect.

8. Hugh Hart, "Music: An Instrument Inventor Hears Music Everywhere," *Wired*, November 12, 2009.

9. Howard Shultz and Dori Jones Yang, *Pour Your Heart Into It: How Starbucks Built a Company One Cup at a Time* (New York: Hyperion, 1997), 51-52.『スターバックス成功物語』(ハワード・シュルツ、ドリー・ジョーンズ・ヤング著、小幡照雄、大川修二訳、1998年、日経BP社)

10. Ethan Waters, "Cars,Minus the Fins," Fortune, July 9, 2007, B-1.

11. Peter M. Leschak, "Notes from a More Real World," *New York Times*, January 27, 1991.

第5章

1. Brad Stone, "Uber: The App That Changed How the World Hails a Taxi," *The Guardian*, January 29, 2017.

2. 同前。

3. 同前。

4. 同前。

5. Timothy R. Clark, "Innovation Is a Social Process: So Oil the Gears of Collaboration," LeaderFactor (ブログ), April 24, 2018, https://www.leaderfactor.com/single-post/2018/04/24/Innovation-is-a-Social-Process-So-Oil-the-Gears-of-Collaboration.

6. Ronald S. Burt, "Structural Holes and Good Ideas," *American Journal of Sociology* 110, no. 2 (2004): 349.

7. Amy Feldman et al., "Next Billion-Dollar Startups 2016," *Forbes*, October 19, 2016.

第6章

1. スティーブ・ジョブズ、2005年6月12日スタンフォード大学での卒業式のスピーチ。

2. Mason A. Carpenter, Gerard Sanders, and Hal B. Gregersen, "Bundling Human Capital with Organizational Context: The Impact of International Assignment Experience on Multinational Firm Performance and CEO Pay," *Academy of Management Journal* 44, no. 3 (2001): 493.

3. Walter Isaacson, Einstein (New York: Simon and Schuster, 2007), 2.『アインシュタイン　その生涯と宇宙』(上下巻)(ウォルター・アイザックソン著、二間瀬敏史監訳、2011年、武田ランダムハウスジャパン)

第7章

1. イノベーションプレミアムの計算方法は以下の通り。

ステップ1:

HOLTは企業の現在価値を算出するにあたり、各企業の既存事業から今後2年間で生み出されるであろうキャッシュフローを、アナリストの売上と収益のコンセンサス予想に基づいて予測する。売上と収益のコンセンサス予想は、I/B/E/S (Institutional Brokers Estimate System) が注意深く選んだ、当該の上場企業を担当

するアナリストから収集した収益予想の中央値に基づく。（イノベーションプレミアムで用いられる）履歴期間のベンチマークは、キャッシュフロー予測の出発点として、実際に報告された収益率と再投資率を用いている。

ステップ2:

HOLTは続いて、4万5000社超の企業の50万を超えるデータポイントから得た過去のキャッシュフローの分析をもとに開発した、「収束《フェード》」アルゴリズムをもとに、今後38年間に既存事業から得られるであろうキャッシュフローを予測する。収束の考え方は、競争こそが自由市場における唯一の不変の定数であり（シュンペーターの「創造的破壊」ふうの考え）、高すぎる収益は技術変化と市場の力学の変化によって是正されるという、常識的な考えをもとにしている（この考えは、企業の収益率に「平均回帰」効果が見られることを示した先行研究と一致する）。

各企業の収束アルゴリズムは、以下をもとにしている。

a. *投資収益率（ROI）水準の今後2年間のコンセンサス予想*。収益性とROIがより高い水準にある企業は、将来もより高い収益を維持する。だがほとんどの企業の過去の収益実績は「平均回帰」効果を示している。つまり高いROIは、経済における全企業の平均的なROIに徐々に収束する。ROIの現水準が高いほど、低下のペースは速いと予想される（その間、企業は高順位を維持することが多いが、最上位企業と最下位企業の差は縮小する傾向にある）。

b. *ROIの（過去5年間の）ヒストリカルボラティリティ（歴史的変動率）*。過去のROIのボラティリティが大きいほど、ROIは全企業の平均値に速く収束する。ROIが安定している企業は、将来も一貫したROIを維持する可能性が高い。

c. *企業の再投資率*。企業の最近の成長のペースが速く、事業に再投資される金額が多ければ多いほど、ROIが経済の全企業の平均的な収益率に回帰する速度は速くなる。企業の経営陣にとっては、高水準の業績を維持することだけでも難しいのに、急成長中に業績を維持することは輪をかけて難しいのだ。

ステップ3:

企業の総価値（自己資本の市場価値と負債総額の合計）と既存事業の総価値との差が、イノベーションプレミアムである。イノベーションプレミアムは、企業価値のパーセンテージで表される。

HOLTの収束アルゴリズムは、当該企業の過去の業績と将来予想される業績だけをもとにしているが、業種や産業での位置を反映しているように見えるかもしれない。同じ産業または業種内の企業が、同様の収束のパターンを示すのは、ROIの水準と変動性、再投資率が近い場合に限られる。また企業の収束に関する予想と産業での位置の間には、明らかな相関が見られる。なぜならほとんどの産業の主要企業は、そのほかの企業に比べてROIが高く安定しているからであり、また主要企業の地位を確立するうちに成長期を過ぎ、平均より高い率で成長する必要がなくなるからでもある。

私たちの最もイノベーティブな企業ランキングは、過去10年以上の財務データが存在する企業だけを対象としている。「研究開発」によっても企業を選別し、ある程度の研究開発投資を行っている企業だけを対象とする。さらに規模の違いを調整するために、時価総額が100億ドルを超える企業だけを対象としている。また、企業が収益の80%以上を1つの高度経済成長市場（インドや中国など）から得ているまれな場合には、その企業のイノベーションプレミアムの小さな一部分（成長の違いの

5％）が、新しい製品やサービス、市場への参入からというより、国内市場の成長から得られたと仮定した。これに合わせて、企業のイノベーションプレミアムを若干下方修正したが、企業の順位にはわずかな影響しかなく、この修正のせいでランキングに加えられた企業も外された企業もなかった。本章で示したイノベーションプレミアムは、過去5年間のイノベーションプレミアムの加重平均を反映しており、重み係数は直近1年を30％、過去2～4年を20％、過去5年を10％とした。

2. 私たちのランキングで、ヴァージン（ビジネスウィークのランキング16位）やタタ（同25位）のような非公開企業を除外したのは、株式が取引所で取引されておらず、財務結果を報告していないためである。

3. Dan Frommer, "Top 10 Disruptors of 2006," *Forbes*, January 23, 2007, https://www.forbes.com/2007/01/22/leadership-disrupter-youtubelead-innovation-cx_hc_0122lede_slide.html.

4. A. G. Lafley and Ram Charan, *The Game Changer* （New York: Crown Business, 2008）.『ゲームの変革者―イノベーションで収益を伸ばす』（A・G・ラフリー、ラム・チャラン著、斎藤聖美訳、2009年、日本経済新聞出版社）

第9章

1. Rama Dev Jager and Rafael Ortiz, *In the Company of Giants* （NewYork: McGraw-Hill, 1998）.

2. Carmine Gallo, *The Innovation Secrets of Steve Jobs* （New York: McGraw-Hill, 2011）.『スティーブ・ジョブズ 驚異のイノベーション』（カーマイン・ガロ著、井口耕二訳、2011年、日経BP社）

3. 同前、96.

4. "The Deep Dive," *Nightline* （ABC News）, February 9, 1999.

5. スタンフォード大学ビジネス・アンド・デザイン・スクール（dスクール）でのジュリオ・バスコンセロスとマット・ウィンドウによる、dスクール創設者デイビッド・ケリーのインタビュー（2006年8月21日）http://sites.google.com/site/wyndowe/iinnovate episode3:davidkelley,founderofideo.

6. "Deep Dive," *Nightline*.

7. バスコンセロスとウィンドウによるデイビッド・ケリーのインタビュー。

第10章

1. Steven Levy, *The Perfect Thing: How the iPod Shuffles Commerce, Culture, and Coolness* （New York: Simon & Schuster, 2006）, 118.『iPodは何を変えたのか？』（スティーブン・レヴィ著、上浦倫人訳、2007年、ソフトバンククリエイティブ）

2. イノベーションプロジェクトの「派生的」「プラットフォーム」「飛躍的」という分類は、スティーブン・C・ウィールライトとキム・B・クラークの総プロジェクト計画（Aggregate Project Planning）の枠組みをもとにしている。以下を参照。Clayton M. Christensen, "Using Aggregate Project Planning to Link Strategy, Innovation, and the

Resource Allocation Process," HBS No. 301041 （Boston: Harvard Business School Publishing, 2000, revised 2017）.

3. 総プロジェクト計画の概念を最初に紹介したのは以下である。Steven C. Wheelwright and Kim B. Clark, "Creating Project Plans to Focus Product Development," *Harvard Business Review,* March-April 1992, 10.

4. Larry Page and Sergey Brin, "Letter from the Founders: 'An Owner's Manual' for Google's Shareholders," Google Inc., Form S-1 Registration, April 29, 2004.

5. Julia Kirby and Thomas A. Stewart, "The Institutional Yes," *Harvard Business Review,* October 2007. （「アマゾン・ウェイ―挑戦、顧客志向、楽観主義」、DIAMONDハーバード・ビジネス・レビュー、2008年2月号）

6. David A. Vise and Mark Malseed, *The Google Story* （New York: Delacorte Press, 2005）, 256.『Google誕生　ガレージで生まれたサーチ・モンスター』（デビッド・ヴァイス、マーク・マルシード著、田村理香訳、2006年、イースト・プレス）

7. John Battelle, *The Search: How Google and Its Rivals Rewrote the Rules of Business and Transformed Our Culture* （New York: Penguin Group, 2005）, 141.『ザ・サーチ　グーグルが世界を変えた』（ジョン・バッテル著、中谷和男訳、2005年、日経BP社）

8. Letter to Shareholders. Amazon, 2015, http://ir.aboutamazon.com/static-files/f124548c-5d0b-41a6-a670-d85bb191fcec.

9. Richard Branson, "Five Questions on Business Philosophy," Entrepreneur.com on NBCNews.com, October 23, 2010, http://www.nbcnews.com/id/39526296/ns/business-small_business/t/richard-branson-five-questions-business-philosophy/#.XHbFGINKh7N.

10. Keith H. Hammonds, "How Google Grows . . . and Grows . . . and Grows," *Fast Company,* March 31, 2003.

11. "Lessons on Designing Innovation," from an interview with Apple's Jonathan Ive at the Radical Craft Conference, Art Center College of Design, Pasadena, California, *Bloomberg Businessweek,* September 25, 2006.

12. Ken Robinson with Lou Aronica, *The Element* （New York: Penguin, 2009）, 15.『才能を引き出すエレメントの法則』（ケン・ロビンソン、ルー・アロニカ著、金森重樹監修、2009年、祥伝社）

付録C

1. このオンライン評価を完了すると、あなたの評価報告と能力開発ガイドが表示される。これを使えば、発見力と実行力（遂行力）におけるあなたの強みと改善分野を理解できるようになっている。また能力開発ガイドを活用して、能力開発計画を立て、自分の強みを活かし、キャリアの妨げになりかねない大きな弱みを改善してほしい。

2. 若い世代の質問力を伸ばす方法をくわしく知りたい人、以下の第8章を読んでほしい。*Questions Are the Answer: A Breakthrough Approach to Your Most Vexing Problems at Work and in Life,* by Hal Gregersen. ハル・グレガーセン『問いこそが答えだ！－正しく問う力が仕事と人生の視界を開く』

著者紹介

クレイトン・クリステンセン（Clayton M. Christensen）

ハーバード・ビジネス・スクール教授。1975年ブリガム・ヤング大学経済学部を首席で卒業後、77年英国オックスフォード大学で経済学修士、79年ハーバード・ビジネス・スクールで経営学修士取得。卒業後、米国ボストン・コンサルティング・グループにて、主に製品製造戦略に関するコンサルティングを行ないながら、ホワイトハウスフェローとして、エリザベス・ドール運輸長官を補佐。84年マサチューセッツ工科大学（MIT）の教授らとともに、セラミック・プロセス・システムズ・コーポレーションを起業し、社長、会長を歴任。92年同社を退社し、ハーバード・ビジネス・スクールの博士課程に入学し、わずか2年で卒業した（経営学博士号取得）。その博士論文は、最優秀学位論文賞、ウィリアム・アバナシー賞、ニューコメン特別賞、マッキンゼー賞のすべてを受賞し、『イノベーションのジレンマ』として発表され、刊行20年をむかえてなお、ロングセラーとなっている。2000年にコンサルティングファーム、イノサイトを創設。マサチューセッツ州、シンガポール、インドに拠点を置き、イノベーション・コンサルティングと投資業務を提供する。主な著書に『イノベーションのジレンマ〔増補改訂版〕』『イノベーションへの解』『イノベーションの最終解』『技術とイノベーションの戦略的マネジメント』『教育×破壊的イノベーション』『イノベーション・オブ・ライフ』（いずれも翔泳社）などがある。

ジェフ・ダイアー（Jeff Dyer）

ブリガム・ヤング大学マリオット・スクール・オブ・マネジメントのホレス・ビーズリー記念講座教授、ペンシルベニア大学ウォートンスクール客員教授。著書に『成功するイノベーションは何が違うのか?』（ネイサン・ファー、カーティス・レフラントとの共著）、"Innovator's Method"（未邦訳、ネイサン・ファーとの共著）がある。ハーバード・ビジネス・レビュー、フォーブス、その他のビジネス誌にさまざまな研究を発表している。イノベーション文化を育む企業を支援するコンサルティング会社、イノベータDNAの共同創設者。

ハル・グレガーセン（Hal Gregersen）

マサチューセッツ工科大学（MIT）リーダーシップセンターのエグゼクティブディレクター。MITスローン経営大学院でリーダーシップとイノベーションの上級講師を務める。最近のベストセラー『問いこそが答えだ!―正しく問う力が仕事と人生の視界を開く』を含む、10冊の著書や共著がある。

訳者紹介

櫻井 祐子（さくらい ゆうこ）

翻訳家。京都大学経済学部経済学科卒。大手都市銀行在籍中に、オックスフォード大学大学院で経営学修士号を取得。訳書に『イノベーション・オブ・ライフ』（翔泳社）、『1兆ドルコーチ』（ダイヤモンド社）、『選択の科学』（文藝春秋）、『NETFLIXの最強人事戦略』（光文社）、『OPTION B 逆境、レジリエンス、そして喜び』（日本経済新聞出版社）などがある。

STAFF
ブックデザイン—— 杉山健太郎
DTP ———— BUCH+

イノベーションのDNA《ディーエヌエー》［新版］
破壊的イノベータの5つのスキル

2021年10月18日　初版第1刷発行
2021年12月 5 日　初版第2刷発行

著者 ———— クレイトン・クリステンセン
ジェフ・ダイアー
ハル・グレガーセン
訳者 ———— 櫻井《さくらい》 祐子《ゆうこ》
発行人 ———— 佐々木 幹夫
発行所 ———— 株式会社 翔泳社（https://www.shoeisha.co.jp）
印刷・製本 ——— 日経印刷 株式会社

ISBN978-4-7981-6747-3　Printed in Japan